RELIGION AND AMERICAN SOCIETY

(Volume 21)

宗教与美国社会

第二十一辑

徐以骅·主编

时 事 出 版 社

北 京

图书在版编目（CIP）数据

宗教与美国社会．第21辑／徐以骅主编．—北京：时事出版社，2021.6

ISBN 978-7-5195-0375-8

Ⅰ.①宗…　Ⅱ.①徐…　Ⅲ.①宗教—研究—美国　Ⅳ.①B928.712

中国版本图书馆CIP数据核字（2021）第093522号

出版发行：时事出版社
地　　址：北京市海淀区彰化路138号西荣阁B座G2层
邮　　编：100097
发行热线：（010）88869831　88869832
传　　真：（010）88869875
电子邮箱：shishichubanshe@sina.com
网　　址：www.shishishe.com
印　　刷：北京良义印刷科技有限公司

开本：787×1092　1/16　印张：22.75　字数：265千字
2021年6月第1版　2021年6月第1次印刷
定价：135.00元
（如有印装质量问题，请与本社发行部联系调换）

合办单位
复旦大学美国研究中心
上海高校智库复旦大学宗教与中国国家安全研究中心

《宗教与美国社会》为 CSSCI 来源集刊

《宗教与美国社会》编委会成员

目　录

本辑代序

美国宗教

宗教与国际关系

宗教与社会

调研报告

CONTENTS

Preface

American Religion

Religion & International Relations

Religion & Society

Research Report

本辑代序

特朗普政府与“国际宗教自由联盟”的建立

• 徐以骅

［内容提要］自《1998 年国际宗教自由法》出台以来，美国历经四任总统，前后建立了“美国国务院国际宗教自由办公室”“美国国际宗教自由委员会”“推进宗教自由部长级会议”“不可剥夺权利委员会”以及“国际宗教自由联盟”等所谓推进国际宗教自由的机构和机制，推出一系列关于国际宗教自由的年度报告和总统行政令，以及在美国国务院和国家安全委员会等政府机构设立了若干“宗教自由”专职官员，使推进宗教自由成为美国外交政策的“最优先目标”。而这些推进国际宗教自由举措的集大成者，就是特朗普政府发起的“国际宗教自由联盟”，从而把美国主导的国际宗教自由运动推向高潮。目前这一联盟尚未最终成形，但其雏形已在相当大的程度上显露出美国在宗教人权领域的双重标准、战略意图以及内在矛盾。

［关键词］“国际宗教自由联盟”《1998 年国际宗教自由法》“不可剥夺权利委员会” 人权等级制　美国

美国朝野关注“国际宗教自由”议题由来已久，但对该议题建制化的倡导和推进却是在冷战结束之后。在20世纪70年代全球宗教复兴、美国基督教福音派崛起和“政治觉醒”，以及后冷战时期宗教日益成为美国外交政策工具的背景下，美国国会出台了《1998年国际宗教自由法》，为宗教和宗教团体全面介入国际事务和美国外交政策的制定铺平了法律道路，并且在宗教领域为此后美国各届政府的对外政策和安全战略指出了行动方向。

一、从《1998年国际宗教自由法》到“国际宗教自由联盟”

在过去20多年来，宗教和宗教团体在美国对外关系领域的影响可以分为以一系列涉教法案和事件为标志的三个阶段。[①]

第一个阶段始于《1998年国际宗教自由法》并且体现于由宗教团体推动的其他美国国会立法，如《2000年人口贩卖受害者保护法》《2002年苏丹和平法》《2003年朝鲜自由法》《2004年朝鲜人权法》等，这些立法在法律上正式确认了美国外交政策与推进所谓“宗教自由”之间的关系，并且启动和加大了宗教团体影响美国对外关系的立法化（或国会化）、机构化、国际化、草根化、联盟化、媒体化、安全化等趋势，[②] 其中根据《1998年国际宗教自由法》建立的两个机构，即国务院国际宗

① 关于三个阶段的划分，参见徐以骅：“宗教新右翼与美国外交政策”，载《历史评论》，2020年第1期，第55－57页。

② 关于此七种趋势，参阅徐以骅：《后冷战时期的宗教与美国政治和外交》，上海：上海人民出版社，2014年版，第106－114页。

教自由办公室以及跨宗派、跨党派的美国国际宗教自由委员会，更是表明对“宗教自由”的关注开始渗入并且形塑美国传统外交建制。

第二个阶段始于美国国会通过的立法，主要有2016年12月分别由奥巴马总统签署生效的作为《1998年国际宗教自由法》修正案的《2015年弗兰克·沃尔夫国际宗教自由法》和《全球马格尼茨基人权问责法》，以及美国国会此前通过的《2014年近东与南中亚宗教自由法案》。其中《2015年弗兰克·沃尔夫国际宗教自由法》要求美国政府在根据《1998年国际宗教自由法》设立的所谓严重侵犯宗教自由的“特别关注国”名单外，增设所谓侵犯宗教自由的“特别观察国”“特别关注实体”以及“指定人士”名单，并授权予以相应制裁；《全球马格尼茨基人权问责法》亦要求美国制定所谓“侵犯人权者”名单，限制其入境美国，冻结其在美资产。两个法案的共同特点，就是把美国实施制裁的重点从国家转向单位和个人，即用“打击到人”的方式来提高制裁的效力和“精准性”，从而加强美国政府通过国内法来实现其包括推进国际宗教自由在内的所谓人权目标的力度。《2015年弗兰克·沃尔夫国际宗教自由法》还要求美国国务院对其所属的所有外交人员开展一项关于国际宗教自由的线上培训课程。《2014年近东与南中亚宗教自由法案》则为所涉地区设立“宗教少数派事务特别顾问”一职。上述法案均由奥巴马总统签署生效，显然在奥巴马政府期间尤其是后期，“国际宗教自由作为美国外交政策工具的势头开始增强”。①

① Lee Marsden, “International Religious Freedom Promotion and US Foreign Policy,” *Religions*, 2020, 11, 260 (May 21, 2020), p. 5, http://www.mdpi.com/jounal/religions（上网时间：2020年10月1日）。

第三个阶段始于特朗普政府时期，尤其是2018年4月蓬佩奥（Mike Pompeo）出任国务卿以来所筹划成立的三个所谓国际宗教自由机构或机制：一是“推进宗教自由部长级会议”机制。2018年7月美国国务院举办的“推进宗教自由部长级会议”，以及2019年7月第二届“推进宗教自由部长级会议”。这两次会议是美国国务院有史以来召开的规模最大的人权类会议。二是美国国务院筹建于第二届“推进宗教自由部长级会议”之前，具有蓬佩奥个人色彩的“不可剥夺权利委员会”。该委员会由美国前驻梵蒂冈大使、以反堕胎和同性婚姻著称的哈佛大学法学院教授玛丽·A. 格兰登（Mary Ann Glendon）领衔的共11位保守派人士组成，对“人权在美国外交政策中的作用”以及“美国致力于国际人权事业的基本原则”进行研究并提出建议，宣称要对人权概念“进行自1948年《世界人权宣言》颁布以来最深刻的重新审视”。[①] 2020年7月16日该委员会正式发布了长达60页的报告（未定稿），[②] 在国际宗教人权理论领域为特朗普政府站台。三是组建“国际宗教自由联盟”。该联盟成立于2020年2月，它是美国自《1998年国际宗教自由法》通过以来，历经四任总统，继美国国务院国际宗教自由办公室、美国国际宗教自由委员会、“推进宗教自由部长级会议”、“不可剥夺权利委员会”之后建立的第5个所谓国际宗教自由机构或机

① Caitlin Oprysko, “Mike Pompeo unveils panel to examine ‘unalienable rights,’” *Foreign Policy*, July 8, 2019, https://www.politico.com/story/2019/07/08/pompeo-unveils-panel-to-examine-unalienable-rights/（上网时间：2019年9月10日）；另参见徐以骅：“‘宗教超级秀’——美国‘推进宗教自由部长级会议’述评”，载《世界宗教文化》，2020年第1期，第16页。

② “Report of the Commission on Unalienable Rights,” July 16, 2020; Michael R. Pompeo, “Unalienable Rights and the Securing of Freedom,” Philadelphia, Pennsylvania, National Constitution Center, July 16, 2020, https://www.state.gov/unalienable-rights-and-the-securing-of-freedom（上网时间：2020年9月10日）。

制，从而把过去20多年来美国主导的国际宗教自由运动推向高潮，而特朗普政府任期因此也被某些基督教福音派势力吹捧为保护“国际宗教人权”的“黄金时期”。[①]

二、“国际宗教自由联盟”的建立

2020年2月的第一个周堪称美国人权历史上的“宗教周”。2月4日，作为“推进宗教自由部长级会议”机制的一部分，美国国务院假美国参议院场地召开了“宗教自由圆桌会议”，有来自20多个国家和地区的约250人与会。2月5日，美国国务院集结其他26国召开了“国际宗教自由联盟”成立会议。“国际宗教自由联盟”成立当日，美国国务院还公布了《美国—波兰关于推进宗教自由部长级会议的联合声明》，宣布第三届“推进宗教自由部长级会议”将于2020年7月14至16日在波兰首都华沙召开（因新冠病毒疫情该会议推迟至2020年11月16至17日，会议形式也由线下改为线上），强调“对宗教自由的共同兴趣体现了波兰与美国的战略伙伴关系”；2月6日，美国国会主持召开了由特朗普总统等美国政要和多国/地区领导人参加的一年一度的“全国祈祷早餐会”（2020年为第68届）。上述三场以宗教为主题的美国大型主场外交，尤其是“国际宗教自由联盟”，“标志着历史上在国家级层面推动世界范围内宗教自

① Alue Christians, “State Department’s first - ever employee faith - group underscores Mike Pompeo’s influence,” *Washington Post*, July 11, 2019, https://www.washingtongpost.com/...alue - Christians - state - departments - first - ever - employees - faith - group - underscores - mike - pompeos - infuence（上网时间：2020年3月3日）。

由议题的第一个国际联盟的建立”。[①]

在2018年7月首届“推进宗教自由部长级会议”后，美国在世界各地推动召开了一系列地区性宗教自由圆桌会议。在2019年7月第二届“推进宗教自由部长级会议”上，国务卿蓬佩奥宣布将筹建“国际宗教自由联盟”。该联盟的计划文件称，“经过挑选的若干国家的领导人将被邀请与会；这些国家愿意为维护和推进国际宗教自由而‘战斗’或采取行动，而非仅仅签署某份文件。美国国务院和国际宗教自由办公室计划推出一系列将为联盟成员所遵循的规则。”

2月5日成立的“国际宗教自由联盟”共有27个国家正式参加，分别是：阿尔巴尼亚、奥地利、波黑、巴西、保加利亚、哥伦比亚、克罗地亚、捷克共和国、爱沙尼亚、冈比亚、格鲁吉亚、希腊、匈牙利、以色列、科索沃、拉脱维亚、立陶宛、马耳他、荷兰、波兰、塞内加尔、斯洛伐克、斯洛文尼亚、多哥、乌克兰、英国以及美国。其中半数以上国家派部长级官员参会。

《“国际宗教自由联盟”原则宣言》（简称《原则宣言》）宣称该联盟“是完全致力于推进全球宗教或信仰自由的志同道合国家的网络”，将“宗教或信仰自由国际原则”作为联盟的法理基础，并引述了多个国际法文件，包括：《世界人权宣言》《公民权利和政治权利国际公约》、联合国《1981年宣言》《欧盟宗教或信仰自由准则》和《欧安组织关于宗教或信仰自由与安全准则》等，宣称联盟的活动将“补充和促进当前联合国及其他多边和区域组织促进宗教或信仰自由的工作”。

---

① Michael R. Pompeo, “Answering the Call to Advance Religious Freedom,” Press Statement, Feb. 5, 2020, https: //www. state. gov/answering - the - call - to - advnce - religious - freedom/（上网时间：2020年3月3日）。

《原则宣言》还包括“共同承诺”和“行动指南”。其中“共同承诺”包括：联盟成员须遵守规则、协调行动，并采取以人权为基础的进路来推进“宗教或信仰自由国际原则”，同时促进“其他不可或缺的人权”来充分享有宗教或信仰自由。“行动指南”分三部分：（1）回应性措施：追究国家/非国家行为体对宗教性群体或场所施加的暴力，反对侵犯宗教或信仰表达权利，反对强制改变信仰，声援受宗教迫害人士，反对宗教歧视；（2）主动性措施：根据“伊斯坦布尔进程”（指2011年为促进阿富汗及其邻国共同应对反恐、禁毒、贫困和极端主义等共同威胁而启动的区域性机制），促进对多样性、宽容和包容的尊重，保护宗教或信仰场所，支持包括宗教和信仰社区在内的公民社会，促进形成跨界和多学科的宗教信仰网络，提高关于宗教信仰和人权的文化知识，促进其他有关人权（如言论自由）；（3）具体行动措施：监督和信息共享，双边协调和公共外交，不同信仰间对话，通过安置等方法支持受害者，制裁肇事者，在联合国等多边论坛和机构采取协调行动，促进民间社会合作，培训执法人员，增强国家人权机构的能力，促进在“宗教自由”事务中的“公民参与”。根据美国国务院的说明，该联盟由参与国家自愿组成，没有投票程序，对成员也无惩罚机制。这种建构看似松散，但实际上更便于有关国家的操控。①

《原则宣言》并未针对任何特定国家，但国务卿蓬佩奥在联盟成立会议上就点名批评伊拉克、巴基斯坦、尼日利亚和缅甸针对国内宗教少数派的政策，特别提出要谴责中国“对所有宗

① “Declaration of Principles for the International Religious Freedom Alliance,” Feb. 5, 2020, https//www. state. gov/decleration – of – principles – for – the – international – religious – freedom – alliance（上网时间：2020年3月3日）。

教的敌视”，并无中生有地指责中国施压阻止联盟部分成员国与会。[①] 与美国建立的其他所谓推进国际自由宗教机构一样，“国际宗教自由联盟”与美国对华的整体战略也是高度一致和密切挂钩的。

此种关联性在美国利用宗教议题支持台湾当局所施展的各种谋略上也得到充分的体现。在上述所谓“宗教周”，美国邀请我国台湾地区当选“副负责人”赖清德到美参加“宗教自由圆桌会议”，并在会上发言，出席“全国祈祷早餐会”，会见了美国亲台智库人士、国会两院议员以及美国国家安全委员会官员等。赖清德等虽未参加“国际宗教自由联盟”成立会议，但有关媒体称台湾已被邀作为观察员参与“国际宗教自由联盟”，而美国国务院则对此讳莫如深。[②] 所谓宗教自由议题无疑为台湾当局拓展国际空间提供了管道，它不仅积极组团参与在美国举办的两届“推进宗教自由部长级会议”，设立“国际宗教自由无任所大使”一职、为美国倡议的“国际宗教自由基金”筹款等，而且还积极配合美国在台湾地区的新竹举办“印太地区保卫宗教自由公民社会对话”等活动，试图通过宗教和人权等柔性议题和载体来推进和实现台湾当局的政治议程和所谓国际化图谋。

从成立之初“国际宗教自由联盟”的 27 个成员国的“宗教身份”来看，其中 22 个国家（81%）以基督宗教为主要宗教，4 个（14%）以伊斯兰教为主要宗教；1 个（以色列）以犹太

① “Declaration of Principles for the International Religious Freedom Alliance,” Feb. 5, 2020, https//www. state. gov/decleration – of – principles – for – the – international – religious – freedom – alliance（上网时间：2020 年 3 月 3 日）。

② “Taiwan offered observer status in U. S. – led religious alliance,” Feb. 13, 2020, https: //focustaiwan. tw/politics/202002130019（上网时间：2020 年 3 月 3 日）。

教为主要宗教。就地理分布而言，27 个成员国中前苏东国家共 13 个，占成员国近半，反映了近年来美国对前苏东地区大举渗透扩张的地缘政治格局。由于新冠病毒疫情，该联盟的活动主要采取视频会议和简报等方式。到 2020 年 10 月底为止，该联盟新增成员国共 4 个，即澳大利亚、亚美尼亚、丹麦、喀麦隆，另有若干国家/地区获得观察国/地区地位，离美国原定在半年内将联盟成员数扩充至 100 个的目标相距甚远。

三、“国际宗教自由联盟”评析

“国际宗教自由联盟”是自美国《1998 年国际宗教自由法》通过以来美国政府推动建立的最新宗教人权机构，也是美国政府试图建立所谓国际宗教自由准则，使美国宗教价值观普世化的最重要举措。在特朗普政府期间，“美国优先论”与“宗教人权等级论”相互印衬，成为美国对外关系的两大重要特色。正如外交是内政的延续，所谓宗教自由议题也是以非传统方式推进美国国家利益的手段。

然而，与 20 世纪末以来历届美国政府所谓推进国际宗教自由的举措一样，特朗普政府的国际宗教自由行动尤其是“推进宗教自由部长级会议”和“国际宗教自由联盟”，尽管造势用力，调门很高，但也争议不断，批评者甚众，且目前“国际宗教自由联盟”尚未完全成形，不足对之作出充分的评判。但羽毛未丰的“国际宗教自由联盟”同样显露出美国在宗教人权领域的双重标准、战略意图以及内在矛盾。①

① 对特朗普政府推进国际宗教人权机制的批评，参见徐以骅：“‘宗教超级秀’——美国‘推进宗教自由部长级会议’述评”，第 17－20 页。

首先，特朗普政府比此前历届美国政府更倡导以犹太—基督教传统为中心的宗教意识形态，并且透过该宗教传统的棱镜来看待宗教自由和对外关系问题，把“宗教自由”凌驾于其他人权之上，这在2018－2020年间特朗普政府所筹办的三个机构或机制中都有不同程度的表现，而在蓬佩奥任命的“不可剥夺权利委员会”的报告中则有全面的阐述。根据特朗普政府的人权理论，人权有基本和非基本、原生和派生之分，作为美国“第一自由”的宗教自由是基本人权，而其他如妇女和性少数派人权则是非基本、派生和次要人权。蓬佩奥领导的美国国务院更是竭力推进宗教右翼尤其是基督教福音派的社会议程，试图通过突出宗教自由来“正本清源”，强调宗教自由的个体性而非集体性，回归基于美国历史和犹太—基督教传统的人权观，但这却可能导致贬低甚至取消近几十年来美国社会在人权领域所取得的进展的后果。蓬佩奥在2020年7月17日在衣阿华州举办的“家庭领袖峰会”上就公开声称，美国外交政策“是以美国为中心的亲国家安全的外交政策、是亲宗教自由的外交政策，以及是百分之百亲生命的外交政策”。① 因此，特朗普政府这种主张“宗教自由优先”的人权等级论和以犹太—基督教为中心的人权倡议路线，自然遭到一些美国人权学界人士以及主流世俗和宗教人权团体尤其是妇女权利和性少数派团体的反对。②

其次，“国际宗教自由联盟”是美国官方、半官方和非官方

① Michael R. Pompeo, “My Faith, My Work, My Country,” Speech at Family Leader Summit, Ron Pearson Center, West Des Moines, Iowa, July 17, 2020, https://www/state.hov/my－faith－my－work－my－country［7/22/2020 7:42:25 AM］（上网时间：2020年9月10日）。

② 有关批评可参见 Jeffrey Haynes, “Trump and the Politics of International Religious Freedom,” *Religions*, 2020, 11, 385, pp. 1－2, http://www.mepi.com/journa/religions（上网时间：2020年10月8日）。

宗教人权建制的海外延伸，是美国在2018年6月20日退出联合国人权理事会后，为重掌国际人权领域的主导权，试图建立以美国为首的新的国际人权机构。“国际宗教自由联盟”标榜推进多边主义路线，但以“宗教自由”之名来排挤其他人权议题，其实质是把美国“宗教自由优先”的人权等级观投射到国际层面，作为制定国际宗教自由准则和推进国际人权战略政策讨论的基础，从而实现美国人权观念和标准的普世化。“国际宗教自由联盟”的建立，也表明美国从《1998年国际宗教自由法》始，耗时20余年而组建的所谓宗教自由国际体系已初步成形。“该体系以‘国际宗教自由联盟’为轴心，以《‘国际宗教自由联盟’原则宣言》《波托马克宣言》《波托马克计划》《不可剥夺权利委员会报告》等为核心原则和行动指南，以‘推进宗教自由部长级会议’‘区域性部长级会议’‘地区性宗教自由圆桌会议’‘宗教自由半球论坛’等为年度会议和地区性分会，以‘国际宗教自由基金’和‘国际宗教自由大使’为融资平台和联络机制，构成多维立体的所谓‘价值观同盟’。”[①] 在这一“价值观同盟”中，美国政府的全面介入和操控，无疑是该同盟得以维系的基础和核心。

第三，美国在国际人权领域另起炉灶，使“国际宗教自由联盟”等成为推进美国外交政策的载体和工具，对现行联合国和其他多边人权机制产生消极作用，这是国际社会对“国际宗教自由联盟”最主要的批评之一。“国际宗教自由联盟”宣称自己是支持宗教自由的“各国行动主义者俱乐部”，要设立加入

① 徐以骅：“试析美国国际宗教自由委员会近期发表的2020年度国际宗教自由年度报告”，载《中国宗教》，2020年第5期，第13页。

联盟的“高门槛”,[①] 但与美国一样，该联盟的一些成员国“并无维护人权的良好纪录”;[②] 特朗普政府忽视国际人权问题复杂性、多元性和地区特殊性，将人权问题“宗教化”的“宗教人权基要主义”，及其以基督宗教为中心的人权倡议路线，也无助于推动国际人权事业；其在国际人权领域拉帮结派，党同伐异，以宗教自由为藉口制裁和围堵美国国家安全战略对手，把大国竞争设定为宗教意识形态之争的种种做法给人留下了美国竭力打造“宗教版北约”的印象；特朗普政府在美国国内人权领域劣迹斑斑，默许甚至煽动白人至上主义，推行“美国优先”的对外政策，更成为美国建立国际宗教自由体系的“原生性”障碍。正如有国际学者所指出的那样，“特朗普政府的宗教自由政策在美国国内推动了对一些少数派信仰的仇恨犯罪和敌视的增长，在国际上则加剧了在宗教、民族和种族问题上的紧张关系。”[③]

结　语

“国际宗教自由联盟”生不逢时。新冠病毒疫情的爆发，不仅打乱了特朗普政府的扩盟以及其他所谓推进国际宗教自由的计划，而且具有讽刺意味地再度突出了生存权在人权位序中的

---

① “Declaration of Principles for the International Religious Freedom Alliance,” Feb. 5, 2020.

② Jeffrey Haynes, “Trump and the Politics of International Religious Freedom,” p. 15；该文引用美国宗教自由与企业基金会总裁葛百彦（Brian Grim）在 2020 年发表的题为“宗教自由与 LGBT 权利”的报告，列出了“国际宗教自由联盟”成员国对宗教限制的不同指数。同上，第 12－13 页。

③ Jeffrey Haynes, “Trump and the Politics of International Religious Freedom,” p. 15.

重要性。[①]“国际宗教自由联盟”在后疫情时期的国际格局以及美国新一届政府中的运作和走向，存在着若干可能性，但由于美国国内具有跨党派、跨政府和跨宗教的宗教人权建制的存在，[②] 美国利用宗教自由议题来占领国际道德制高点、推进本国战略利益的做法，在最近的未来不会有根本性的改变。

本辑（第二十一辑）分为美国宗教、宗教与国际关系、宗教与社会、调研报告四个栏目。本辑的主办单位为复旦大学美国研究中心和上海高校智库复旦大学宗教与中国国家安全研究中心。复旦大学国际关系与公共事务学院国际政治系博士研究生楼天雄及中心学术助理刘倩洁参与了本辑的编辑工作，在此一并致谢。

① 对中美关于人权位序观念的讨论，参见徐以骅："后传教时代的宗教与中美关系"，载徐以骅著：《后冷战时期的宗教与美国政治和外交》，上海：上海人民出版社，2014 年版，第 201 页。

② 关于美国宗教人权建制，参见徐以骅："基督教福音派与特朗普政府对华政策"，载《当代世界》，2020 年第 5 期，第 44 页。

美国宗教

民国时期中美佛教文化交流叙略

•刘 军

[内容提要] 中美文化交流历来是学术界的关注焦点，成果斐然，但在民国时期的中美佛教文化交流方面，仍近乎空白。民国是中美佛教文化交流的重要时段，中美佛教交流频繁，不少美国佛教学者与信徒纷纷来华，掀起了“东土取经”的热潮，可谓玄奘西天取经的美国翻版。佛经在美国被大量翻译，佛教学术在美国史是取得了长足进步。在国衰民弱、国人崇洋媚外、佛教不被看好的时代，美国人却极为欣赏、崇慕中国佛教。佛教彰显了其超国家、超民族的世界性特点，显示了中国文化之“品牌魅力”，促进了中美两国的文化交流与民间感情。特别是在中美结为反法西斯同盟期间，佛教的国际意义显得尤为突出。在近现代中美关系及文化交流史上，佛教发挥了不可忽视的积极作用。

[关键词] 民国 中美 佛教文化 交流

中美文化交流历来为学术界所关注。在过去很长一段时间里，受制于“欧美中心地位”的语境，学界多注意“西学东渐”，侧重研究美国文化在中国的传播及影响，于佛教（按：这里指北传大乘佛教，下同）在美国的传播、中美佛教文化交流等议题上研究甚少，在民国佛教领域更是一片空白。在东方文化越来越被西方所重视的今天，佛教在美国的传播与影响理应得到重审与挖掘。佛教作为一种超越国家、民族的世界性宗教文化，长久影响着亚洲尤其是东亚。在民国时期，佛教冲出亚洲，不断向美国传播并施加影响。那么，中美之间在民国时期有哪些佛教文化交流？佛教在美国是一个怎样的状态？它对中美间的友好往来又起到了什么作用？

纵观民国时期，美国人对中国佛教始终怀着极大的兴趣。他们不仅热情高涨，其见解亦深刻独到。中美间佛教交流频繁，美国人对中国的佛教典籍视同珍宝，不辞万里来华寻觅，并带回国内加以珍藏研究。不少美国佛教学者、信徒纷纷来华探险、访问和求法，出现了类似玄奘西天取经的美国版“东土取经”。美国的佛教学术也随着大批佛经的翻译问世而进步神速。在儒释道三教中，美国人对佛教情有独钟，也只有佛教对美国人影响较大。在国衰民弱、国人崇洋媚外、佛教不被看好的时代，美国人却极为欣赏、崇拜中国佛教。佛教彰显了超国家、超民族的世界性特点，显示了中国文化之“品牌魅力”，促进了中美两国的交流与感情，谱写了一曲曲友好往来的乐章，特别是在中美结成反法西斯同盟之时，佛教更具有重大的国际意义。

关于民国时期的中美佛教文化交流，历来颇乏文献，研究难度较大，所幸笔者在民国报刊上发现了大量相关记载。本文即以这些材料为基础，梳理、考察民国时期中美佛教文化交流史上的重大人物与事件，以管窥彼时中美文化交流之一幕，求教于方家。

一、民国时期的美国佛教

在民国时期，中美之间的佛教文化交流，首先建立在美国佛教自身的发展基础上。事实上，美国人很早就接触到了佛教。著名的托马斯·A·特维德（Thomas A. Tweed）教授在《佛教与美国的相遇：1844 - 1912》一书中，认为美国开始接触佛教的时间是 1844 年。[①] 中国社会科学院世界宗教研究所的杨健教授则认为，美国人早在 1776—1844 年间，便已关注和接触佛教。[②] 对于佛教传入美国的确切时间，目前尚未发现明确记载。有的美国学者认为，这可以追溯到 1840 年代西海岸的中国移民。当时，美国由于工业化的需要，欢迎世界各地的移民为其提供土地和劳动力，很多中国人借此移民美国，[③] 佛教遂被华裔带到了西海岸的城市和定居点。[④] 民国末年，台北人周梅生认为，佛教入美是由欧洲佛教研究引起的。[⑤] 释法舫则认为是在 19 世纪后 10 年，“当日本西京西本愿寺从一位传教士到旧金山，创办第一个美国佛教青年会的时候”。[⑥] 陆士雄也认为是 19

---

① Thomas A. Tweed, *The American Encounter with Buddhism, 1844 - 1912: Victorian Culture and the Limits of Dissent* (Chapel Hill, NC: The University of North Carolina Press, 2000), p. 17.

② 杨健：《美国与佛教相遇的时间问题》，载《世界宗教文化》，2019 年第 5 期，第 130 - 135 页。

③ Erika Lee, *At Americas Gates Chinese Immigration during the Exclusion Era, 1882 - 1943* (Chapel Hill and London: The University of North Carolina Press, 2003), p. 2.

④ Amanda Porterfield and John Corrigan, eds., *American Religious History* (Chichester, West Sussex: Wiley - Blackwell Publishing, 2002), p. 149.

⑤ 周梅生：《美国的佛教》，载《台湾佛教》，1948 年 3 月号，第 12 - 13 页。

⑥ 法舫：《加拿大美国之佛教》，载《海潮音》，1947 年第 28 卷第 11 期，第 31 页。

世纪末叶。[①] 张曼涛在 1978 年出版的《现代佛教学术丛刊》之《欧美佛教之发展》一书中认为，美国佛教的开端是 1887 年日本佛教传教师 Soryu Kabehi 到夏威夷向日侨弘法，以及 1899 年 Sokei Sonada 法师前往旧金山向日侨传教。[②] 释宽忍在 1991 年的《佛教手册》中认为，佛教入美自 19 世纪末，日本佛徒在夏威夷建立净宗分院开始，[③] 而中国汉传大乘佛教也在同期随华侨传入夏威夷，而后传入美国本土。[④]

佛教在美国的传播是以学术形态开展，并非信仰先行。首先要注意到的，是华裔美国人对美国佛教的影响。在 1940 年代，大量华人移民美国，但美国于 1882 年通过了《排华法》(*The Chinese Exclusion Act*)，严格限制中国移民。[⑤]后来的立法更新和加强了原来的法案，试图将中国人永久排除在外。[⑥] 不仅在个人层面上，而且在国家和国际层面上都是如此。[⑦] 历史学家陈素贞将其描述为华裔美国人历史的“黑暗时代”。[⑧] 尽管华裔移民带去了佛教文化，但他们在美国的边缘地位，以及默默无闻、无心传教的习惯，使得中国佛教与美国社会一直处于疏离隔阂的状态。华裔对美国佛教发展的影响十分微小，佛教只能成为

---

① 陆士雄：《佛教在美国》，载《觉群周报》，1947 年，第 43－44 期，第 3 页。

② 张曼涛著：《欧美佛教之发展》，台北：大乘文化出版社，1978 年版，第 282 页。

③ 宽忍著：《佛教手册》，北京：中国文史出版社，1991 年版，第 385 页。

④ 同上，第 385 页。

⑤ Erika Lee, *At Americas Gates Chinese Immigration during the Exclusion Era*, *1882 – 1943*, p. 2.

⑥ Ibid., p. 4.

⑦ Ibid., p. 7.

⑧ Sucheng Chan, "*Writing of Asian American History*," *Asian American History*, Vol. 10, No. 4 (Summer 1996), pp. 8 – 17.

多数华裔不想牺牲的文化遗产。[①] 因此，美国的佛教发展很晚，直到19世纪末才开始得到认同。[②] 至20世纪初，佛教始终处于美国文化与地理的边缘。[③] 美国对佛教的了解及佛教发展的助力，更多来自美国人对佛教的学术研究。

美国很早就对佛教展开了学术研究，并取得了可观成就。早在1896年，美国佛学家花莲氏（Henrn Warren）便出版过一册《翻译之佛教》（Buddhism in Translation）；1897年，加州大学教授马克士威·萨莫维利（Maxwell Somerville）著有涉及禅戒道德的《*Siam B on the Neinan*》一书；[④] 1902年，爱德曼氏（A. Sedmwmds）在美公刊《佛教书史》（*A. Buddhist Bibliography*）及《法句经》之全译。此外，美国哈佛大学教授兰曼氏监修《哈佛东方丛书》，其中包含《阿那含》及其他佛典。在罗斯安捷而斯，佛教学者保罗拉氏，曾著有一册《佛陀之福音》（*Gospel of Buddha*），日本著名禅学著作家铃木大拙（贞太郎）博士，及其夫人维多利斯（美籍）女士，以及左翁氏，皆出其门下。[⑤]

1914年，历任美国加利福尼亚大学卜技利宗教专门学校讲师、研究佛学十余年的美国宣达尔斯博士（Kenneth J. Sauders）的《佛教史时代》（*Epochs in Buddist History*），由美国诗家谷大学出版部印行，内分篇叙述佛教各时代发展状况，自印度缅甸

① Edward L. Queen II, Stephen R. Prothero and Gardiner H. Shattuck, Jr., eds., *Encyclopedia of American Religious History* (New York: Facts On File, Inc., An imprint of Infobase Publishing, 2009), p. 55.

② Thomas A. Tweed, *The American Encounter with Buddhism, 1844 - 1912: Victorian Culture and the Limits of Dissent*, p. 32.

③ Amanda Porterfield and John Corrigan, eds., *American Religious History*, p. 149.

④ ［斯里兰卡］威廉·派利斯著、梅迺文译：《西洋佛教学者传》，贵阳：贵州大学出版社，2013年版，第253页。

⑤ 周梅生：《美国的佛教》，载《台湾佛教》，1948年3月号，第12-13页。

暹罗中国本部，以至日本、尼泊尔各地。他曾加入印度宗教研究会，与俄国有名的佛学家奥力里堡（Oldenberg）等从事探讨，并来游东亚，自锡兰以至日本，诸名刹多所参访，西藏黄教，亦躬往考查，尝师事锡兰学者华记斯洼剌（Wagiswara），与日本佛学家姊崎正治（Anesaki）博士友善，著有佛学书数种。①

到了1924年左右，佛教研究在美国已经相当流行，学术研究渐渐激发了美国社会的佛教信仰。美国人葛丽女士于1924年谈道："欧美对于佛学，近来研究甚力，佛教会及其他对于佛学亦予以研究宗教会，各地皆有，而且宣传极广，翻译书籍亦多，就中国如安诺德之《亚细亚之光》尤为著名，是诗译自梵文，叙佛事迹及教义甚详，欧美人士，对于佛教之信仰，遂因之而深。"②

而且，美国人对佛教的认识颇为新颖、深刻、理性和科学。如1926年，美国卫西琴博士（Dr. Alfred Westharp）谈道："渠谓西洋化偏于外，孔教偏于内，惟印度之佛化，内外贯彻，独为可取，应用佛化，办理教育，吾人向来所知之科学，经法国人所发明，即如物质与力二者，向来科学家认为悉属二物，而新科学家则谓物质乃极粗之力，力乃极细之物质，中国留学西洋者，所习均係旧科学，惜于新学尚少窥见，而国内教育，只有皮毛形式，不能精研真理……太虚法师亦以为此种新科学，已有渐次趋近佛理之机势，并言发达佛化精神，则使物质更加发达。"③

① ［美］宣达尔斯著、李一超译：《美国佛学界之中国佛教史观（未完）》，载《海潮音》，1927年第8卷第4/5期，第1－7页。

② 觉华：《志林：美国葛丽女士在上海演讲佛学》，载《世界佛教居士林林刊》，1924年第7期，第8－9页。

③ 《时事：本埠外埠各地报纸之佛教消息：美国卫西琴博士注重佛化》，载《海潮音》，1926年第7卷第8期，第5页。

这种认知并非个别意识，而是普遍共识。佛教“征服”了不少美国精英：“有许多美国青年，多半为大学毕业生，氏谓佛学之所以能浸入美国人生活中者，以科学的宗教也，盖当次科学昌明时代，人民咸欲以科学实验真理，于是他种宗教，咸遇难关，惟佛学为人所认为其具有科学的根据也，质言之，佛教者，乃心理学的哲学之宗教也，化学物理以及天文诸科，罔不相关。”①

到了1927年，美国佛教徒已达5000人，在美国之西岸自罗斯安哲迄希卡哥，更东至狄特罗意诸城中，均已建寺。② 之后，佛教在美国越来越热，美国人对佛教的兴趣与需求也越来越大。1931年，民间纷设佛会从事研修。③ 1935年，勒斯（名）霭佛来德夫人，为便利美国人之研究佛学及东方学问起见，在兴斯台尔市创设东方书店一所，专卖佛经及其他东方书籍，夫人曾在日本研究禅宗，著有参禅论文多篇，为宏法计，愿作一切东方问题之顾问机关。④ 到了1935年，全美有盛大独立之佛教教会42所，支部教会及派出所150所。⑤ 到了1947年，据美国官方统计，全美共有寺院35所，教徒约1.5万人，依美国佛教方面的报道，则有寺院60所，信徒约5万人。⑥“总部设在洛杉矶，但以加利福尼亚最为发达，其寺院之多，信徒

① 《佛教流行美国之推测（八月廿六日时事新报译七月卅一日上海大陆报）》，载《聂氏家语旬刊》，1927年第137期，第2－3页。

② 同上。

③ 《史乘：美国佛教徒赴日研究密宗》，载《海潮音》，1931年第12卷第7期，第94页。

④ “要闻：美国女居士开设东方书店”，载《佛教杂志》，1935年第2卷第8期，第80－81页。

⑤ 《现代佛教史料：世界佛教：美国佛教教团沿革史》，载《海潮音》，1935年第16卷第11期，第119页。

⑥ 陆士雄：《佛教在美国》，载《觉群周报》，1947年第43－44期，第3页。

之众，为全美之冠，此外在纽约方面亦有寺院3所，那边的建筑，像中国的庙宇一样，深黄的围墙，庄重的围墙，庄重的铁门，供奉的菩萨，亦都是镀金之身。”① 甚至在1947年出现了佛教徒欲“扭转乾坤”，使美国人转信佛教的现象。②

总之，自1900年近半个世纪以来，佛教在美国获得了长足发展。全美建立了很多寺院，组织了很多佛教团体。佛教在美国从学术研究开始，激发出了社会信仰，而后开启了浩浩荡荡、波澜壮阔的发展历程。民国整一时期尤其是后30年，正是美国佛教的兴起期。佛教在美国的迅速发展，以及美国人对佛教巨大的兴趣、科学的认知和热烈的追求，构成了中美佛教交流的深厚基础，由此演绎了一幕幕“东土求法”之胜景。

笔者按照民国史及中美佛教文化交流史，把中美间的佛教交流分为五大时期：1911－1924年、1924－1930年、1930－1937年、1937－1945年与1945－1949年。1911－1924年为酝酿期，1924－1930年为发展期，1931－1937年为繁荣期，1937－1945年是低谷特殊期，以抗战及同盟国为特殊背景，1945－1949年为抗战胜利后的新进期。五大时期各有其因缘时节与内容特点。

二、1911－1924年：酝酿期——美国社会“发现”中国佛教

日本人赴美弘法时间较早且积极主动，日本移民美国虽比

① 陆士雄：《佛教在美国》，载《觉群周报》，1947年第43－44期，第3页。

② “佛教新闻：江声报讯：美国政府近公布美国国内共有一万五千佛教徒”，载《中流（镇江）》，1947年第5卷第1期，第20页。

中国晚，但影响要大得多。[1] 美国虽早知佛教，但对于佛教事务，美国社会几乎只知日本而不知中国。正是中国的佛教文物，以及资深旅华美人的学术著作让美国人“发现”了中国佛教，从而激起了美国社会对中国佛教的强烈兴趣与追求。

如前所述，美国对佛教早有研究，如1896年美国佛学家花莲氏的《翻译之佛教》、1902年爱德曼氏的《佛教书史》、美国哈佛大学教授兰曼氏的《哈佛东方丛书》、佛教学者保罗拉氏的《佛陀之福音》、[2] 1914年宣达尔斯博士的《佛教史各时代论》[3]等。这些著作都包含了很多中国佛教的内容，是美国人了解中国佛教的理想窗口。

另一方面，包括佛教用具在内的各种中国文物，乃稀世之珍，莫不令西方叹为观止。1921年，美国纽约自然历史博物院展出了一尊珍贵的西藏佛像。“现陈列一西藏璧末白海佛像法身，极高，为黄铜所铸，面上敷以真金，光可鉴人，其他法器亦黄铜所制，雕镂极精美。人前往瞻拜者络绎不绝，叹为世界所罕见。”[4] 这大大激发了美国人对中国佛教的兴趣与仰慕。

在学术及文物的影响下，美国人对佛教兴趣迅速增长。他们觉得，东方佛教是古老神秘的足为世界之最、却被长久忽视的宝贵文化。诚如旅居东方15载的美国国会图书馆东方部部长亨美尔所言：“这一方面的兴趣，继长增高，实在是很快的，”[5]

---

① Amanda Porterfield and John Corrigan, eds., *American Religious History*, p. 149.

② 周梅生：“美国的佛教”，载《台湾佛教》，1948年3月号，第12－13页。

③［美］宣达尔斯著、李一超译：“美国佛学界之中国佛教史观（未完）”，载《海潮音》，1927年第8卷第4/5期，第1－7页。

④ “美国博物院中之西藏佛像：［照片］”，载《时报图画周刊》，1921年第70期，页码模糊脱落，不详。

⑤ “新闻：国外之部：美国研究佛教之兴趣并购去西藏珍籍两大部”，载《威音》，1931年第36期，第4－6页。

“东方文明较希腊文明、罗马文明、巴比伦文明都要古远，都长久被人忽视。”[①] 全美佛教会及佛学研究会如雨后春笋般纷纷涌现，宣传极广。到1924年，各地皆有，翻译众多，安诺德之《亚细亚之光》对中国的介绍尤为著名。[②] 至此，美国佛教已初具规模，社会研习佛教的风气渐浓。美国人对中国佛教了解已多、兴趣盎然，东来求法及中美佛教交流乃势所必然。

三、1924－1930年：发展期——一战后背景下的交流

从1924年开始，文献记载的中美间确切的佛教交流开始出现。第一次世界大战之后，人们精神痛苦，佛教在欧美一度盛行。[③] 对西方物质文明的极端失望促使人们转向东方佛教文化。[④] 在这一时期，中美间佛教文化交流有两大方面，一是美国方面来华，二是太虚法师赴美弘法。

首先，在美国方面有三大要事。一是1924年，美国葛丽女士来华考察佛教，在上海做了盛大的佛学交流及演讲。“上海佛教维持会于9月14日特假座功德林请其演讲欧美佛教概况，是日到者中西善信士女约400余人，由该会程雪楼、关迥之二居士先后致中英文欢迎词，略谓女士对佛学及其他学术均甚有研

① “新闻：国外之部：美国研究佛教之兴趣并购去西藏珍籍两大部”，载《威音》，1931年第36期，第4－6页。

② 觉华：“志林：美国葛丽女士在上海演讲佛学”，载《世界佛教居士林林刊》，1924年第7期，第8－9页。

③ 柯文辉著：《枫林拾翠》，北京：北京时代华文书局，2017年版，第100页。

④ 方祖猷著：《天台宗观宗讲寺志 1912－1949》，北京：宗教文化出版社，2006年版，第136页。

究，且素食，此次不辞跋涉，来吾国考察佛教，其求法之热忱，殊令人钦佩，吾人甚愿我佛胜意，大宏于西洋云。”[①] 葛丽女士在会上和华人竞谈涅槃佛性：“涅槃 Nirvana 乃人人同具之佛性，身虽有生死，而此本具之佛性，仍然存在，至轮回于生死，则因果使然耳。”[②] 她对佛教深有契悟，是美国来华之佛教交流第一人。二是同年，纽约博物院尼古拉司路立区教授，组织西藏科学探险队，经年险阻，於本年回国，获得有关中亚细亚之种种事物及佛教记录甚多。[③] 三是 1926 年，曾在中国办学的美国博士卫西琴，到南京问法于太虚法师等人。“美国文学博士卫西琴，在中国研究东方文化有年，曾在太原办一学校，名为大通学院，颇著成绩，现已来京，口来往听太虚法师讲经，盖博上颇通中国语文也，昨日并特赴安福胡同佛教阅经社，访法师畅论佛化教育事。”[④] 卫西琴是个“中国通”，他游历东土，久寓中国，崇中国之学术思想，喜中国戏曲，民国六年到北京，颇倾倒于梅兰芳，于中国戏剧，笃嗜昆曲。[⑤] 1925 年，其自叙来中国十有三年（1912 年来），办理中国教育亦已九载（1916 年起），与太虚师谈教育、求赐佛教与教育有关之书，[⑥] 与唐大圆

---

① 觉华：“志林：美国葛丽女士在上海演讲佛学”，载《世界佛教居士林林刊》，1924 年第 7 期，第 8－9 页。

② 同上。

③ “新闻国外之部：美国研究佛教之兴趣并购去西藏珍籍两大部”，载《威音》，1931 年第 36 期，第 4－6 页。

④ “时事：本埠外埠各地报纸之佛教消息：美国卫西琴博士注重佛化”，载《海潮音》，1926 年第 7 卷第 8 期，第 5 页。

⑤ 回忆：“外人眼光中之梅兰芳：卫西琴与梅兰芳”，载《京戏杂志》，1936 年第 4 期，第 29－30 页。

⑥ 卫中：“通讯：卫西琴先生上太虚法师书”，载《海潮音》，1925 年第 6 卷第 6 期，第 1－2 页。

竞谈东西方文化，对东西方文化的权衡比较与会通思考的很深刻。[①]

在中国方面，太虚法师于1929年赴美弘法，在美国耶路（耶鲁）大学讲学，[②] 与沈有乾博士等摄影，[③] 与美国僧游红螺山。[④] 对本次行程，太虚在致宁达蕴居士的信中自叙道："今已由欧抵美一星期矣，寓居纽约，明日起赴华盛顿参观，四日新总统就任，五日赴耶路大学，六日赴哈脱福特大学，七日赴哈佛大学演讲，仍回纽约，於十日，在万国学生公寓讲演，十一日，在哥伦比亚大学讲演，十二日，赴芝加哥，约十五日，在其大学讲演，即转旧金山，落上等处演讲毕，乘船回国，预计四月廿外，可抵上海。"[⑤]

这次弘法意义重大。当时，唐大圆法师认为这是东方文化代起、西行之开宗明义第一，甚至有"放震旦之瑞光，破西欧之昏黑，战争于是乎消泯，和平于是乎实现，致世界之大同"的崇高意义，[⑥] 且以诗唱道："此去告欧人，震旦化如是。应激西海波，一洗东方耻。"[⑦] 他认为，这是长期积贫积弱的中国扬眉吐气、文化崛起之举，将其上升到国家与民族、东方与西方

---

① 唐大圆："研究：與衞西琴谈东方文化"，载《世界佛教居士林林刊》，1925年第9期，第5-6页。

② "太虚法师在美国耶路大学讲学时与沈有乾博士等摄影：[照片]"，载《海潮音》，1929年第10卷第4期，第1页。

③ 同上。

④ "太虚大师及美国僧游红螺山影：[照片]"，载《海潮音》，1931年第12卷第11期，第1页。

⑤ "通信：太虚法师游欧抵美后之来信"，载《世界佛教居士林林刊》，1929年第23期，第1-2页。

⑥ 唐大圆："送太虚法师之欧美宏法叙"，《东方文化（上海1926）》，1930年第5期，第82-83页。

⑦ 唐大圆："法苑艺林：送太虚法师赴欧美宏法"，载《海潮音》，1928年第9卷第10期，第2页。

的高度。太虚大师实乃中国赴美弘法之僧中第一人。

四、1931－1937 年：繁荣期

此期中美佛教文化交流甚为繁荣，大事颇多，以美国人倾心佛教、主动来华为主。当时，美国对东方、特别是中国文化的研究，兴趣激增、进展神速。20 世纪 30 年代，日本佛教学者铃木大拙（Daisetz Teitaro Suzuki）在美国传播佛教，美国学者认为也许没有一个人比他更有影响力。[①] 他的一系列英文佛教著述，对美国佛教的发展起到了巨大推动作用，同时也间接推动了中美佛教文化交流。

1931 年，美国人安德恩氏前往蒙古探险，发现了诸多古代遗址。他所发掘的器物，一部分运美，一部分留华，一时引来国人注意。[②] 美国大学纷纷设立中文讲座，尤为突出的是，美国哈佛大学与中国燕京大学以 250 万之巨金，设立了中国文化研究院。[③] 该时期的中美佛教交流，亦体现为两方面：一是美国国会图书馆开始收藏佛教等各种东方文献。1931 年，美国国会获西藏两大部梵义珍籍，名噪一时。二是美国人频频来华，或参访、或求法，热闹非凡。

首先，美国国会图书馆率先与中国展开佛教文化交流。当时，美国国会图书馆对以中国为代表的东方文化研究极为着力，

---

① Gary Storhoff and John Whalen－Bridge, eds., *American Buddhism as a Way of Life* (New York: State University of New York Press, 2010), p. 39.

② “新闻国外之部：美国研究佛教之兴趣并购去西藏珍籍两大部”，载《威音》，1931 年第 36 期，第 4－6 页。

③ 同上。

其所藏相关书籍，涵盖中国内地、西藏、满洲、蒙古并印度、日本、暹罗、安南等处，并决定欲于未来数年间，将藏书量扩充一倍。[①] 值得注意的是，美国国会图书馆对中国佛教极为崇慕，如当年玄奘西天取经一般，于1931年费力求得西藏珍籍两大部，详录如下：

“最近美国国会，得到两部佛教的书籍，全数计三百七十册，据说全美国仅有两人，能读此项书籍，这两部大书之能到达美国颇不是容易的事，他们经过了一万二千英里的长途，中间几为匪盗所劫持，又受中国革命的影响，而运输延滞，他们从西藏的喇嘛寺启运，凡经了三年的长时间，而达美国国会，该书每册计厚三英寸，长二十六英寸，宽七英寸。书页不加钉集，仅以绳略加捆缚而已，运输中为保护计，则以两片薄木，夹持散页。这两部书，一名 Kanjur，代表美国国会向西藏喇嘛院谈判成交的，是美国国家地质学会代表洛博士（Dr. Josephf Book），成交的时期，是一九二五年的春间，书以小木箱装置，每箱装五册或六册，这些小木箱，由大队的驴子负着，登山越岭而来，每驴背负两箱。该项目书册的运输，自西藏到上海凡为时十八个月。因为中国内地战乱，不能取道长江上游顺流而下，乃取道中国而达西安，但刚达西安时，刘镇华方来攻城，围城凡六个月，该箱书籍，在围城之中，委托当地邮政局长代为保管。土匪误认小箱中装有重宝，至邮政局长为所戕害，自此一劫后，始得平顺到达上海。

书系梵文所写，以木刻字印成，每册第一面绘一佛像，以为装饰。美国国会图书馆的东方部长亨美尔氏，非常珍视这两部大书，以为他们是亚细亚书籍大藏中的特殊价值的增益，现

① “新闻国外之部：美国研究佛教之兴趣并购去西藏珍籍两大部”，载《威音》，1931年第36期，第4－6页。

在美国国会图书馆东方部的藏书，计已达100000卷，他以为关于印度原本的写作，有许多已经失掉，不能在印度本土搜求。要想寻觅，只有西藏中国还有存留的本子，西藏的手抄本较中国的抄本更近于原文，把西藏本和中国本二者对比看来，可求得原文未尽的意义，而於神秘的东方文化之研究，给予不少的线索。"①

其次，在来华访问方面，美国延续前一期的参访与听法，还出现了诸如美国佛教僧侣来华修行、来华基督教传教士皈依佛教等新现象。期间人物事件众多，其主要有六。

一是1931年，美国莫斯顿美术馆鉴定员海伦嘉鞶（Helen B. Chapin）女士，由索斯穆尔大学特派驻华留学，请常惺法师为讲《大乘起信论》。她"能操极流利之华语及日语，曾遍游印度锡兰留学团英教师"，"常随柏林全体学生，念佛过堂，诚西人学佛中之最虔诚者矣。"②

二是同年，美国僧孤云、默齐到北平修行，这是美国僧侣来华修行的最早记录，也是中美佛教界僧侣往来的最早记录，二人由日来华，拟在北平修行，下车后，迳往华北居士林，③ 在世界佛学院北平教理院留学摄影。④ 当时日本禅宗驻美国传教师千奇如幻亦致书太虚大师曰："传闻美国青年僧孤云及墨斋，今在中国亲侍巾瓶，幸运可羡，二僧者，志愿深重，而前途富春

① "新闻国外之部：美国研究佛教之兴趣并购去西藏珍籍两大部"，载《威音》，1931年第36期，第4－6页。

② "美人留华潜心佛学"，载《佛教评论》，1931年第1卷第2期，第44页。

③ "新闻国内之部：美国和尚到平修行"，载《威音》，1931年第33期，第2页。

④ "美国僧孤云默斋来世界佛学院北平教理院留学摄影：［照片］"，载《海潮音》，1931年第12卷第10期，第1页。

秋，请勿惜鞭挞。”[①]

三是1934年，美国虔诚的佛教徒萨拉乃夫人（M. Salanave），舍弃家宅、变卖所有，应邀到印度，拟创设一个东西方女佛徒参学场所，可对方不践其诺，弄到不名一钱而回，最后在落难中得到中国善友的帮助。[②]她深深地感恩中国人，在致中国居士的信中叹道：“中国人一向是我的好友，我与中国人似乎很有善缘的。中国朋友请我居住在仰光，他们意欲筹款造一小屋，开始者工作，但那炎热的气候忧虑与失望破裂了我的健康、因为我已是一个老妇了，我只得回到美国来。”[③]萨拉乃夫人富于追求、思想深刻，著有《一个佛徒的呼召》《隔海的佛徒的手》，指陈亚洲几千万佛徒贪于钱财利养，是“睡着了”，[④]可谓深中时弊。返美后，她在旧金山与丈夫努力弘法，[⑤]后于1948年前数年去世。[⑥]

四是一个十分典型的个案：美国基督教牧师高智安（Dwight Goddard）来华传教，但在研究佛教的过程中，被佛教“征服”，转而“心仪”佛教，成为十足的佛教徒，进而成为美国在华高僧，回美后大力弘扬佛法，影响甚巨，乃中美佛教文化交流之典型。高智安，美国浮芒脱洲人（佛罗里达州），1901

---

① 如幻：“通讯：日本禅宗驻美国传教师千奇如幻上太虚大师函”，载《海潮音》，1932年第13卷第2期，第76页。

② 萨拉乃夫人：“美国佛教徒致中国居士论佛教书”，载《佛教与佛学》，1936年第4期，第4－6页。

③ 同上。

④ 同上。

⑤ 金水寿光：“美国比丘·比丘尼来函（复佛教世界服务社）：一比丘金水寿光”，载《觉有情》，1948年第201期，第13－14页。

⑥ 金水寿光：“美国比丘·比丘尼来函（复佛教世界服务社）：二比丘尼贞云普拉德sunga pratt”，载《觉有情》，1948年第201期，第13－14页。

年来华，在福州为耶教牧师（在英华书馆任教），[①] 历五年，1906 年至沪，服务华人青年会。他深知华人信仰佛教者之多，欲使耶教流行中国，非了解佛教不可，乃潜心研究佛学。久之，彻悟佛教之真理实胜于耶教，遂于民国二十年（1931 年）顷皈依佛门。居士学佛后，一度赴日，研究日本佛教，同时应全日本青年佛教同盟会之请，参译《佛教大纲》为英文。[②] 未几回美，研究各种经典，英译出版《大乘起信论》《金刚经》《楞伽经》等，颇受美国欢迎。嗣渐知中国在今日实为第二佛教国，欲研求大乘教义，非在中国不能得其真谛，遂发愿朝礼中国名山，并参访各地丛林规律，暨各善知识，1933 年由美来沪。[③] 抵沪后，由聂云台老居士为之介绍与本埠及江浙各地寺庙暨佛教团体瞻仰，该氏先曾赴杭州朝礼各圣地，并皈依寂云上人，[④] 赠太虚大师英译《大乘起信论概要》《大智度论概要》《金刚经心经六祖坛经合刊本》各一本。[⑤]

1936 年春，高智安由加州复达上海，来华访旧。[⑥] 时年已七旬外，此专为赴绍兴会晤慧道法师，盖慧师与居士相约合译《楞严经》，通信商量，颇多疑问，非面谈不能解决，故特地来华。抵沪后，佛教欧美推行社，派沪方社员郑铭榕居士等欢迎，

---

① “美国佛教徒高智安居士现寓本林研究各种仪式”，《佛学半月刊：世界佛教居士林消息栏》，1933 年第 22 期，第 3 页。

② 男青：“美国禅人高智安居士逝世［照片］”，载《觉有情》，1941 年第 50－51 期，第 6 页。

③ “新闻国内之部：美国佛教徒高智安在杭发愿出家”，载《威音》，1933 年第 53 期，第 4－5 页。

④ “美国佛教徒高智安居士现寓本林研究各种仪式”，《佛学半月刊：世界佛教居士林消息栏》，1933 年第 22 期，第 3 页。

⑤ “新闻与通讯：美高智安居士从事翻译佛经”，载《海潮音》，1934 年第 15 卷第 8 期，第 123 页。

⑥ “消息：高智安居士来华访旧”，载《佛学半月刊》，1936 年第 127 期，第 22 页。

陪至龙华寺，谒见性空老法师，旋即赴杭。推行社杭方社员复在功德林开会欢宴，请居士演说，颇极一时之盛，夏间回美。[①]

高智安警惕物质文明，“美国的物质的财富，及机器的文明，同为彼之祸水，我绝不赞成”；[②] 深嗜禅宗，“余於禅宗有深嗜，天主教与禅，颇有相似之处，然天主教须绝对服从教会，结果使信徒或为盲目的奴隶；而由禅以的解脱，则绝对自由也”；[③] 曾于1931年和太虚大师商议迎请一法师赴美宏法，筑庵供养，以10年为例期。[④] 高智安在美弘法甚巨。1935年，他于加州巴巴拉市（Santa Barbra）设美国佛教同胞会，宣扬佛教，出版佛化书籍，发表《佛陀之华》小册子，遍寄我国佛教机关，劝请合作。[⑤] 他性耽禅悦，以坐禅为其修持法门，曾在故乡发行佛教小杂志《禅》，复在加州洛杉矶造佛堂一所，请的佛堂法器甚多，供养其中，其在美国宣扬佛教，美国人因其劝导，信者甚众，[⑥] 于1941年在美逝世。[⑦]

五是1937年，美国佛徒安度湟来访，受到上海缁素名流热烈欢迎。他朝礼印度返沪，中外佛教闻人于3月13日在功德林开会欢迎，计有美国克乃生开默、英人克乃生夫人、德人爱斯华尔、俄人雷比达夫人、印人乔塞夫、锡兰克兰伯，及我国佛界名流居士持松阿阇梨、常惺、慧开、王一亭、朱子桥、屈文

---

① 男青：“美国禅人高智安居士逝世［照片］”，载《觉有情》，1941年第50－51期，第6页。

② “新闻与通讯：美国高智安君对世界之贡献劝：日人不必模仿物质文明，迎请中国法师至西方弘法”，载《海潮音》，1934年第15卷第2期，第117－118页。

③ 同上。

④ 同上。

⑤ “译件：佛陀之华”，载《佛学半月刊》，1935年第117期，第11－12页。

⑥ 男青：“美国禅人高智安居士逝世［照片］”，载《觉有情》，1941年第50－51期，第6页。

⑦ 同上。

六、关迴之、丁桂岑、赵云韶、胡厚甫等30余人，济济一堂，法喜充满，由王一亭居士任主席，首由屈文六居士致欢迎词，由胡厚甫居士翻译成英文，继由关迴之居士，用英文演说，旋即请安度湟居士，报告此行朝礼佛迹经过，仍由胡厚甫居士译成汉文，安居士讲毕，屈文六致谢词后，复请持松阿阇梨演说，亦由胡居士翻译。①

六是同年美国比丘金水寿光（译音为顾得瓦特尔）到杭参访。金水寿光，29岁，在美成立佛教会，教授佛法五年，经日本来华参访，偕男居士一人，于3月31日到沪，于4月4日单身赴杭。当时报刊详录道："抵杭后，先到欧美佛化推行社访问，由江一真、邵福宸、刘因渠等招待午餐，席间纵论禅理甚欢，随即同赴灵隐参观，先到飞来峰弥勒像、罗汉像等处，金水师均布施香资结缘，到天王殿，师见四大天王像之巨大，颇为诧异，以为系整个木雕，必系先有像后修殿也，旋同到禅堂参观，询问用功次序甚详，临行时，出资五元供众结缘，寻到天竺玉泉等处游览，下榻哥岭饭店，次日，复由钟利建、邵福宸陪往玛瑙寺、招贤寺等处，见庙宇清幽，赞叹不止，到菩提精舍，见某师拜法华经，深致恭敬，到广化寺访燃灯师未遇，途次表示美国需要佛法，极愿中国佛教徒前往宏法，据云派去传教士，佛法甚深，是唯一条件，英文造就，反在其次，因为到美后，语言文字，自易进步，现美国有日本及印度派来佛教徒，但英语均多不佳也。又云，不论信徒之程度如何幼稚，但派遣教师必须上选，庶易启人信仰，否则社会一有不良印象，欲消弭之难矣，故派选教师应取宁缺毋滥主义云云，午时，欧美佛化推行社假功德林宴，到社员三十余人，新闻记者数人，

① "消息：上海缁素欢迎美国佛徒"，载《佛学半月刊》，1937年第148期，第22－23页。

席间由金水师演讲，由社员翻译，旋由江一真、黄琴孙等陪同到祖山寺，听讲《妙法莲华经》，金水师瞻望威仪，喜欢赞叹，并出资供众结缘，寻赴城隍山佛学苑演讲，由院长成元法师殷勤接待，金水师极为欢喜，遂一同拍下后下山，由推行社邵福宸、江一真送到车站，珍重而别。”[①]

金水师向中方阐明了美国对中国佛法的渴求，声称：“东方佛教徒但肯发心前往弘法，未有不受欢迎者”，[②]“伊拟建筑佛庙，然后来华请人”，[③]“日本在美弘法，甚为努力，建筑日本式寺庙，约已百所，最古者已及五十年，但美人极欢迎中国僧人传道，如建筑美国寺庙，再有中国僧人传道，则信徒极易增加至数千人云云。”[④] 金水师离杭时，“到佛学书局请去西方三圣像，极乐世界图，观音像等多张。并购去菩提叶佛像徽章多种，并出资郑重托推行社，戴向佛学苑同学供养结缘。”[⑤] 回国后，他在洛杉矶继续操办美国佛学会（Buddhist Brotherhood in America）。[⑥] 该会“虽冠以美国之名，实具世界性，并无国界种族界”，[⑦] 寻常教人以八正道为主，会员有数百人，出版《心波

① “消息：美国比丘金水寿光到杭参访”，载《佛学半月刊》，1937 年第 150 期，第 17 - 18 页。

② 金水寿光：“美国比丘 · 比丘尼来函（复佛教世界服务社）：一比丘金水寿光”，载《觉有情》，1948 年第 201 期，第 13 - 14 页。

③ 同上。

④ 同上。

⑤ “消息：美国比丘金水寿光到杭参访”，载《佛学半月刊》，1937 年第 150 期，第 17 - 18 页。

⑥ 金水寿光：“美国比丘 · 比丘尼来函（复佛教世界服务社）：二比丘尼贞云普拉德 sunga pratt”，载《觉有情》，1948 年第 201 期，第 13 - 14 页。

⑦ 金水寿光：“美国比丘 · 比丘尼来函（复佛教世界服务社）：一比丘金水寿光”，载《觉有情》，1948 年第 201 期，第 13 - 14 页。

月刊》《释尊小传及教理大纲》《佛教日课》《佛经选录》等。[1]

他不喜美国之日本佛团，认为它们“对宗派年龄国家利益，颇有门户之见，除少数胸襟较宽者外，大多数比普通教会团体所好有限，与真正佛法不能相符。出版物甚多，除一部分有甚好之材料外，多数均係空谈，及为建筑，及组织而募捐，当然离我等所认为佛教者甚远。此种情形，历来如此，现在更甚。”[2]他在珍珠港事变后，曾到美国本地日本佛庙中为人道而服务，但不甚受欢迎，且因到过中国，被疑，停战后，日佛徒对他颇为歧视。[3] 与之相对，他更倾心于中国佛教，对来华一行颇为怀念，[4] 至1948年仍有书信往来。中国佛友寄给他栴檀佛拓本，让他深为感动，他寄来英文杂志，并互有祝福感谢等，[5] 其深情赞言道：“我热诚欢迎我辈的法门联系，佛法譬如念珠一样，将永远的连结我们在一起。”[6]

综观此期，两国佛教文化交流众多，意义深刻，每一要事各具特点。太虚、持松阿阇梨，常惺、慧开、成元、慧道等一众法师，聂云台、王一亭、朱子桥等一众居士，还有海伦嘉鞶女士、和尚孤云、默齐、萨拉乃夫人、高智安、佛徒安度湟、比丘金水寿光及美国国会图书馆，均为中美佛教文化交流做出了重要贡献。

---

① 金水寿光：“美国比丘·比丘尼来函（复佛教世界服务社）：二比丘尼贞云普拉德sunga pratt”，载《觉有情》，1948年第201期，第13－14页。

② 金水寿光：“美国比丘·比丘尼来函（复佛教世界服务社）：一比丘金水寿光”，载《觉有情》，1948年第201期，第13－14页。

③ 同上。

④ 同上。

⑤ 噶马泽利金水寿光：“佛教世界服务社尺素一束本社驻美联络员张君来函”，载《觉有情》，1948年第203期，第10页。

⑥ 金水寿光：“美国比丘·比丘尼来函（复佛教世界服务社）：一比丘金水寿光”，载《觉有情》，1948年第201期，第13－14页。

五、1937－1945年：低谷期——抗战及同盟国背景下的交流

此期迫于战事，美国佛教活动停顿，[①] 日本传教活动被勒令阵止，[②] 中美佛教文化交流亦处于低谷。尽管如此，中美佛教交流仍在进行。这时的交流带有民族主义的情感与维护世界和平的意义，主要有吕碧城赴美传法，以及中国举国在美国罗斯福总统逝世时为之祈祷诵经，其中又以后者最为著名，是中美同盟国友好邦交下的国际性交流。

一是吕碧城赴美国传法。“七七事变”后，吕碧城辗转于欧美，宣讲佛学，希望唤醒人心，倡导以仁克暴。[③] 吕碧城，字兰因（圣因），号遁天，别署宝莲居士、晓珠、信芳词侣等，安徽旌德人，曾主笔天津《大公报》，创办北洋女子公学，后至上海，为南社社员，晚年皈依佛法。诗、词、文、画无不工，特以词名。[④] 吕氏于1930年春在瑞士日内瓦皈依佛法，法号曼智，时年48岁。[⑤] 1933冬回国，在上海闭门专事纂译佛典达3年之久。她好游历，两度赴欧美，居日内瓦最久，曾在美国哥伦比亚大学习美术，在欧洲和各国慈善家发起护生戒杀运动，同时用英文翻译佛经，传播佛学，[⑥] 著有《美利坚建国史纲》及

① 张曼涛著：《欧美佛教之发展》，台北：大乘文化出版社，1978年版，第282页。

② 宽忍著：《佛教手册》，北京：中国文史出版社，1991年版，第385页。

③ 戴建兵编：《吕碧城文选集》，天津：天津古籍出版社，2012年版，第290页。

④ 杨传庆编：《词学书札萃编》，天津：南开大学出版社，2015年版，第338页。

⑤ 戴建兵编：《吕碧城文选集》，天津：天津古籍出版社，2012年版，第290页。

⑥ 陆丹林：“记吕碧城女士”，载《申报》，1948年8月31日，第8版。

《欧美之光》《因果纲要》《人死后如何》[①] 英文传播佛学书十种。[②] 然因文献缺乏，只能知此大概，其赴美弘法，具体年月及情状，难得其详。

二是美国罗斯福总统逝世，中国举国为之祈祷诵经。1945年4月12日，美国罗斯福总统逝世，中国举国上下以太虚大师为首，在中国佛教会带领下，为罗斯福总统祈祷诵经。中国佛教会首先发出号召："中国佛教团体徒众钧鉴：罗斯福总统在美国为未曾有之连四任者，在世界为同盟国之执牛耳者，仁声义闻，洋溢全球，吾佛徒方以铁轮王奋戈乃定期之，不图未及观成，速传噩耗，所幸萧规曹随，圣业必成，吾佛徒哀慕之余，其各诵经念佛，竭诚追荐，以见公道在人，良心未泯，战争必可消弭，和平定能永久矣。中国理事会长太虚扣元。"[③]

接着，各地纷纷响应。重庆佛学社回应道："中国佛协会理事长太虚大师钧鉴：元电诵悉，罗斯福总统同盟中国，倡人道之正义，谋世界之和平，义气仁声，全球景仰，子闻病故，哀痛曷极，钧电主张全国佛教徒诵经念佛，敝社极表赞同，遵于本日在社内，设坛诵经，回向极乐，谨电奉复，仰祈鉴察。重庆佛学社全体社员同扣。"[④] 荣昌佛学分会回应道："中国佛协会理事长虚公大师慈座：钧函奉悉，即约佛学分会及佛教分会，定于国历四月二十六日（即农历三月十五日）午前十时在学寺举行诵经念佛，追荐典礼，特函敬覆，就此恭祝敬安，宝城学

---

① 戴建兵编：《吕碧城文选集》，天津：天津古籍出版社，2012年版，第290页。

② 同上。

③ "中国佛教对美国罗斯福总统逝世祈祷诵经电函：中国佛学会通电"，载《海潮音》，1945年第26卷第5期，第17页。

④ "中国佛教对美国罗斯福总统逝世祈祷诵经电函：重庆佛学社来电"，载《海潮音》，1945年第26卷第5期，第17页。

寺启。三月十三日。”[①] 其他如四川省佛教会，陕西省佛教会，云南省佛教会，合江佛学社等，皆有响应。[②]

美国随后向中国佛教界致谢。美国大使馆发来感谢信：“迳复者：罗斯福总统不幸逝世，荷承赐唁，无任感谢，专此奉复，至希察照，此致太虚法师，步端俗谨启。中华民国三十四年四月十八日。中国战区美军总司令部代理参谋长葛罗士，亦致函太虚师致谢。”[③] 美国大使馆新闻处亦来信道：“太虚大法师，转中国佛会公鉴：拜读贵会致全国佛教团体徒众电，至纫云谊，除代为译传外，敬此致谢，复诵教祺，美国大使馆新闻处敬启。四月十七日，业字第四〇九号。”[④]

此外，以太虚师为代表的中国佛教界，为美国罗斯福总统逝世致挽联，联曰：“胜利和平凴奠定，勋名德业永昭垂。”[⑤] 又有佛教各团体为罗斯福总统诵经大会联：“祈祷罗斯福精神自在，超升极乐，庆祝旧金山会议成功，奠定永久和平。”[⑥]

在抗战胜利前夕，中美同为反法西斯阵营中的盟国，此一交流实乃中美外交史上之宝贵篇章。它印证了中美之间的诚挚友好，以及两国致力于维护世界和平的共同努力与期待，同时也彰显了佛教在传达中国人民感情、促进中美友好邦交上的重要作用。

---

① “中国佛教对美国罗斯福总统逝世祈祷诵经电函：荣昌佛学分会来函”，载《海潮音》，1945 年第 26 卷第 5 期，第 17 页。

② 同上。

③ “美国大使馆来书”，载《海潮音》，1945 年第 26 卷第 5 期，第 17 页。

④ “美国大使馆新闻处来书”，载《海潮音》，1945 年第 26 卷第 5 期，第 17 页。

⑤ 饶凤璜：“中国佛教对美国罗斯福总统逝世祈祷诵经电函：挽联”，载《海潮音》，1945 年第 26 卷第 5 期，第 17 页。

⑥ 饶凤璜：“佛教各团体为罗斯福总统诵经大会联”，载《海潮音》，1945 年第 26 卷第 5 期，第 17 页。

六、1945－1949 年：新进期——抗战胜利后的中美佛教文化交流

战后，美国佛教开始了一个新的弘法时期。[①] 二战的惨烈使美国更加倾心于佛教的和平救世理念。佛教在战后即恢复并有较大规模的发展。[②] 美国官方统计，到 1947 年，全美共有寺院 35 所，教徒约 1.5 万人，依美国佛教方面的报道，则有寺院 60 所，信徒约 5 万人。[③] 美国佛教总部设在洛杉矶，但以加利福尼亚最为发达，其寺院之多，信徒之众，为全美之冠，此外在纽约有寺 3 所，建筑式样和中国庙宇一样。[④] 此期中美佛教间的交流，以美国詹宁士女居士来华依止虚云老和尚最为知名。

詹宁士于民国三十七年（按：又有 1949 年 11 月之说[⑤]）来华参访虚云老和尚，受三皈五戒，法名宽弘。[⑥] 詹氏生于南京，自小好佛，因与固有家庭宗教冲突，婚后乃专心学佛，后 20 余年中，投以全部精力，其夫因信仰不同离婚，离婚后詹氏游历全球，遍参佛门耆宿，在印度闭关 4 年。[⑦] 其好禅宗，参禅 10 年之久，茹素，过午不食，此次专程由美赴粤乳源云门寺皈依

① 张曼涛著：《欧美佛教之发展》，台北：大乘文化出版社，1978 年版，第 282 页。

② 宽忍著：《佛教手册》，北京：中国文史出版社，1991 年版，第 385 页。

③ 陆士雄："佛教在美国"，载《觉群周报》，1947 年第 43－44 期，第 3 页。

④ 同上。

⑤ 净慧编：《虚云和尚全集第八册杂录》，信阳：中州古籍出版社，2009 年版，第 73 页。

⑥ 张曼涛著：《欧美佛教之发展》，台北：大乘文化出版社，1978 年版，第 304－305 页。

⑦ 乞士："美国詹宁士来华依止虚云老和尚之经过"，载《觉有情》，1949 年第 214 期，第 5－6 页。

虚云老和尚打禅七，时54岁，于1949年2月15日晨由港抵沪，由圆瑛法师、胡厚甫等接待，赴静安寺、玉佛寺、佛教净业社及法藏寺瞻礼访问。迄七时，闻圆瑛法师讲八大人觉经完毕，始行登轮，禅七后，赴印度锡兰参学，转沪返美。①

詹宁士是抗战胜利后中美佛教交流之第一人，她同时向华人宣示了战后新时期美国对中国佛教的欢迎，以及中国佛教在美国的发展新契机。此外，在1948年，美国国会图书馆举行了中国印刷术发展经过之展览会。展览品涵盖的历史时段极广，上自中国最早的印刷品，即10世纪在雷峰塔中发现的佛经，下至晚近的彩色印刷品，蔚为大观。活动铜字印刷品有《图书集成原本》一卷，木版书籍则有200年前左右满清时代之《简明佛学稿本》，当代彩色印刷品则有张大千仿模敦煌石室壁宾之印刷品三幅。② 1949年3月，哈佛大学因世界弥漫幽恨及贪欲，而缺乏慈悲及谦虚，欲救人类之自灭，从而避免血战、建立创造性及和平性之秩序，设立“反恨研究中心”，研究佛教慈悲之性质，还涉及禅宗、瑜伽及出家制度等，由俄籍社会学家沙乐金教授（Prof Pitirim A. Sorokin）住持。③ 佛教也深刻融进美国其他领域了，如几乎所有先验论者都对佛教着迷。④ 诚如某学者所言，美国社会善于开放、吸收佛教等不同的文化资源（draws from across different sources），融汇出富有生命力的文化精神。⑤

---

① 宗藩：“情报网：美国詹宁士女居士过沪返美”，载《觉讯》，1949年第3卷第3期，第21页。

② “美国会图书馆举行中国印刷术展览会”，载《申报》，1948年9月9日，第7版。

③ 志梵：“情报网：美国啥佛大学设‘反恨研究中心’：研究佛教慈悲之性质，禅宗，瑜伽及出家制度等”，载《觉讯》，1949年第3卷第3期，第20页。

④ Arthur Versluis, *Transcendentalism and Asian Religions* (New York: Oxford University Press, 1993), p. 3.

⑤ Kate Crosby, "Buddhism in America," *Contemporary Buddhism*, Vol. 15, No. 2 (Jul. 2014), p. 480.

佛教一次次彰显了中国文化的“品牌魅力”，对世界前途乃至人类命运有着全球性意义。

结　语

民国时期的中美佛教文化交流频繁且深刻。美国人对中国佛教饶有兴趣，相关学术研究甚多。佛教的超物质性、和平主义等特点，令美国人颇为倾心。民国时期是美国对中国佛教重新发现、深入了解的过程，亦是美国人纷纷“东土求法”的过程，更是中国佛教走向美国乃至世界的过程。美国的葛丽女士、尼古拉司路立区教授、卫西琴博士、莫斯顿美术馆鉴定员海伦嘉鞶女士、和尚孤云、默齐、萨拉乃夫人、基督教牧师高智安、佛徒安度湟、金水寿光比丘、詹宁士女居士、国会图书馆、哈佛大学等，以及中国的太虚、持松阿阇梨、常惺、慧开、成元、慧道等法师，以及聂云台、王一亭、朱子桥、屈文六、关迥之、丁桂岑、赵云韶、胡厚甫、钟利建、邵福宸等居士，都为中美佛教文化交流做出了重要贡献。佛教在美国获得了新生命、新发展、新契机，彰显了中国文化对美国乃至全世界的重要意义，更推进了中美两国人民之间的深情厚谊。在近现代中美关系及文化交流史上，佛教文化交流是不应被忽视的。

克米特·金姆·罗斯福与“美国中东之友”的建立*

●贾秀涛

[内容提要] 1951 年，中央情报局秘密资助亲阿拉伯的反犹太复国主义非政府组织“美国中东之友”。在“美国中东之友”的建立过程中，中央情报局中东和北非隐蔽行动的负责人克米特·金姆·罗斯福始终扮演着幕后推手的角色，起到了至关重要的作用。诚然，一个组织的创建，绝非一人之力可以实现，但以克米特·金姆·罗斯福为核心的亲阿拉伯反犹太复国主义的私人网络的逐渐形成，恰好为建立“美国中东之友”奠定了基础，进而使“国家—私人网络”扩展到中东地区。

[关键词] 克米特·金姆·罗斯福　美国中东之友　亲阿拉伯　反犹太复国主义

---

* 本文为国家社会科学基金“美国的非政府组织与东西方冷战研究”(项目号：17ZDA224)中期成果。

克米特·金姆·罗斯福（Kermit Kim Roosevelt）[①] 不仅是一名亲阿拉伯的学者，亦是一位知名的中央情报局中东和北非隐蔽行动的领导者。在20世纪40年代，在中央情报局隐蔽行动日益扩大和美国反犹太复国主义层出不穷的双重历史背景下，以金姆·罗斯福为核心的亲阿拉伯反犹太复国主义私人网络逐渐形成。但由于其中央情报局情报官的特殊身份，他不便亲自挑大梁，所以在非政府组织“美国中东之友”（American Friends of the Middle East，AFME）的创建过程中一直扮演着幕后推手的角色。纵观“美国中东之友”成立之初的董事会成员或办公人员，大都来自金姆·罗斯福先前创办的“圣地正义与和平委员会”（Committee for Justice and Peace in the Holy Land，CJP）。

金姆·罗斯福对亲阿拉伯反犹太复国主义事业的热情，与他的人生经历与社会关系密不可分。他自幼对阿拉伯世界充满兴趣，成年后更是亲身涉足阿拉伯世界，成为美国阿拉伯地区问题专家。正因如此，金姆·罗斯福才能逐渐成为美国亲阿拉伯反犹太复国主义私人网络的核心人物，为“美国中东之友”的组建奠定了基础。目前，国外学界对美国中东之友关注较少，[②] 国内的相关研究几乎仍为空白。因此，本文试图从“国家

① 下文将统一称其为金姆·罗斯福或金姆，以区别于他的父亲和祖父。

② 关于“美国中东之友”的研究多散见于冷战史或中东问题研究著作中，如 Matthew F. Jacobs, *Imagining the Middle East: The Building of an American Foreign Policy, 1918 – 1967* (Chapel Hill, NC: The University of North Carolina Press, 2011); Thomas A. Kolsky, *Jews Against Zionism: The American Council for Judaism, 1942 – 1948* (Philadelphia: Temple University Press, 1990); Hertzel Fishman, *American Protestantism and a Jewish State* (Detroit: Wayne State University, 1973)。其中，最为重要的是休·威尔福德的研究，如 Hugh Wilford, *The Mighty Wurlitzer: How the CIA Played America* (Cambridge, MA: Harvard University Press, 2008); Hugh Wilford, *America's Great Game: The CIA's Secret Arabists and the Shaping of the Modern Middle East* (New York: Basic Books, 2013); Hugh Wilford, "American Friends of the Middle East: The CIA, US Citizens, and the Secret Battle for American Public Opinion in the Arab – Israeli Conflict, 1947 – 1967," *Journal of American Studies*, Vol. 1, No. 51 (Feb. 2017), pp. 93 – 116。

—私人网络”视角，追溯金姆·罗斯福的亲阿拉伯反犹太复国主义思想的来源、其私人网络的形成及“美国中东之友”的建立，通过对“美国中东之友”组织宗旨的探讨，窥视其在美国外交政策中的重要作用。[①]

一、金姆·罗斯福的亲阿拉伯反犹太复国主义思想

金姆·罗斯福是美国著名商人、军人、作家、探险家克米特·罗斯福（Kermit Roosevelt）的儿子，也是美国第26届总统西奥多·罗斯福（Theodore Roosevelt）的孙子。1916年2月16日，他出生于阿根廷的布宜诺斯艾利斯，不久便随母亲移居西班牙马德里。一战结束后，他随父母回到纽约，生活在罗斯福家族所在地牡蛎湾附近。少年时期的金姆，对大英帝国的东方主义充满想象，这种想象不但来自于罗斯福家族的影响，更来自于其早年接触的一些文学作品，比如小说《金姆》《一千零一夜》《智慧七柱》（*Seven Pillars of Wisdom*）、《伊甸园的战争》等。正如金姆在15岁时创作的一首诗中所说的那样，“我读了许多关于东方的书籍”，“我已经从诗和戏剧中了解到了……我也和曾经到过那里的人谈论过了。”[②] 文学作品和家族密友的反

---

① “国家—私人网络”这一概念由学者斯科特·卢卡斯率先提出，后来被学术界广泛使用。笔者认为，“国家—私人网络”是指从冷战初期到现在，在支持美国外交政策的政治、经济和文化项目的制定和实施过程中，美国“官方”机构与“私人”团体或个人进行的空前而广泛的合作。“官方”主要指政府部门，除中央情报局外，也包括美国新闻署等其他政府部门；“私人”团体包括非政府组织或公司等，涉及各类人群，如劳工、商人、运动员、妇女、青年、非裔美国人、学者等；个人主要指美国精英人士。

② Kermit Roosevelt, “Lure of the East,” 参见 Hugh Wilford, “Essentially a Work of Fiction: Kermit “Kim” Roosevelt, Imperial Romance, and the Iran Coup of 1953,” *Diplomatic History*, Vol. 40, No. 5 (Nov. 2016), p. 922。

复熏陶，激发了少年金姆对阿拉伯世界的兴趣，这对其成年后的思想观念产生了重要影响。

从格雷顿学校毕业后，金姆以优秀的成绩考入哈佛大学，主修历史学。毕业后，金姆留校任教，于1939年前往加州理工学院任职。在学校任教的这段时间里，金姆开始对英国内战期间的“宣传”展开研究，并将其与当代“宣传”进行比较。他认为，“宣传”并不仅仅是邪恶的力量，也可以是希望和勇气的来源。[①] 1941年，他离开学术圈子，去帮助家族老朋友“狂野的比尔·多诺万”建立情报协调局（Office of the Coordinator of Information，COI）。1942年8月，金姆离开情报协调局，而此时的情报协调局也早已更名为战略情报局。之后，金姆继续服务于政府部门，先是在战时新闻处（Office of War Information，简称OWI）从事与《租借法案》相关的宣传工作，后又到国务院，协助其格雷顿校友迪安·艾奇逊（Dean Acheson）处理与《租借法案》相关的经济事务。期间，他还出席了一系列盟国代表会议。1944年，金姆再次加入比尔·多诺万的战略情报局。工作期间，他被派往开罗执行“索菲亚项目”，并在该项目中担任领导角色。[②]

第二次世界大战期间，金姆·罗斯福受雇于战略情报局。这一经历不但使其对中东的了解不再停留在纸面上，而且让他接触到了一个不同的、非西方帝国主义模式的阿拉伯世界。[③] 战略情报局在中东的渗透是由一群对该地区非常熟悉的美国人共

---

① Paul T. Sayers, “Roosevelt, Kermit, American National Biography,” https://doi.org/10.1093/anb/9780198606697.article.0700750（上网时间：2018年10月11日）。

② “索菲亚项目”是一个依靠《租借法案》的掩护向中东地区输送战略情报局官员的秘密项目。

③ Kermit Roosevelt, *Arabs, Oil, and History: The Story of the Middle East* (London: Victor Gollancz Ltd, 1949), p. 7.

同进行的，这些人基本都在那里生活过。如情报官威廉·埃迪（William Eddy）、金姆的表兄阿奇博尔德·罗斯福（Archibald Bulloch Roosevelt）、商人哈罗德·霍斯金斯（Harold B. Hoskins）、教育家斯蒂芬·彭罗斯（Stephen B. L. Penrose）等。这些美国阿拉伯专家与其英国同行们一样，对阿拉伯文化充满热情，但他们却有意识地拒绝英国式的殖民主义，而是认同19世纪美国清教徒在阿拉伯地区的传教使命，就如同由传教士建立的贝鲁特美国大学（American University of Beirut，AUB）一样，是一种美国的人道主义做法，是“无私仁慈”的体现。的确如此，第二次世界大战期间，几位美国人（像阿奇博尔德·罗斯福）就公开支持阿拉伯地区的民族主义运动，并呼吁其从欧洲的控制中解放出来。作为战略情报局开罗分部的负责人斯蒂文·彭罗斯认为，他的使命就是挑战英国在中东地区的间谍网络。此外，彭罗斯还积极参与美国国内的反犹太复国主义活动，因为他认为犹太复国主义无论对巴勒斯坦人还是阿美关系都是灾难。[①]

金姆·罗斯福在彭罗斯的领导下，难免会受到其反犹太复国主义观点的影响。在开罗分局工作时，金姆的同事包括大量前传教士和贝鲁特美国大学教师，其中大卫·道奇（David S. Dodge）是贝鲁特美国大学的创始人丹尼尔·布利斯（Daniel Bliss）的曾孙，与金姆共住一处的是乔治·利维森，一位反犹太复国主义的犹太裔美国人，后来金姆与他成为终身好友。[②] 身

① Hugh Wilford, *America's Great Game: The CIA's Secret Arabists and the Shaping of the Modern Middle East* (New York: Basic Books, 2013), pp. 58 - 59.

② Robert Vitalis, *America's Kingdom: Mythmaking on the Saudi Oil Frontier* (Stanford: Stanford University Press, 2007), p 27; Thomas A. Kolsky, *Jews Against Zionism: The American Council for Judaism*, 1942 - 1948 (Philadelphia: Temple University Press, 1990), p. 138.

处这样的人际网络中，也就不难理解金姆对阿拉伯民族主义者的同情和反犹太复国主义行为。在第二次世界大战行将结束之时，金姆在意大利的一次吉普车事故中受伤。之后，他开始负责编撰战略情报局的官方历史。1947 年 5 月，他辞去政府工作，开始自由写作与旅行，偶尔为国家提供秘密服务，但此时只是出于爱国而非职业责任。不久后，金姆在妻子的陪同下开启了为期半年的中东之旅。他们先是到达以前工作过的开罗，之后又去了巴勒斯坦、叙利亚、约旦、伊拉克、伊朗和沙特阿拉伯。基于此次旅行，金姆 1949 年出版了《阿拉伯、石油和历史：中东的故事》[①] 一书，向美国民众展现了阿拉伯世界。该书内容涉及旅行见闻，及有关阿拉伯主义的辩论等内容。在书中，金姆批评了欧洲殖民者对中东挥之不去的影响，表达了自己对阿拉伯民主主义的支持，并赞扬过去的美国传教士和教育者在中东的贡献，希望美国未来的中东政策能够继承这种优良传统。可以说，该书是反映金姆思想的重要作品。金姆相信，美国未来在中东最好的存在形式是私人非政府组织，并认为，美国支持犹太复国主义会威胁到未来的美阿关系。[②]

二、金姆·罗斯福亲阿拉伯反犹太复国主义私人网络的形成[③]

金姆·罗斯福早在 1947 年从美国中东之旅回国的时候，就

---

① Kermit Roosevelt, *Arabs, Oil, and History: The Story of the Middle East* (London: Victor Gollancz Ltd, 1949).

② Ibid., pp. 7, 11, 156, 265.

③ 私人网络，主要指围绕某一核心人物组成的人际圈子。

开始从事亲阿拉伯反犹太复国主义活动。只不过那时候他的言行还比较隐晦。1948 年 1 月，他在《中东日报》（*Middle East Journal*）上发表了一篇题为《巴勒斯坦的分治：压力政治的教训》的文章，声称要揭露一个被“严守的秘密”，追溯犹太复国主义者对杜鲁门总统施加的压力。他解释说：“几乎所有在中东有过外交、教育、传教或商业经验的美国人都强烈抗议，”“支持政治犹太复国主义与我们的国家利益以及共同的正义背道而驰。”杜鲁门忽视了“战争部、海军和国务院的明确建议”，为了赢得犹太人的选票，他支持巴勒斯坦在联合国的分裂。金姆·罗斯福认为，这项政策直接使中东落入苏联的手中。在中东，如果美国人想避免将该地区拱手让给苏联，他们就别无选择，只能清除外交政策中与犹太复国主义的任何联系。他写道，犹太复国主义者推动美国支持巴勒斯坦分裂的进程表明，基于国家利益而非党派利益的外交政策是至关重要的。当前的世界危机进程将日益迫使美国人认识到，他们的国家利益和拟议中的巴勒斯坦犹太国家的利益将发生冲突。① 除了在媒体上公开表达自己的反犹太复国主义观点外，金姆·罗斯福也积极投身于反犹太复国主义的实践之中。

1948 年 2 月，在金姆·罗斯福和巴纳德学院（Barnard College）名誉院长弗吉尼亚·吉尔德斯利夫（Virginia Gildersleeve）的努力下，“圣地正义与和平委员会”在华盛顿建立。② 该委员会是一个亲阿拉伯反犹太复国主义私人压力集团，由 100 名成

---

① Kermit Roosevelt, *Partition of Palestine*: *A lesson in pressure politics* (New York: The Institute of Arab American Affairs, Pamphlet No. 7, 1948), https: //archive. org/details/PartitionOfPalestineALessonInPressurePolitics（登录时间：2018 年 9 月 12 日）。

② 金姆·罗斯福和弗吉尼亚·吉尔德斯利夫都是阿拉伯人事务研究所董事会成员。吉尔德斯利夫不仅是公认的女权倡导者，而且是一位长期的反犹太复国主义者。

员组成，其中包括一些曾在中东生活过的美国著名新教传教士和教育家。吉尔德斯利夫当选委员会主席，协和神学院（Union Theological Seminary）前院长亨利·斯隆·科芬（Henry Sloane Coffin）担任副主席。金姆·罗斯福担任执行董事长一职，并在其华盛顿的家中管理着这个组织。弗吉尼亚州牧师加兰德·埃文斯·霍普金斯（Garland Evans Hopkins）担任其秘书，那时他刚刚代表监理会差会部（Methodist Board of Missions）从巴勒斯坦访问归来，不久又成为了《基督教世纪》（*Christian Century*）副主编。[①] 执行副董事长是出身美国犹太教委员会的拉比莫里斯·拉扎隆（Morris S. Lazaron），而且拉扎隆是该委员会中唯一的犹太人。[②] “圣地正义与和平委员会”主要致力于四个基本目标，即给圣地带来公正的和平，促进中东地区的犹太人、基督徒和穆斯林的利益最大化，促进三种信仰人民之间的友谊，并加强联合国。[③]

“圣地正义与和平委员会”得到了美国犹太教委员会（American Council for Judaism，ACJ）的乔治·利维森和埃尔默·伯杰的持续支持，他们希望能够与金姆和其他反犹太复国主义者一起，保卫这个新生的反犹太复国主义组织，并共同抵抗犹太复国主义者对其反犹主义的指控。[④] 1948 年 3　5 月，“圣地正义与和平委员会”与美国犹太教委员会的领袖们密切合

---

① Hertzel Fishman, *American Protestantism and a Jewish State* (Detroit: Wayne State University Press, 1973), pp. 97 – 98.

② 莫里斯·拉扎隆，1946 – 1947 年任美国国务院中东事务办公室主任，之后任美国驻黎巴嫩大使，继而出任阿美石油公司官员，后来成为“美国中东之友”的全国委员会成员。其著作《暴风雨中的橄榄树》（*Olive Trees in Storm*）于 1955 年由“美国中东之友”出版。

③ Thomas A. Kolsky, *Jews Against Zionism: The American Council for Judaism*, 1942 – 1948 (Philadelphia: Temple University Press, 1990), p. 181.

④ 美国犹太教委员会成立于 1942 年，是美国犹太人反对犹太复国主义的非政府组织。

作，游说华盛顿撤销联合国的分治决议，将巴勒斯坦置于阿拉伯统治之下，但并未成功。吉尔德斯利夫在回忆录中将委员会未能实现其目标归咎于“犹太复国主义者对传播媒体的控制。”[①] 以色列建国后，“圣地正义和平委员会”也很快解体。即便该委员会曾得到沙特阿美石油公司（Arabian American Oil Company，ARAMCO）2000美金的资助，但正如金姆所说的“拮据的财政状况……以及媒体奇怪地不愿报道我们的活动。”1950年2月，该组织以失败告终。[②]

杜鲁门政府承认以色列建国后，为了降低美国对以色列的支持，金姆开始帮助巴勒斯坦难民。1949年9月，金姆·罗斯福又组建了“圣地紧急联络计划”（Holy Land Emergency Liaison Program，HELP）。“圣地紧急联络计划”中的大量官员均来自“圣地正义与和平委员会”，其主席是威廉·欧内斯特·霍金（William Ernest Hocking）。[③] 其他官员包括亨利·斯隆·科芬、金姆·罗斯福、威廉·艾迪、霍普金斯等人。[④] “圣地紧急联络计划”的资金也来自沙特阿美石油公司，但该计划同样未能得到公众的支持。不久后，“圣地紧急联络计划”也以失败而告终。这两个由金姆·罗斯福发起的私人组织虽然都失败了，但以金姆为核心的反犹太复国主义私人网络已经形成。

“圣地正义与和平委员会”和“圣地紧急联络计划”的失

① Virginia Crocheron Gildersleeve, *Many a Good Crusade*: *Memoirs* (New York: Macmillan, 1954), p. 412.

② Hugh Wilford, “American Friends of the Middle East: The CIA, US Citizens, and the Secret Battle for American Public Opinion in the Arab – Israeli Conflict, 1947 – 1967,” *Journal of American Studies*, Vol. 1, No. 51 (Feb. 2017), p. 99.

③ “美国中东之友”成立后，威廉·欧内斯特·霍金担任其全国委员会副主席一职。

④ AFME Annual Report, 1951 – 1952, p. 3, https://www.bjpa.org（登录时间：2019年1月4日）。

败，并未终止金姆·罗斯福的亲阿拉伯反犹太复国主义事业。1949 年 11 月，他再次加入政府部门，担任中央情报局政策协调办公室近东和非洲部门主任一职，成为中央情报局中东隐蔽行动的实际领导者，并支持阿拉伯民族主义者运动。随着冷战的不断升级，金姆·罗斯福可以再次实践他在《阿拉伯、石油和历史》中所描绘的阿拉伯主义世界观，而这在其为中央情报局工作的早些时候表现得尤为突出。虽然我们已经知道，中央情报局通过政策协调办公室资助非政府组织，但是并没有政府解密档案能够直接印证，金姆·罗斯福或中央情报局与美国中东之友的建立存在联系，但这并不能阻止学者的研究。休·威尔福德在其研究中，通过金姆·罗斯福与埃尔默伯杰等人的通信记录指出，“金姆·罗斯福想用‘前线’策略来宣传阿拉伯主义和反犹太复国主义。”1950 年 12 月，威廉·艾迪写信给前美国驻阿富汗部长科尼利厄斯·凡·恩格特（Cornelius Van H. Engert）的信中，暗示他们打算成立“一个小团体……促进近东地区的友谊和利益。”[①] 金姆·罗斯福等人想要再创建一个亲阿拉伯反犹太复国主义组织的构想不足为奇，但中央情报局官员的身份却限制了他继续公开从事反犹太复国主义事业。这时，反犹太复国主义文化名人多萝西·汤普森（Dorothy Thompson）逐渐走进了金姆·罗斯福等人的视线，成为这个“小团体”的公开倡导者和组织者。

---

① Eddy to Engert, Dec. 29, 1950（uncataloged box）, Postwar Correspondence and MSS, Folder 1950 – 51, Cornelius Van H. Engert Papers, Special Collections, Georgetown University Library, Washington, DC，转引自 Hugh Wilford, *America's Great Game: The CIA's Secret Arabists and the Shaping of the Modern Middle East*（New York: Basic Books, 2013）, p. 137.

三、“美国中东之友”的建立

“美国中东之友”的建立需要一位公开的摇旗呐喊者，而多萝西·汤普森则是最佳人选。她是一位著名的美国政治专栏作家兼记者，因反纳粹主义而声名鹊起。1939 年，《时代》杂志评价道：“她与埃莉诺·罗斯福（Eleanor Roosevelt）毫无疑问是美国最有影响力的女性。”[①] 但令人吃惊的是，这个曾经反纳粹主义、倡导犹太复国主义的作家在 1945 年之后，突然转向支持阿拉伯国家，反对以色列建国。随着冷战的爆发，汤普森虽然认为，支持以色列势必会导致阿拉伯国家倒向苏联的怀抱，[②] 但她并没有直接表达自己的亲阿拉伯立场，反而为美国犹太人的“双重忠诚”担忧起来。这种担忧，无疑是其亲阿拉伯反犹太复国主义的含蓄表达。

1950 年 3 月 1 日，汤普森发表了一篇题为《与以色列的纽带和美国公民身份之间有冲突吗？美国需要单一忠诚》的文章。[③] 在文中，她认为美国犹太人与以色列的紧密关系不符合美国原则，由此不但不利于美国，而且会威胁到以色列。事实上，这篇文章是汤普森对其 1949 年在美国犹太教委员会费城分会的年度大会上演讲的回应。在演讲中，汤普森指出，“在巴勒斯坦

① Lynn D. Gordon, Dorothy Celine Thompson, American National Biography, https://doi.org/10.1093/anb/9780198606697.article.1601628（上网时间：2019 年 1 月 20 日）。

② Ibid.

③ Dorothy Thompson, “Do Israeli Ties Conflict with US Citizenship? America Demands a Single Loyalty,” *Commentary* (Mar. 1, 1950), https://www.commentarymagazine.com/articles/do-israeli-ties-conflict-with-u-s-citizenshipamerica-demands-a-single-loyalty/（上网时间：2019 年 1 月 20 日）。

之外的犹太人，不能再以多元文化主义方式存在”；“最好是让以色列国家加入马歇尔计划而不是让它成为美国国内特定群体的监护者。”这些话随后被一篇名为《犹太复国主义领导的双重忠诚》[1] 的文章所引用，并引发了一系列争论。主编麦克斯·赖泽（Max Riser）专门檄文批判汤普森，认为其运用“多元文化主义、双重忠诚和民族主义方式，贬低美国犹太人。”尽管，“人们很难想象，像汤普森女士这样占主导性族裔的后代，是怎么感受到一个长期被迫流浪的群体的痛苦和忧虑。”[2]随后，美国犹太复国主义组织（Zionist Organization of America，ZOA）也发出了类似的批评声音。犹太社区关系委员会（Jewish Community Relations Council，JCRC）甚至扬言要调查汤普森的演讲。[3]

就是在这样的境遇下，汤普森走进了金姆·罗斯福的反犹太复国主义私人网络。从1949－1951年，埃尔默·伯杰和威廉·艾迪都与汤普森保有书信往来。1951年1月，汤普森结束为期两个月的中东之旅返回美国，伯杰也开始担任中央情报局兼职顾问。1951年3月16日，伯杰写信给汤普森明确表示想和她会面。3月末，伯杰和汤普森一起前往华盛顿，参加金姆·罗斯福和其他未知名的中央情报局官员参与的“华盛顿项目”会议。会后不久，汤普森就给美国的一些杰出人士写信，强调“美国和中东文明之间的精神和文化纽带”是抵抗“今天共产主义对我们的冲击”，信中，她还建议成立一个组织以促进美国

① “Dual Allegiance Charged to Zionist Leadership,” *Jewish Exponent*（4 November 1949），p. 10，*ProQuest Historical Newspapers.*

② Max Riser，“Quo Vadis，Dorothy，” *Jewish Exponent*（Nov. 11，1949），p. 9，ProQuest Historical Newspapers.

③ Julius Grodinsky，“Correspondence：Consider All Viewpoints，” *Jewish Exponent*（Nov. 18，1949），p. 9，*ProQuest Historical Newspapers.*

与中东的友谊，并补充道："不久将会有一笔启动资金。"[①] 5月11日，中央情报局隐蔽行动新任副局长艾伦·杜勒斯（Allen W. Dulles）指示他的办公室职员等待恩格特的电话，因为恩格特"正忙于设立……一个委员会，并且这个委员会将需要办公场地和工作人员"。[②] 5月15日，在汤普森的纽约家中召开了一个只有24人参加的小型会议，决定正式成立"美国中东之友"，并任命了一个"七人指导委员会"（Seven - member steering committee）来完善这个组织。[③]

以上种种迹象表明，创立"美国中东之友"的建议并非多萝西·汤普森的观点。相反，这恰恰是金姆·罗斯福及其私人网络成员集体智慧的结晶。根据"美国中东之友"执行副总裁霍普金斯的第一次年度报告，"有人找到多萝西·汤普森女士，询问她是否愿意担任这样一个新组织的领导。"[④] 历史学家马修·雅各布斯（Matthew F. Jacobs）在其名著中亦有相同的看法："在1950年，汤普森为研究难民问题出访中东回国以后，中东地区的教育家、传教士和利益相关的慈善家对她进行了培

① Hugh Wilford, "American Friends of the Middle East: The CIA, US Citizens, and the Secret Battle for American Public Opinion in the Arab - Israeli Conflict, 1947 - 1967," *Journal of American Studies*, Vol. 1, No. 51 (Feb. 2017), p. 101.

② M. Snyder to Miss Sansom, 11 May, 1951, 24. 21, Dulles Papers, 转引自 Hugh Wilford, *America's Great Game: The CIA's Secret Arabists and the Shaping of the Modern Middle East* (New York: Basic Books, 2013), p. 119。

③ AFME Annual Report, 1951 - 1952, p. 4；七人指导委员会成员分别为：多萝西·汤普森、恩格特、霍普金斯、哈罗德·兰姆（Harold Lamb）、巴亚德·道奇（Bayard Dodge）、罗伯特·哈迪（Robert Hardy，候补）、菲利普·希提（Philip Hitti）、米切尔·哈达德（Mitchel E. Hadad，候补）、埃尔默·伯杰（Elmer Berger）。

④ AFME Annual Report, 1951 - 1952, p. 4, https://www.bjpa.org（上网时间：2019年1月4日）。

训，成立美国中东之友。”[①] 显然，这是金姆·罗斯福及其私人网络的创想，而汤普森女士只不过是他们选定的代理人。

1951 年 5 月到 1952 年 6 月，是“美国中东之友”的初创之年。在这一年里，其组织架构、相关规章制度等在“七人指导委员会”的协助下不断完善。汤普森女士从位于纽约市中心的家中，搬到了坐落于佛蒙特州的乡村农舍，并将这个新组织的管理工作交给了前外交官恩格特。“美国中东之友”最初的办公场所就安排在汤普森位于曼哈顿的家中。在“美国中东之友”的起步阶段，曾经资助过金姆·罗斯福的“圣地正义与公平委员会”和“圣地紧急联络计划”的沙特阿美石油公司再度出资支持。沙特阿美石油公司华盛顿首席执行官詹姆斯·杜斯（James T. Duce）表示，他经常与恩格特通信，而威廉·艾迪则继续定期给汤普森写信。艾迪后来称自己是多萝西·汤普森最初的顾问委员会成员之一，[②] 并任命金姆·罗斯福的助手马瑟·格林利夫·艾略特（Mather Greenleaf Eliot）前往纽约，担任汤普森的私人助理。到 1951 年 10 月，在艾略特的努力下，“美国中东之友”在曼哈顿有了新的办公场地，并聘请前“圣地正义与和平委员会”秘书兰德·埃文斯·霍普金斯继续管理“美国中东之友”。

到 1951 年 12 月 12 日，“美国中东之友”组织架构进一步完善。“七人指导委员会”召集会议，一致同意组建“美国中

---

① Matthew F. Jacobs, *Imaging the Middle East: The Building of an American Foreign Policy, 1918 – 1967* (Chapel Hill, NC: The University of North Carolina Press, 2011), p. 216.

② Engert to Thompson, Jun. 29, 1951, 2. 15, DTP; Thompson to Guaranty Trust, Jul. 1951, 38. 5, DTP; Engert to Thompson, Jun. 1, 1951, 2. 15, DTP; Eddy to Hopkins, Jan. 11, 1954, 3. 1, DTP, 转引自 Hugh Wilford, “American Friends of the Middle East: The CIA, US Citizens, and the Secret Battle for American Public Opinion in the Arab – Israeli Conflict, 1947 – 1967,” *Journal of American Studies*, Vol. 1, No. 51 (Feb. 2017), p. 101。

东之友”全国委员会（National Council of American Friends of the Middle East, Inc），并选举产生董事会和全国委员会成员。董事会由五人组成，其中三人担任执行委员会职务：主席为多萝西·汤普森、副主席为霍普金斯、财务主管为恩格特。第四位董事会成员是来自加利福尼亚州的历史学家、作家哈罗德·兰姆（Harold Lamb），最后一位是来自纽约的作家兼记者乔治·布里特（George Britt），一年后，华盛顿特区第一全国长老会牧师爱德华·埃尔森（Edward L. R. Elson）接替他，成为董事会成员。[①] 全国委员会有63位成员，其中18人是新教牧师。到运营的第四年（1954—1955），董事会成员包括反犹太复国主义的美国犹太教委员会执行董事埃尔默·伯杰拉比和前国务院官员、美国驻黎巴嫩大使、阿美石油公司官员哈罗德·迈纳（Harold B. Minor）。全国委员会成员上升到72人，包括6位副主席，其中3位是新教牧师。[②] 在执行副主席霍普金斯的领导下，“美国中东之友”开展了一系列广泛的、令人印象深刻的活动，包括文化交流、教育服务、技术培训和新闻出版等。[③] 在美国，除了总部，后来还成立了3个区域办公室，协助总部工作。此外，

① AFME Annual Report, 1952 - 1953, p. 3, https://www.bjpa.org（上网时间：2019年1月4日）。

② 全国委员会重要成员包括：威廉姆·欧内斯特·霍金、威廉·艾迪、杜克大学基督教《旧约全书》教授W. F. 斯泰恩斯普林（W. F. Stinespring）、耶鲁大学近东语言部的米勒·巴罗斯（Millar Burrows）、美部会（American Board of Commissioners for Foreign Mission）执行副主席阿尔弗德·卡尔顿（Alford Carleton）、宾夕法尼亚大学社会学教授卡尔顿·库恩（Carleton Coon）、前民主党全国主席詹姆斯·法雷（James Farley）、纽约河畔教堂埃默图斯牧师哈里·富司迪（Harry E. Fosdick）、弗吉尼亚·吉尔德斯利夫、普林斯顿大学东方语言部菲利普·希提、哈佛神学院道格拉斯·霍顿（Douglas Horton）、前国务院近东事务部部长拉比莫里斯·拉扎隆等。

③ National Information Bureau, Apr. 20, 1955, American Friends of the Middle East Collected Records, 1953 - 1975, The Swarthmore College Peace Collection; AFME Annual Report, 1951 - 1952, pp. 5 - 20, https://www.bjpa.org（上网时间：2019年1月4日）。

还在海外如伊朗、伊拉克等地建立了咨询机构。“美国中东之友”的第五份年报暗示，该组织有6名全职海外工作人员和15个中东国家代表，但在以色列既没有代表，也没有设立办事处，体现了亲阿拉伯的态度。①

随着“美国中东之友”的组织架构不断完善、各类活动大量开展，其年度财政预算也迅速攀升。“美国中东之友”第一年度财政预算仅为7.5万多美元，但到1953—1954年度，则接近50万美元，到1959—1960年度更是接近100万美元，并保持这个额度直到1967年。一个非政府组织想要获得长足发展，离不开资金支持。“美国中东之友”的管理者们从一开始就意识到，想要实现其组织目标，就必须有充足的资金来源。在“美国中东之友”的第一份年度报告中，执行副总裁霍普金斯透露了该组织的财政来源。“汤普森女士宣布，她刚刚获得其朋友25000美元的捐赠，但这位朋友不愿透露姓名，并且许诺，还会有额外25000美元的捐款，具体视该组织从其他渠道筹款的能力而定。”② 尽管汤普森女士没有透露捐赠者的个人信息，但她提到，这位神秘的捐赠者对一些激进的犹太复国主义问题感兴趣，并且汤普森有意强调，这个神秘捐赠人不是石油商。③ 随后，在1952年春天，时任“美国中东之友”财务部主管的恩格特从朋友那里获得了另外25000美元捐款。④ 1952年晚些时候，“美国

---

① AFME Annual Report, 1955 – 1956, pp. 54 – 58, https://www.bjpa.org（上网时间：2019年1月4日）。

② AFME Annual Report, 1951 – 1952, p. 18, https://www.bjpa.org（上网时间：2019年1月4日）。

③ Hugh Wilford, “American Friends of the Middle East: The CIA, US Citizens, and the Secret Battle for American Public Opinion in the Arab – Israeli Conflict, 1947 – 1967,” *Journal of American Studies*, Vol. 1, No. 51 (Feb. 2017), p. 101.

④ AFME Annual Report, 1951 – 1952, p. 18, https://www.bjpa.org（上网时间：2019年1月4日）。

中东之友”又从刚成立的迪尔伯恩基金会获得了第一笔130000美元的捐赠，而迪尔伯恩基金会后来被证实是中央情报局的管道基金会。[1] 在1956年之后的年报中，再也看不到迪尔伯恩基金会的身影，这或许是为了掩人耳目。尽管“美国中东之友”对其早期捐赠者用了“朋友”这样含糊其辞的代称，但该组织是冷战时期典型的“国家—私人网络”，因为迪尔伯恩基金会及其他中央情报局管道基金会是其重要的资金来源。

四、“美国中东之友”：反共产主义与反犹太复国主义

自1951年5月15日成立以来，“美国中东之友”就将组织目标确立为“致力于提升美国人和中东人民之间的理解和友谊”。[2] 但实际上，“美国中东之友”还致力于反共产主义和反犹太复国主义活动。“美国中东之友”成立时，《纽约时报》和《纽约先驱论坛报》用了一整版报道了其成立，并指出：“为战胜共产主义，中东2亿人民不单单需要面包，他们必须拥有美国的友谊和理解……”[3]“美国中东之友”始终相信，通过更好地了解中东人民的宗教、文化和社会愿望，和平是可以实现的。因此，自成立之时，该组织目标就确立为“致力于提升美国人

---

① AFME Annual Report, 1952 – 1953, p. 24, https://www. bjpa. org（上网时间：2019年1月4日）；迪尔伯恩基金会成立于1952年2月28日。

② Questionnaire (sent to private organizations to assemble information about their activities in the field of international affairs), return to: Woodrow Wilson Foundation, 1953, American Friends of the Middle East collected records, 1953 – 1975, The Swarthmore College Peace Collection.

③ “In the Middle East today people are democracy's outposts,” *New York Times* and *New York Herald Tribune*, Jun. 27, 1951, American Council for Judaism Records, MS – 17, Box 14, Folder 1, Cincinnati, Oh.: American Jewish Archives.

和中东人民之间的理解和友谊”。[①]

作为一个由对中东人民富有同情心的由美国精英人物组成的非政府组织，“美国中东之友”的开拓者们认识到，国际理解、友谊和信心是世界和平与自由的本质，因此，他们将促进人类的相互理解作为组织发展的重要目标，并将这一目标界定为两个方面：一方面，针对美国人民，“美国中东之友”致力于向美国民众解释中东的文化、问题和愿望；另一方面，针对中东人民，“美国中东之友”致力于向中东人民诠释其自由、正义与和平的理想。[②] 不得不说，这一组织的宗旨与美国冷战时期的“宣传”目的不谋而合。冷战期间，美国在中东宣传的主要目标，是防止共产主义对该地区的渗透，而“美国中东之友”的民间宣传，则在中东地区发挥了重要作用。在 1953 年出版的“美国中东之友”的一份年度会议记录中，凯瑟琳·塞勒斯（Katherine W. Sellers）强调：“‘美国在中东’的故事充满戏剧性和惊心动魄，这个故事应该被美国公众所熟知……我们需要一个新的五年计划。”[③]

虽然“美国中东之友”的组织宗旨是促进双边理解，但是在其成立的最初几年里，其针对美国人理解中东的努力要远远大于促进中东人对美国的理解。根据其 1954 - 1955 年年报，“在 37 个不同项目和计划中，有 23 个是在美国传播中东信息；

① Questionnaire (sent to private organizations to assemble information about their activities in the field of international affairs), return to: Woodrow Wilson Foundation, 1953, American Friends of the Middle East collected records, 1953 - 1975, The Swarthmore College Peace Collection.

② AFME Annual Report, 1952 - 1953, p. 4, https://www.bjpa.org（上网时间：2019 年 1 月 4 日）。

③ Proceedings of the first Annual Conference of the American Friends of the Middle East, Inc., New York, Jan. 29 - 30, 1953, p. 40, American Friends of the Middle East collected records, 1953 - 1975, The Swarthmore College Peace Collection.

4个是关注美国和中东的互相理解；其中5个位于美国境内，但主要是向中东人解释美国；其中3个项目与美国和中东有着同样的关系。"① 可以说，在20世纪50年代，"美国中东之友"把大量精力放在了内政外交上，越来越强调与艾森豪威尔政府外交政策的协调一致。1957年，"美国中东之友"视自己为"文化而非宗教组织，致力于提升美国和中东人民之间的相互理解，并在该地区建立公正和持久和平"。② 而事实上，"美国中东之友"对宗教事业，尤其是国内的犹太复国主义及以色列问题充满热情。

除了反共产主义，"美国中东之友"还致力于在国内对抗亲以色列犹太复国主义游说团体对美国外交政策的影响。这一点相当明确，因为"美国中东之友"委员会成员都是反犹太复国主义者，且对以色列国家充满敌意。在报告"美国中东之友"对美国社会的贡献时，执行副主席霍普金斯在第三份年度报告中指出："他们帮助创造了美国公众舆论的气氛，使报纸和广播再次能够以适当的角度报道中东，他们揭穿特殊利益集团散布的半真半假和不真实的宣传，他们在恢复美国的美国式方面发挥了重要作用。"③ 在同一份报告中，霍普金斯认真研究了本组织对以色列的态度："'美国中东之友'相信……中东最好的定义是由大力神的支柱和马卡萨尔海峡之间的那些国家组成。在这些国家中，如果一个国家发生不公正行为，其他国家和以色列将提出抗议。我们说'大以色列'（Plus Israel），是因为以色

---

① AFME Annual Report, 1954 - 1955, p. 8, https: //www. bjpa. org（上网时间，2019年1月4日）。

② Simultaneous mutual concessions seen as step to Mid - East peace, News from American Friends of the Middle East, March, 25, 1957, p. 4, American Council for Judaism Records, MS - 17, Box 14, Folder 1, Cincinnati, Oh. : American Jewish Archives.

③ AFME Annual Report, 1953 - 1954, p. 5, https: //www. bjpa. org（上网时间：2019年1月4日）。

列今天不符合所建议的模式。然而，以色列地处中东和中东地区，它必须最终遵守这一格局，否则它别无选择，只能停止存在。”① 此外，“美国中东之友”的主席多萝西·汤普森也经常在公开场合发表亲阿拉伯、反以色列的言论。针对阿以问题与美国大选，汤普森声称：“抗议在美国大选中引入外国问题争端……在竞选期间，我们敦促所有参加国会选举的候选人，不要做出亲阿拉伯或亲以色列的承诺。如果当选，在任何与我们中东政策有关的问题上，只为了美国的最大利益而投票和工作。”② 汤普森的呼吁显然是不希望艾森豪威尔总统连任后像杜鲁门总统那样，受到犹太复国主义游说的干预。在“美国中东之友”第四次年会闭幕式的演讲中，汤普森谴责美国犹太复国主义者使以色列愈加抗拒与其邻居和解，不但要求美国给予5000万美元武器援助，而且要求签订西方军事参与条约，以防自身受到攻击。汤普森呼吁，美国政府要保持冷静，如果美国参与其中，会使苏联坐收渔翁之利，美国需要以国家利益为出发点。“针对这个问题，我们需要美国外交政策的漠视。”③ 显然，“美国中东之友”是美国国内对抗犹太复国主义游说的有生力量。正如霍普金斯在给全国委员会成员的备忘录中所说的那样：“‘美国中东之友’仅是犹太复国主义宣传的潜在对抗力量。”④ 这些话语响亮而清晰，表明了“美国中东之友”的重要

① Ibid.，p. 6，https：//www. bjpa. org（上网时间：2019 年 1 月 4 日）。

② Arab – Israel issue in Campaign scored，*New York Times*，Oct. 30，1954，p. 9，*ProQuest Historical Newspapers*.

③ Thompson，America’ foreign policy must serve its national interests，News from American Friends of Middle East，INC. 1956，American Council for Judaism Records，MS – 17，Box 14，Folder 1，Cincinnati，Oh：American Jewish Archives.

④ Memorandum to members of the National Council of the American Friends of the Middle East，June 9，1955，American Council for Judaism Records，MS – 17，Box 14，Folder 1，Cincinnati，Oh.：American Jewish Archives.

目的，即抗议中东的任何政治不公正现象，并迫使以色列遵守中东的文化和社会模式。在研究过“美国中东之友”的年报、宣传册、备忘录、会议纪要、人事、活动等内容后，我们很容易得出结论，“美国中东之友”在刚成立的几年里，主要目的就是对抗国内的犹太复国主义，以防美国政府在制定政策时偏离国家利益。

结语

“美国中东之友”的建立使“国家—私人网络”得以扩大。令人奇怪的是，一直致力于亲阿拉伯反犹太复国主义事业的中央情报局中东地区情报官金姆·罗斯福却游离在公众视线之外。但这并不意味着，金姆·罗斯福对“美国中东之友”所从事的事业不感兴趣。相反，仍有迹象表明，他隐匿于幕后，对该组织施加巨大影响。1951 年 12 月 20 日，埃尔默·伯杰给他与金姆的共同好友乔治·利维森写信，并在信中指出，据金姆·罗斯福的亲信所说，“金姆比以往任何时候都参与得更多”。[①]“美国中东之友”出版的《有目的的故事：美国中东之友的起源、基本哲学和目标回顾》的小册子中，克米特·金姆·罗斯福的名字赫然写在董事会成员一列中。[②] 至于金姆·罗斯福究竟在多大程度上参与了“美国中东之友”的活动，目前尚无解密的档

① Berger to Levison, Dec. 20, 1951. 转引自 Hugh Wilford, “American Friends of the Middle East: The CIA, US Citizens, and the Secret Battle for American Public Opinion in the Arab - Israeli Conflict, 1947 - 1967,” *Journal of American Studies*, Vol. 51, No. 1 (Feb. 2017), p. 102.

② Story of A Purpose: a brief review of the origin, basic philosophy and aims of American Friends of the Middle East, Inc., American Friends of the Middle East collected records, 1953 - 1975, The Swarthmore College Peace Collection.

案文献。但有一点毫无疑问：无论是“美国中东之友”的建立还是后来的发展，金姆·罗斯福均予以了密切关注。

从年幼时期对阿拉伯世界的好奇想象，到成年后的亲身经历，再到创建亲阿拉伯反犹太复国主义的非政府组织，在这一过程中，以金姆·罗斯福为核心的亲阿拉伯反犹太复国主义私人网络逐渐形成。无论是在政府内部还是私人领域，金姆良好的人际网络为“美国中东之友”的建立及步入正轨创造了条件。可以说，金姆·罗斯福在“美国中东之友”的创建过程中一直充当着幕后推手的角色。“美国中东之友”的董事会成员基本均来自金姆之前创建的“圣地正义和平委员会”，而具有公众影响力的多萝西·汤普森则成为“美国中东之友”创立之初最合适的台前领导者。

为什么中央情报局要资助一个亲阿拉伯反犹太复国主义的非政府组织？虽然没有来自中央情报局的相关解密文件，但正如霍普金斯对一位犹太记者所透露的那样，鉴于犹太人对美国公共媒体的实际控制，“美国中东之友”的直接目的，就是为了确保美国犹太人和阿拉伯人之间的舆论平衡。[①] 众所周知，美国法律不允许中央情报局从事国内活动，而当时美国国内的犹太游说集团力量强大。因此，秘密资助一个能够在国内舆论中平衡两者关系的非政府组织，使美国外交政策不至偏离公正和国家利益轨道，显得尤为重要。这也就不难理解，为什么“美国中东之友”在成立之初的几年里，一直把活动重心放在国内犹太复国主义和阿以冲突问题上。

① Hertzel Fishman, *American Protestantism and a Jewish State* (Detroit: Wayne State University Press, 1973), p. 102.

宗教与国际关系

谁在支持“伊斯兰国”：阿拉伯世界公众对“伊斯兰国”的政治态度研究

• 孙芳露　李俊达

[内容提要] 本文主要研究阿拉伯世界公众对“伊斯兰国”的政治态度及其影响因素，分别从宗教认知、经济体验、政治环境、社会文化认知四个维度考察了可能使民众对“伊斯兰国”的支持产生正面或负面影响的因素。基于 2016—2017 年第四波“阿拉伯晴雨表”(Arab Barometer Survey Wave Ⅳ) 的民调数据，本文通过回归分析，发现经济体验和政治环境并没有显著影响阿拉伯民众对“伊斯兰国”的态度，宗教认知和社会文化认知则对民众对“伊斯兰国”的政治态度有更直接的影响。本文还发现，在一些宗教和社会文化因素方面，“伊斯兰国”的一般支持者与深度支持者存在显著区别，深度支持者往往在此类观念上更加复杂和多样化。

[关键词] 阿拉伯世界　“伊斯兰国”　政治态度　恐怖主义

2019 年 3 月 23 日，叙利亚民主力量（Syrian Democratic Forces）宣布，在上巴古兹（Upper Baghouz）击败了叙利亚境内最后一片占领领土上的“伊斯兰国”武装分子，全球反恐被认为进入了“后‘伊斯兰国’时代”。[①] 然而，2019 年 8 月 5 日，联合国秘书长安东尼奥·古特雷斯（António Guterres）在联合国报告中警告称，“伊斯兰国”虽然失去了物理形态的“哈里发国”，但其领导人仍掌握着高达 3 亿美元（约合 21.1 亿人民币）的资产，目标是为了在伊拉克和叙利亚的“心脏地带”创造复兴条件。[②] 2019 年 8 月 6 日，美国国防部监察长办公室（Office of Inspector General）发布了一份报告，指出“伊斯兰国”在叙利亚的势力有所回升，不但有“死灰复燃”之迹，还巩固了伊拉克的叛乱能力。[③] 2020 年 1 月 13 日，约旦国王阿卜杜拉警告称：“在过去一年里，‘伊斯兰国’已经明显地开始重建和崛起，不仅在叙利亚东南部，而且在伊拉克西部”，并强调国际社会应共同应对“伊斯兰国”的重新崛起。[④]“伊斯兰国”的这

---

① “Total Elimination of ISIS in Syria? US – backed Forces Confirm, Damascus Calls it a Bluff,” https://www.rt.com/news/454555 – sdf – declare – victory – syria/. 2019 – 03 – 23/2019 – 05 – 10（上网时间：2020 年 3 月 25 日）。“伊斯兰国”（Islamic State），原名“伊拉克和黎凡特伊斯兰国”（Islamic State of Iraq and Levant，ISIL）。“黎凡特”（Levant）是西方世界对地中海东岸的大叙利亚地区的称呼，阿拉伯世界称之为“沙姆”（Al – Sham，الشام），因此该组织有时也写作“伊拉克和沙姆伊斯兰国”（Islamic State of Iraq and Sham，ISIS）。2014 年宣布建立”哈里发国“后，该组织改名为“伊斯兰国”（Islamic State，IS）。在阿拉伯世界，对该组织的主要称呼是“达伊沙”（داعش，Da’esh），该词是“伊拉克和沙姆伊斯兰国”（الدولة الإسلامية في العراق والشام）一词的四个首字母 د ا ع ش 缩写而成的。

② “‘伊斯兰国’死灰复燃，后哈里发时代将到来？” https://new.qq.com/omn/20190807/20190807A0I38600.html（上网时间：2020 年 3 月 25 日）。

③ “美军撤离后叙利亚‘伊斯兰国’死灰复燃”，https://www.zaobao.com.sg/znews/international/story20190807 – 979111（上网时间：2020 年 3 月 25 日）。

④ “约旦国王警告：‘伊斯兰国’或将死灰复燃”，“https://news.sina.com.cn/w/2020 – 01 – 13/doc – iihnzahk3851651.shtml（上网时间：2020 年 3 月 25 日）。

些新动向表明，其在叙利亚和伊拉克两地的军事溃败并不意味着该组织的彻底消亡，更不意味着其所倡导的“萨拉菲圣战”运动的销声匿迹。

作为当代“伊斯兰极端主义”与“恐怖主义”相结合的最典型代表，“伊斯兰国”继承了“基地”组织的现代圣战萨拉菲主义的意识形态，[①] 将伊斯兰世界视作一个超国家的穆斯林共同体（乌玛），[②] 认为乌玛的正道就是忠实地实行源自《古兰经》和《圣训》的沙里亚法，而西方枪炮与文化的侵入与本地世俗政权的统治都构成了对穆斯林共同体的攻击和对沙里亚法的背叛，因而穆斯林必须通过“圣战”的方式，即以暴力与恐怖的方式来实现乌玛的团结和沙里亚法的治理。[③] 虽然“伊斯兰国”与“基地”组织有着千丝万缕的联系，但在行为模式上与包括“基地”组织在内的绝大多数恐怖组织有很大不同：首先，“伊斯兰国”具有“基地”组织所没有的强烈的宗派主义色彩。逊尼派的圣战萨拉菲主义一向将什叶派视为异端和叛教者，但

① 圣战萨拉菲主义本身是散布各地的萨拉菲主义三派中的一支——远离政治的传统萨拉菲（Purist）、政治活跃但强调非暴力的政治萨拉菲（Activist）、强调暴力使用的圣战萨拉菲（Jihadist）——而萨拉菲主义本身又是19世纪以来伴随着奥斯曼帝国衰落和西方入侵而在伊斯兰世界各地兴起的各式伊斯兰复兴运动中，一个较晚、较为激进而广为传播的派系，其主要在埃及和部分海湾国家拥有较多信奉人口。

② 即“أمة”，音译作“乌玛”。“乌玛”原意为共同体或社群，最早指先知时期围绕在穆罕默德周围的全体穆斯林的社群，该词在现代阿拉伯语中有时引申意为“国族”（nation），如联合国即“الأمم المتحدة”；有时指全体穆斯林组成的共同体，即“أمة الإسلام”。

③ 参见 Hussein Solomon, *Islamic State and the Coming Global Confrontation* (New York: Springer, 2016), pp. 15 – 22; Haim Malka, “Jihadi – Salafi Rebellion and the Crisis of Authority,” in CSIC, *Religious Radicalism after Arab Uprising* (Washington DC: The Center for Strategic and International Studies, 2015), pp. 9 – 35。

此前“基地”组织往往与什叶派保持良好关系并对其传道，[①]而仅仅将西方作为圣战的对象。然而，“伊斯兰国”却将什叶派视为与西方或世俗阿拉伯政权一样危险的敌人，并将这种敌意转化为话语和行动。这样明确的宗派主义色彩为其赢得了相当多对什叶派不满的逊尼派人士的支持——尤其是在伊拉克和黎巴嫩。[②] 其次，“伊斯兰国”建立了实质上的有效治理。据估计，自 2013 年在叙利亚内战中崛起以来，“伊斯兰国”在巅峰时控制了超过 10 万平方千米的领土和超过 1100 万的人口，[③] 在利比亚、也门和巴基斯坦 - 阿富汗边境呼罗珊地区（Khorasan）发展了直属分支，获得了埃及西奈半岛、阿尔及利亚、菲律宾、尼日利亚、加沙、索马里、北高加索等地的伊斯兰极端组织的效忠，[④] 并通过走私石油获得了每日 100 - 200 万美元的财政收入。[⑤]

① “基地”组织头目扎瓦希里甚至就此做过公开说明，参见“Al - Qaeda Leader Issues Jihad Guidelines，” https：//www. aljazeera. com/news/europe/2013/09/201391722933201138. html（上网时间：2020 年 3 月 25 日）。

② 逊尼派占伊拉克人口约 40%，什叶派占 55% - 60%。伊拉克临时政府组建后迅速为什叶派政治力量主导，逊尼派为主的复兴党人被系统性地从国家政权中边缘化和清除，使得大量逊尼派人口走向了什叶派政府的对立面，“伊斯兰国”在 2013 年崛起之初便利用这一点，吸纳了大量前萨达姆政权的武装人员和逊尼派民兵，详见 H. H. Al - Qarawee, *Iraq's Sectarian Crisis*（Beirut：Carnegie Middle East Center，2014）。逊尼派占黎巴嫩人口约 27%，什叶派也有 27%。自 2005 年逊尼派前总理拉菲克·哈里里被谋杀后，黎巴嫩境内什叶派真主党主导政治的境况使得反什叶派的“伊斯兰国”一度在逊尼派民众中有了相当的支持基础，尤其是在其第二大城市、也是主要的逊尼派中心的黎波里，参见 Hilal Khashan，“Dateline：Why Lebanon's Sunnis Support ISIS，” *Middle East Quarterly*，Vol. 22，No. 3（2015），pp. 1 - 8。

③ Seth G. Jones，etc.，*Rolling Back the Islamic State*（Washington D. C.：Rand Corporation，2017），pp. 20 - 22.

④ Ibid.

⑤ “How ISIS Funds Its Reignof Terror，” https：//www. rand. org/blog/2014/09/how - isis - funds - its - reign - of - terror. html（上网时间：2020 年 3 月 25 日）。

治理的常态化不仅使得“伊斯兰国”从传统恐怖组织的“流寇”形态向“坐寇”转型，也成为其自证“合法性”的重要依据。自封为“哈里发国”的“伊斯兰国”在其鼎盛期构成了一个拥有领土的实体治理机构，且在统治范围内维持了相当程度的政治、经济和社会秩序以及相当数量的民众支持。[①] 来自周边国家与全球各地的“圣战”分子不断涌入叙利亚和伊拉克加入“伊斯兰国”，一定程度上反映出该组织在周边国家和全球伊斯兰群体中的影响力。这种支持与影响力是如何产生的？在阿拉伯世界中，究竟有哪些政治、经济、社会或文化因素促成或阻碍了民众对“伊斯兰国”的支持？本文基于2016－2017年进行的第四轮“阿拉伯晴雨表”调查数据，系统探讨阿拉伯世界公众对“伊斯兰国”的政治态度及其影响因素，这对于我们理解未来中东局势和国际反恐有着重要的意义。

一、阿拉伯世界公众对“伊斯兰国”的政治态度的研究现状

既往对“伊斯兰国”的研究可以划分为三类，即国家与国

① 参见 Hussein Solomon, *Islamic State and the Coming Global Confrontation* (New York: Springer, 2016), pp. 15－22；王晋：“‘伊斯兰国’与恐怖主义的变形”，载《外交评论（外交学院学报）》，2015年第2期，第138－158页；Charles R. Lister, *The Syrian Jihad: Al－Qaeda, The Islamic State And The Evolution Of An Insurgency* (New York: Oxford University Press, 2016)；“Why Business is Booming under Islamic State One Year on,” https://www.telegraph.co.uk/news/worldnews/islamic－state/11657918/Why－business－is－booming－under－Islamic－State－one－year－on.html（上网时间：2020年3月25日）。

际关系层面的研究、① 组织层面的研究,② 以及个人层面的研究。其中，前两类文献总体上较为宏观，以描述性、介绍性为主，主要研究了“伊斯兰国”在其崛起与衰败过程中，如何与阿拉伯世界中各原有政治和社会行为体进行互动并造成影响。

① 如 Seth G. Jones, etc., *Rolling Back the Islamic State* (Washington D. C.: Rand Corporation, 2017); A. S. Hashim, “The Islamic State: From Al – Qaeda Affiliate To Caliphate,” *Middle East Policy*, Vol. 21, No. 4 (2014), pp. 69 – 83; Joby Warrick, *Black Flags: The Rise of ISIS* (New York: Anchor, 2015); 王雷:“‘伊斯兰国’极端组织兴起与中东政治变迁”，载《亚非纵横》，2014 年第 6 期，第 1 – 14 页及第 125、130 页。关于“伊斯兰国”在阿拉伯世界特定国家或地区的活动和特定国家地区的应对措施，可见 Eman Ragab, “The Gulf Cooperation Council Countries and Countering ISIS: Threats, Policies and Challenges,” *Contemporary Arab Affairs*, Vol. 9, No. 4 (2016), pp. 577 – 595; 王晋:“‘伊斯兰国’组织西奈分支的演进及影响”，载《阿拉伯世界研究》，2017 年第 2 期，第 52 – 64 页及第 119 页; Andrew Engel, *The Islamic State's Expansion in Libya* (Washington D. C.: The Washington Institute for Near East Policy, 2015)。

② 关于教派冲突如何促成了“伊斯兰国”的产生，可参见 Harith Hasan Al – Qarawee, *Iraq's Sectarian Crisis: A Legacy of Exclusion* (Beirut: Carnegie Middle East Center, 2014); 关于经济因素如何促成了“伊斯兰国”的产生，可参见 Cody McClaim Brown, “Mobilizing The Caliphate: ISIS And The Conflict in Iraq And Syria,” *Politička Misao*, Vol. 52, No. 4 – 5 (2015), pp. 203 – 214; Moamen Gouda and Marcus Marktanner, “Muslim Youth Unemployment and Expat Jihadism: Bored to Death?” *Studies in Conflict & Terrorism*, (2018) pp. 1 – 20; 关于“伊斯兰国”的组织运作，可参见 Aymenn Al – Tamimi, “The Evolution in Islamic State Administration: The Documentary Evidence,” *Perspectives on Terrorism*, Vol. 9, No. 4 (2015), pp. 117 – 129; C. Lister, *Profiling the Islamic State* (Doha: Brookings Doha Center Analysis Paper, 2014); 王奇、梅建明、刘明辉:“‘伊斯兰国’情报机构的架构、职能与运作研究”，载《情报杂志》，2018 年第 7 期，总第 37 期，第 16 – 24 及第 30 页; 李景然:“论‘伊斯兰国’的资金链及其影响”，载《阿拉伯世界研究》，2014 年第 6 期，第 107 – 118 页。关于“伊斯兰国”与“基地”组织的联系与异同，可参见 H. Malka, “Jihadi – Salafi Rebellion and the Crisis Of Authority,” in Jon B. Alterman, ed., *Religious Radicalism after Arab Uprising* (Washington D. C.: The Center for Strategic and International Studies, 2015), pp. 9 – 35; A. Y. Zelin, “The War Between ISIS and Al – Qaeda for Supremacy of the Global Jihadist Movement,” *The Washington Institute for Near East Policy*, Vol. 20, No. 1 (2014), pp. 1 – 11; 刘乐:“‘伊斯兰国’组织与‘基地’组织关系探析”，载《阿拉伯世界研究》，2017 年第 2 期，第 19 – 33 及第 118 页。关于“伊斯兰国”在“圣战”组织发展脉络中的性质与地位，可参见 Fawaz A. Gerges, “ISIS and the Third Wave of Jihadism,” *Current History*, Vol. 113, No. 767 (2014), pp. 339 – 343。

个人层面的研究主要关注“伊斯兰国”如何影响和吸引了域外国家尤其是西方国家的公民。在此类研究中，有两个主要的研究方向：一是研究“伊斯兰国”所采取的社交网络宣传策略；[①] 二是研究西方或域外国家民众对“伊斯兰国”的态度与支持情况。[②] 例如，埃弗莱因姆·本莫拉克（Efraim Benmelech）和埃斯特班·科勒尔（Esteban Klor）基于沙姆地区以外各国加入“伊斯兰国”的“圣战”分子人数统计，采用计量方法系统研究了不同国家的各类经济社会因素对滋生“圣战”分子的影响。他们的研究发现挑战了过往知识界的一些通行观点，即一国民众参与“伊斯兰国”的可能性与该国的经济发展水平、社会发展水平、穆斯林人口多少、族群同质化程度呈正相关。恰恰相反，他们发现“伊斯兰国”在非伊斯兰世界所获得的支持往往并不源自经济困顿、社会不平等或政府无能，而更多源于个体融入非伊斯兰世界的失败。[③]

相比之下，有关阿拉伯世界或伊斯兰世界民众对“伊斯兰

---

① 此类文献可谓汗牛充栋，如 Elizabeth Bodine – Baron, etc., *Examining ISIS Support and Opposition Networks On Twitter* (Washington D. C.: Rand Corporation, 2015); Jytte Klausen, “Tweeting The Jihad: Social Media Networks of Western Foreign Fighters in Syria and Iraq,” *Studies in Conflict & Terrorism*, Vol. 38, No. 1 (2015), pp. 1 – 22; James Farwell, “The Media Strategy of ISIS,” *Survival*, Vol. 56, No. 6 (2014), pp. 49 – 55; Akemi Takeoka Chatfield, Christopher G. Reddick and Uuf Brajawidagda, “Tweeting Propaganda, Radicalization and Recruitment: Islamic State Supporters Multi – Sided Twitter Networks,” *Proceedings of the 16th Annual International Conference on Digital Government Research*, ACM, 2015；柳思思：“‘伊斯兰国’的互联网攻势及其影响”，载《现代国际关系》，2016 年第 2 期，第 32 – 39 及第 63、65 页。

② 参见 Rukmini Callimachi, “ISIS and the Lonely Young American,” *The New York Times*, No. 27 (2015); Anita Perešin, “Fatal Attraction: Western Muslims and ISIS,” *Perspectives on Terrorism*, Vol. 9, No. 3 (2015)；李宁：“‘伊斯兰国’影响下的西方青年极端化现象分析”，载《阿拉伯世界研究》，2015 年第 6 期，第 88 – 106 页。

③ Efraim Benmelec and Fsteban F. Esteban, “What Explains the Flow of Foreign Fighters to ISIS?” *Terrorism and Political Violence* (2018), pp. 1 – 24.

国”的政治态度的研究相对较少。这主要出于两方面的原因：一方面，由于战乱的缘故，当地一手资料较难获取；另一方面，“伊斯兰国”的海外招募对域外国家构成了实质性的安全威胁，因而较易吸纳研究资源。不过值得注意的是，有一些机构和学者对阿拉伯世界公众针对叙利亚内战的态度进行了研究，由于其考察主题与“伊斯兰国”高度相关，也值得研究者关注。主要有三项由咨询机构或智库开展了相关调研，分别为佐格比研究服务（Zogby Research Services）、ORB 国际（Opinion Research Business International）和马里兰大学国家恐怖主义和反恐研究联合会（START）。[①] 这三项调查都在 2014－2016 年间进行的，主要考察了叙利亚内战中各政治派别或中东地区各国所受到的支持情况，对“伊斯兰国”的受支持情况均略有涉及。[②]

此外，也有一些学者的研究对本文具有重要的启示意义。例如，马克·特斯勒（Mark Tessler）在 2010 年基于第一期“阿拉伯晴雨表”的调查数据，分析了阿拉伯世界的民众对民主、公民精神和伊斯兰政治的看法。[③] 丹尼尔·科斯滕（Daniel Corstange）于 2015 年在黎巴嫩的叙利亚难民中进行了一次覆盖了 2000 名成人的访谈，并通过计量方法测算了叙利亚难民中对内战各派的支持情况，以及一些社会经济因素对支持情况的影响。他发现，政府支持者总体上要比世俗和伊斯兰反对派更富

① Zogby Research Services, Today's Middle East: Pressures and Challenges, Nov., 2014; ORB International, Syria Public Opinion, Jul., 2015; START, Syria Barometer Survey: Opinions About War In Syria And About Radical Action, 2016.

② 总体而言，这些调查都发现阿萨德政府拥有接近半数且相当坚实的支持基础，而“伊斯兰国”在绝大多数国家的支持率都很低。

③ Mark Tessler, "Religion, Religiosity and the Place Of Islam in Political Life: Insights From the Arab Barometer Surveys," *Middle East Law and Governance*, Vol. 2, No. 2 (2010), pp. 221－25.

裕（战前）、教育水平更高、更年轻、更世俗，而逊尼派/少数派的教派族群分野也十分明显。[①] 科斯滕还与艾琳·约克（Erin York）合作，[②] 运用计量方法研究了不同的“对立叙事”框架如何影响人们对叙利亚内战各方的支持情况。[③]

当然，仍有一些机构和学者对于阿拉伯世界或伊斯兰世界公众对“伊斯兰国”的政治态度进行了考察。有四个机构针对“‘伊斯兰国’在阿拉伯或伊斯兰世界的支持情况”这一主题进行了专门的调研，分别是阿拉伯政策研究中心（ACRPS）、皮尤研究中心（Pew Research Center）、华盛顿近东政策研究所的费克拉论坛（Fikra Forum）和阿斯达博雅公关（ASDA’A Burson-Marsteller）。[④] 然而，这类机构报告仅包含了民众（或青年民众）对“伊斯兰国”的支持率情况，并没有进一步解释其原因。当然，有部分学者的研究极具启发意义，例如，马格迪（Magdy）等人在2015年的研究中，爬取了15万名曾在推特中提及“伊斯兰国”的阿拉伯语推特用户，通过语义识别判别每个用户对“伊斯兰国”的政治观点，并结合该用户在2014年一年内的历史推特记录，分析究竟哪些因素可能与对“伊斯兰国”

① Daniel Corstange, “The Syrian Conflict and Public Opinion Among Syrians in Lebanon,” *British Journal of Middle Eastern Studies*, Vol. 46, No. 1 (2019), pp. 178 – 200.

② Daniel Corstange and Erin A. York, “Sectarian Framing in the Syrian Civil War,” *American Journal of Political Science*, Vol. 62, No. 2 (2018), pp. 441 – 455.

③ “对立叙事”的例子诸如“民主 vs. 独裁”“逊尼派 vs. 阿拉维派”“宗教 vs. 世俗”“外来者 vs. 叙利亚”。

④ Arab Center for Research and Policy Studies, “The Military Campaign Against the Islamic State in Iraq and the Levant: Arab Public Opinion,” Doha, Nov. 26, 2014; Jacob Poushter, “In Nations with Significant Muslim Populations, Much Disdain for ISIS,” Washington, D. C.: Pew Research Center, Nov. 17, 2015; David Pollock, “ISIS Has Almost No Support in Egypt, Saudi Arabia, or Lebanon—But America Has Little More,” Fikra Forum, Oct. 14, 2015; ASDA’ A Burson – Marsteller, “Inside the Hearts and Minds of Arab Youth,” Dubai, 2016.

的支持存在相关性。[①] 他们发现，领土的得失会显著地影响推特阿语用户对“伊斯兰国”的总体支持程度；就个人层面而言，“伊斯兰国”支持者比反对者对推特有更高的使用粘度，也对西亚北非局势动荡更加不满。

由咨询和智库机构进行的调研及报告，其结论往往局限于支持率，缺少进一步的社会经济分析，其对外披露的部分数据也不足以支撑深入研究；另一方面，尽管学术界在部分邻近议题（如公众对叙利亚内战的政治态度、“伊斯兰国”的“圣战”分子全球招募）上有一些相对严谨的经验研究，但对于“阿拉伯世界民众”对“伊斯兰国”的支持情况，仍缺少系统的经验研究，尚未有文献能够回答“什么样的政治、经济、社会因素促进抑或阻碍了阿拉伯世界公众对‘伊斯兰国’的支持”这一问题。有鉴于此，本文将从宗教认知、经济体验、政治环境与社会文化认知四个维度入手，整理和归纳影响阿拉伯民众支持“伊斯兰国”的潜在因素，并基于2016－2017年第四波“阿拉伯晴雨表”的调查数据，对这些因素的显著性与重要性进行经验验证。

二、影响民众支持“伊斯兰国”的主要因素

“政治态度”（Political Attitude）是一个运用广泛的概念，其近似或相关概念还包括“政治信念”（Political Belief）、“政

① Walid Magdy Kareem Darwish and Ingmar Weber, “#Failed Revolutions: Using Twitter to Study the Antecedents of Hearts and Minds of Arab Youth: Arab Youth Survey 2016,” Dubai, 2016. ISIS Support,” *Association for the Advancement of Artificial Intelligence*, 2015, https: //arxiv. org/pdf/1503. 02401. pdf（上网时间：2020年3月25日）。

治观点”（Political Opinion）或“公众舆论”（Public Opinion）。限于主题和篇幅，本文不对这些概念及其理论进行详细的综述和辨析，而仅回溯其在经验研究领域的应用。现代政治科学对“政治态度”的经验研究主要源自两个传统：第一个传统可以追溯到20世纪三四十年代的美国，彼时方兴未艾的选举预测行业带动了政治学界、媒体界和知识界对候选人和选举纲领在民众中支持程度的考察，[①] 成为美国选举生态和美国政治研究的重要组成部分。在这一传统中，“政治态度”往往被简化为一系列介于社会经济因素与特定选举结果之间的中间变量，被各类公共或私人机构以“民意调查”的方式加以收集、分析，分辨不同政治派别或不同候选人的支持基础，以便解释或预测选举结果。[②] 第二个传统则来自政治社会学中关于集体行动和社会运动的研究，以及国际关系学中关于非国家冲突的研究。如果说“美国民众的政治态度”是“政治态度”在高度组织化和高度制度化的社会情境中的展开，那么，这一传统则主要考察由社会变迁或国家能力不足造成的低制度化情境下“政治态度”如

① 政治学界最早关于政治态度的研究是基于1940年美国大选中俄亥俄某社区民众在投票前受大众媒体的影响情况，见 Paul F. Lazarsfeld, Bernarld Berelson and Hazel Gaudet, *The People's Choice: How the Voter Makes Up His Mind in a Presidential Campaign* (New York: Duell, Sloane and Pearce, 1944)。

② 可参见 Henry E. Brady and Paul M. Sniderman, "Attitude Attribution: A Group Basis for Political Reasoning," *American Political Science Review*, Vol. 79, No. 4 (1985), pp. 1061 - 1078; 又可见 John A. Fleishman, "Types of Political Attitude Structure: Results of a Cluster Analysis," *Public Opinion Quarterly*, Vol. 50, No. 3 (1986), pp. 371 - 386。

何引发社会中的组织化行动。[①] 在这一传统中，“政治态度”不再仅仅是选举结果的成因，而更多被用于解释冲突性行为。[②] “9·11”事件后，关于“宗教极端主义”和“恐怖主义”的研究则成为这一传统的新发展。

基于既有研究，本文从经验角度出发，将“政治态度”简单定义为：由诸多经济、社会和历史文化因素共同决定的、民众对于具有政治价值的议题或事件的观点和态度。它与群体的制度化政治行为（如选举）或非制度化政治行为（如非国家冲突或恐怖主义）有着密切关系。既有同类研究往往将影响某一组织或理念之受支持情况的因素分成几个大类进行探讨。如马克·特斯勒在针对“政治伊斯兰”（Political Islam）观念的研究中，区分了三类成因：一是个人特质与社会环境（贫富、年龄、教育水平、性别）；二是政治与经济感受（对政府表现的满意度、对政府腐败的感知度、对经济现状的评价）；三是宗教信仰程度（虔诚程度、保守程度）。[③] 丹尼尔·科斯滕在针对民众对叙利亚内战各派系支持情况的研究中，主要检验了五类可能产生影响的因素，分别是：经济社会条件、年龄和性别、教派与

① 如 Herbert Blumer 就提出，社会变化导致个人生活变化，进而引发不安，从而推动了一种由“循环反应”（Circular Reaction）造成的聚众过程，使得观点、态度或舆论在社会中大面积传播；Neil Smelser 则更进一步建立了一个在“社会控制力下降”的背景下由“结构性诱因/怨恨”引发的“一般化信念”经由“触发性事件”，最终导致“有效社会动员”的社会运动全程理论，详细讨论可见赵鼎新：《政治与社会运动讲义（第二版）》，北京：社会科学文献出版社，2012 年版，第 61 – 87 页。

② 如 Ted Gurr 在探讨内战时提出的“相对剥夺感”概念便成为主导“非国家冲突”研究的重要理论之一，可参见 Paul Collier and Anke Hoeffler, “Greed and Grievance in Civil War,” *Oxford Economic Papers*, Vol. 54, No. 4 (2004), pp. 563 – 595 的讨论。

③ Mark Tessler, “Religion, Religiosity and the Place of Islam in Political Life: Insights From the Arab Barometer Surveys,” *Middle East Law and Governance*, Vol. 2, No. 2 (2010), pp. 221 – 25.

族裔归属、公私领域内的宗教观念、政治热情。[①] 基于既有的相关研究与数据情况，本文把影响阿拉伯世界民众对“伊斯兰国”的支持的主要因素按照四个维度进行分类，分别为：宗教认知、政治认知、经济体验与政治体验。

（一）宗教认知

作为宗教极端组织，“伊斯兰国”吸引公众支持乃至加入的一个重要因素，便是其所标榜的伊斯兰教正统性。因此，一个直接影响其支持情况的宗教认知因素之一，便是个人的宗教虔诚度。近几十年的全球化进程、阿拉伯世界诸国的现代化进程、尤其是近十年来的社交媒体的发展，使得越来越多的阿拉伯世界民众（尤其城市年轻一代）的宗教观念逐渐淡化，而诸多教法约束也不再被严格执行，如不再严守五时拜，或女子不再包头巾等等。对于这一批逐渐去宗教化的群体而言，其支持以极端复古而著称的“伊斯兰国”的可能性也会相应下降。因此，本文提出第一个假设（H1a）：宗教虔诚度较高的个人更易支持“伊斯兰国”。

值得注意的是，伊斯兰教教派林立，不同的教派和分支、甚至不同的宗教领袖或信众个人，都会对具体教义和社会现象有着各不相同的解读。因此，在“虔诚”这一维度之外，个人所信奉的具体教义同样可能会影响个人对“伊斯兰国”的支持程度。在“伊斯兰国”的意识形态中，有着很强的反西方叙事，认为西方的诸多社会观念（如性别平等、同性恋）是瓦解伊斯兰共同体的毒药，并以此为依据，号召对西方世界发动“圣

---

① Daniel Corstange, “The Syrian Conflict and Public Opinion Among Syrians in Lebanon,” *British Journal of Middle Eastern Studies*, Vol. 46, No. 1 (2019), pp. 178 – 200.

战”。因此，个人所信奉的宗教教义与全球化时代主导的自由主义“普世价值”距离远近有可能对个人对“伊斯兰国”的支持产生很大影响。于是，本文提出第二个假设（H1b）：对自由主义观念更排斥的个人更易支持“伊斯兰国”。

即使剥除“普世价值”这一外部坐标系，“伊斯兰国”自我标榜的正统性也在其他方面受到了诸多教派和世俗民众的广泛质疑，其中最核心的一点是伊斯兰教与政治的关系。一方面，部分伊斯兰教派别（如什叶派主体的十二伊玛目派）有不干预政治的传统；另一方面，20 世纪 50 年代诸阿拉伯国家独立以来，阿拉伯社会主义思潮和长期世俗政府执政使得政教分离的观念，在阿拉伯世界民众间存有相当影响力。因此，尽管“伊斯兰国”自封为“哈里发国”，其政教合一、推行伊斯兰教法的行为仍旧受到了广泛抨击。本文据此提出第三个假设（H1c）：支持伊斯兰教干预并参与政治的个人更易支持“伊斯兰国”。

此外，还有一些可能对支持情况产生影响的重要教义分歧并未被本文采用。如“对暴力认可程度”就是一个在伊斯兰教各派中分歧很大的主题，然而该条在本文中被用作反映对“伊斯兰国”支持情况的因变量，因此在影响因素中不再考虑。此外，“伊斯兰国”与其他绝大多数逊尼派宗派对什叶派的态度也存在分歧，甚至连“基地”组织也就该问题与“伊斯兰国”存在矛盾。然而，本次研究所采用的数据仅覆盖了中东北非七国（阿尔及利亚、埃及、约旦、黎巴嫩、摩洛哥、突尼斯和巴勒斯坦），其中有六国为逊尼派占绝对主导的国家，因此，“逊尼/什叶派”的身份区分不足以构成有效数据，而数据中也没有“对什叶派的态度”这一问题，因此，什叶派问题不被纳入“宗教认知”的考察中。对宗教认知维度的三个假设中对应的自变量（宗教虔诚度、政治伊斯兰支持度、对自由主义的排斥度）的测量及描述见表 1。

表 1　宗教认知维度：变量和描述性统计

变量名称	变量原问题	原回答	合成方式	样本数	均值	标准差	最小值	最大值
宗教认知								
宗教虔诚度	“你会每日祷告” “你会每日阅读/聆听古兰经或其他经书”	“总是”“常常”“有时”“很少”“从未”	数值加和	8945	4.051	1.978	2	10
政治伊斯兰支持度	“你支持只有伊斯兰政党参选的议会选举” “你支持伊斯兰教法下的政府” “宗教领袖应当干预选民投票” “宗教人士应当保有公职” “宗教认识应当影响政府决策” “宗教不仅限于私人领域，而同样应扩展至公共领域”	“强烈赞同”“赞同”“反对”“强烈反对”	因子合成①（KMO = 0.743）	6779	0	0.846	-2.803	1.322
对自由主义的排斥度	“民主是与伊斯兰教义不符的西方政体” “伊斯兰教不允许大学男女混班上课” “穆斯林女性必须戴头巾（Hijab）”	“强烈赞同”“赞同”“反对”“强烈反对”	数值加和	8027	8.558	1.803	3	12

① 因子合成是一种从多个相关变量中提取其共性成分的统计技术。它假定一组具有一定内部依赖性的变量背后存在一个潜在的、假象的共同变量，这个变量被称为因子。通过解线性方程组的方式将这一组变量拆分、重组合成后，可以实现用少量（甚至单个）变量来表征整个变量组，从而达到“降维”目的，以便利用较少的变量进行回归分析。KMO 检验，即凯瑟·梅耶·奥克林检验（Kaiser Meyer Oklin Test），主要通过比较组变量间的简单相关系数与偏相关系数来检验各变量共变性是否适当、因子合成是否可行。一般 KMO 值在 0.6 以上时可以进行因子合成。

（二）经济体验

“经济决定论”是一个在政治学中由来已久的观念，也是冲突研究和恐怖主义研究中涉及最广泛的一个主题。一般传统观点认为，个人贫困和社会总体贫困是引发恐怖主义行动的结构性因素，有不少案例的研究支持这些观点。① 然而，也有相当多的经验研究对经济决定论提出了质疑。② 现有的针对“伊斯兰国”海外招募的研究表明，有大批流入境内的海外“圣战”分子来自区域外经济较好的国家，就参加“圣战”的概率（“圣战”分子人数与穆斯林人口总数之比）而言，来源国的经济条件与其并无显著相关性。③ 然而，当研究视角落在阿拉伯世界域内国家的政治态度上时，则可能与海外流入存在不同的机制。

本文将从“个人经济状况”和“社会总体经济状况”两个侧面来考察经济体验与恐怖主义之间的关联：其一，个人经济状况直接决定了一个人参加恐怖主义行为的物质成本与机会成本，也从侧面反映了个人的社会整合情况和对社会的适应程度。贫困和贫富分化易导致民众对政府的支持减弱。因此，本文提出假设（H2a）：个人经济状况越差的人越易支持“伊斯兰国”。其二，一般来说，一国总体经济的繁荣在很大程度上意味着国

① Edward Miguel, Shanker Satyanath and Ernest Sergenti, “Economic Shocks and Civil Conflict: An Instrumental Variables Approach,” *Journal of Political Economy*, Vol. 112, No. 4 (2004), pp. 725 - 753. 此文对这些文献进行了很好的综述。

② James A. Piazza, “Rooted In Poverty?: Terrorism, Poor Economic Development, and Social Cleavages,” *Terrorism and Political Violence*, Vol. 18, No. 1 (2006), pp. 159 - 177; Alan B. Krueger and Jitka Malečková, “Education, Poverty and Terrorism: Is There a Causal Connection?” *Journal of Economic perspectives*, Vol. 17, No. 4 (2003), pp. 119 - 144.

③ Efraim Benmelech and Esteban F. Klor, “What Explains the Flow of Foreign Fighters to ISIS?” *Terrorism and Political Violence* (2018), pp. 1 - 24.

有与私人部门对民众有着更好的就业吸纳度、民众获得更多生活资源进而改善对政治和政府的态度以及较弱的民众对反政府或暴力组织的支持度。相应地，糟糕的国内经济表现则更易使民众产生不满，甚至迫使民众转投反政府或暴力组织。因此，本文提出假设（H2b）：对所在国社会总体经济状况不满的人更易支持“伊斯兰国”。对以上两个假设中的“个人经济状况”与“社会总体经济状况”两个变量的测量及描述见表2。

（三）政治环境

正如冲突研究领域中的经典议题“贪婪还是不满”（Greed or Grievance）所指出的那样，促使个体参与冲突的重要结构性因素之一，是对政治和社会现状的不满。[①] 阿拉伯国家在20世纪独立后，长期处于强国家弱社会背景下的威权统治中。在西亚北非局势动荡中，各国爆发的大规模集体行动也直接与诸多国家政治公信力、绩效和回应性不足、腐败横生有关。这些集体行动所引发的冲突与地区动荡，不仅为“伊斯兰国”的崛起提供了如科利尔（Paul Collier）和霍埃弗勒（Anke Hoettler）所描述的政治机会结构，也动员了一大批心怀不满的民众。[②]

① 关于“greed or grievance”的讨论，可参见 Paul Collier, Anke Hoeffler and Dominic Rohner, “Beyond Greed and Grievance: Feasibility and Civil War,” *Oxford Economic Papers*, Vol. 61, No. 1 (2009), pp. 1 – 27。

② Paul Collier and Anke Hoeffler, “Greed and Grievance in Civil War,” *Oxford Economic Papers*, Vol. 56, No. 4 (2004), pp. 563 – 595.

表 2　经济体验维度：变量和描述性统计

变量名称	变量原问题	原回答	合成方式	样本数	均值	标准差	最小值	最大值
经济体验								
个人经济状况	“如何评价你的家庭经济状况?”	“很好”“好”“不好”“很差”	单变量	8957	2.494	.774	1	4
社会总体经济状况	“你对当前你的国家经济状况判断如何?” “你对五年前你的国家经济状况的评价?” “你对两三年后你的国家经济状况的评估?”	“很好”“好”“不好”“很差” “变得更好”“略有变好”“不变”“略有变差”“变得更差”	数值加和	7562	8.506	2.263	3	14

在叙利亚、利比亚的内战和伊拉克的疲软国家能力的衬托下，“伊斯兰国”短期内的有效治理、其对领土内秩序的维持使其获得了一定的政治合法性。作为当代“正统”的“哈里发国”，“伊斯兰国”的政治动员包括号召全世界穆斯林移居“哈里发国”，这为对本国政府不满的民众提供了一个改善政治境况的选择，进而促使他们选择支持“伊斯兰国”。因此，本文提出一组假设（H3a）：对政府机构不信任、对政府执政绩效不满、对政府回应性存在不满、感受到腐败、缺乏安全感的个人更易选择支持“伊斯兰国”。

尽管西亚北非局势动荡的一个重要诱发因素是阿拉伯诸国长期威权政体下政治自由的缺乏，但是对于世俗派、什叶派和非极端逊尼派而言，“伊斯兰国”在政治自由方面是一个比任何世俗威权政府更坏的选择。由此，本文提出假设（H3b）：更重视政治自由的个人更不易支持“伊斯兰国”。对政治环境维度两个假设中对应的一系列自变量（政府公信力、执政绩效、腐败程度、个人安全感、政治自由度、政府回应度）的测量及描述见表3。

（四）社会文化认知

本莫拉克和科勒尔曾在研究中将西方国家流入“伊斯兰国”的圣战者的主要动机解释为无法融入西方社会。[①] 阿尔贝托·阿莱希纳（Alberto Alesina）和艾莉亚那·拉·费拉拉（Eliana La Ferrara）也在其经典文献中揭示了社会信任缺失与社会分裂和极端

① Efraim Benmelech and Esteban F. Klor, “What Explains the Flow of Foreign Fighters to ISIS?” *Terrorism and Political Violence* (2018), pp. 18 – 21.

表 3　政治环境维度：变量和描述性统计

变量名称	变量原问题	原回答	合成方式	样本数	均值	标准差	最小值	最大值
政治环境								
政府公信力	“你对政府行政机关信任度如何?” “你对司法系统信任程度如何?” “你对议会立法机关信任度如何?” “你对警察信任度如何?” “你对军队信任度如何?” “你对政党信任度如何?”	“非常信任”“信任”“不信任”“非常不信任”	因子合成（KMO = 0.775）	7349	0	0.906	-2.088	1.594
执政绩效	“你认为政府在治理经济方面表现如何?” “你认为政府在创造就业方面表现如何?” “你认为政府在缩小贫富差距方面表现如何?” “你认为政府在提高卫生服务方面表现如何?” “你认为政府在稳定物价方面表现如何?” “你认为政府在保障国家安全方面表现如何?” “你认为政府在满足教育需求方面表现如何?”	“很好”“好”“不好”“很差”	因子合成（KMO = 0.872）	7570	0	0.902	-2.959	2.989
腐败程度	“你认为国家机构中有多大程度的腐败?”	“很大”“一定”“少许”“没有”	单变量	8122	1.595	0.784	1	4

续表

变量名称	变量原问题	原回答	合成方式	样本数	均值	标准差	最小值	最大值
政治环境								
个人安全感	“你是否感到你和你家人的安全得到了保证?”	“完全的保障”“有保障”“没有保障”“彻底没有保障”	单变量	8983	2.104	0.902	1	4
政治自由度	“你认为言论自由得到了多大程度的保证?” “你认为媒体自由得到了多大程度的保证?” “你认为参加政党自由得到了多大程度的保证?” “你认为游行示威自由得到了多大程度的保证?” “你认为结社自由得到了多大程度的保证?”	“完全的保障”“有保障”“有限的保障”“没有保障”	因子合成（KMO = 0.786）	7276	0	0.904	-1.424	1.895
政府回应度	“政府公务员关注公民的需求” “政治领导人关注一般公民的需求”	“强烈赞同”“赞同”“反对”“强烈反对”	数值加和	8027	5.481	1.478	2	8

行为之间的因果联系。[①] 因此，对于“支持恐怖组织”这种带有强烈分裂性的政治态度，考察个人的“社会信任”（social trust）就显得尤为必要。因此，本文提出假设（H4a）：对周边社会抱有不信任感的个人更易支持“伊斯兰国”。

而另一方面，“伊斯兰国”本身的诞生在很大程度上植根于历史长期积累下来的什叶—逊尼的教派对立，其宗教意识形态对非穆斯林和什叶派穆斯林存在强烈排斥。因此，对异己的包容程度也可能直接影响民众对“伊斯兰国”的态度。由此，本文提出假设（H4b）：对异己包容程度更低的人更易支持“伊斯兰国”。

从本质上说，“伊斯兰国”所强调的“乌玛共同体”也是一种超越民族国家边界的全球共同体叙事，这与当前西方主导的全球化叙事形成了竞争，而“伊斯兰国”承袭自“基地”组织的强烈的反西方传统更进一步加剧了这种对立。但需要注意的是，尽管今日的全球化主要是西方秩序和价值的全球传播，但这种全球化同样带来了伊斯兰共同体所希望看到的景观，如南亚、中东北非和撒哈拉以南非洲的地区内整合（如今日海湾国家就存有数量庞大、甚至超过本国人口的南亚穆斯林移民劳工）。因此，尽管“伊斯兰国”的支持者和潜在支持者在“反西方”方面可能具有很强的共性，但在“全球化”方面可能并不存在此类单一影响。本文由此提出一对假设，即假设（H4c）：对西方国家和世界更排斥的个人更易支持“伊斯兰国”，以及假设（H4d）：对全球化的态度并不单向影响个人对“伊斯兰国”的支持。对以上四个假设中的“社会信任”“个体包容度”“对西方的态度”及“对全球化的程度”四个变量的测量及描述见表4。

---

① Alberto Alesina and Eliana La Ferrara, “Who Trusts Others?” *Journal of Public Economics*, Vol. 85, No. 2 (2002), pp. 207 – 234.

表 4　社会文化认知维度：变量和描述性统计

变量名称	变量原问题	原回答	合成方式	样本数	均值	标准差	最小值	最大值
社会文化认知								
社会信任度	“一个人若信任身边每个人，那只是自找麻烦”	“强烈赞同”“部分赞同”“不赞同也不反对”“部分反对”“强烈反对”	单变量	8961	2.109	1.253	1	5
个体包容度	“你是否反感不同宗教人士做你的邻居?” “你是否反感不同族群人士做你的邻居?” “你是否反感移民或外国劳工做你的邻居?” “你是否反感不同伊斯兰教派人士做你的邻居?”	“非常接受”“接受”“不关注”“反感”“非常反感”	因子合成（KMO = 0.738）	7613	0	0.85	-2.148	2.469
对西方的态度	“你是否赞同：美国和西方文化有其积极的一面?”	“强烈赞同”“赞同”“反对”“强烈反对”	单变量	8070	2.092	0.833	1	4
对全球化的化态度	“世界各地的联系正在增强，这是好事还是坏事?”	“极好”“或许很好”“不好不坏”“或许不好”“极坏”	单变量	8745	2.179	1.144	1	5

三、数据与变量

（一）数据来源："阿拉伯晴雨表"（2016－2017 年第四轮调查）

"阿拉伯晴雨表"（Arab Barometer）是一项由普林斯顿大学牵头，密歇根大学、卡塔尔大学、约旦大学等高校和研究机构的一批资深阿拉伯学者合作进行的一项针对阿拉伯世界民众的政治、经济、社会价值与态度的调查项目。[①] 自 2006 年以来，一共进行了四轮调查，其中第四轮调查于 2016－2017 年进行，首次覆盖了民众关于"伊斯兰国"的态度问题。该调查数据库此前主要被用于研究阿拉伯民众对民主的态度、对宗教宽容的态度以及对性别和妇女问题的态度。[②] 第四轮调查采用了具有国家代表性的成年人口样本，覆盖了阿尔及利亚、埃及、约旦、黎巴嫩、摩洛哥、突尼斯和巴勒斯坦七个国家的民众（每国 1200 人），另外还包含了一部分黎巴嫩和约旦的叙利亚籍民众（各 300 人），样本总量 9000 人。数据库中的数据主要为主观态度数据，其中大部分是定序变量，一般分为三至五个类别，多覆盖"完全赞同"至"完全不赞同"；也有部分主观态度数据为二分变量，即"是/有"和"否/无"。此外，数据库中还有部分涉及地域、教育状况、年龄等变量的客观条件数据，主要为字符和离散型数值变量。

① 详见阿拉伯晴雨表数据库官网：http：//www. arabbarometer. org（上网时间：2020 年 3 月 25 日）。

② 详见 http：//www. arabbarometer. org/publications/published－papers/page/3/（上网时间：2020 年 3 月 25 日）。

表 5　被解释变量的操作化与描述性统计

变量原问题/解释	变量名称	变量取值	样本数	均值	标准差	最小值	最大值
“你认为，‘伊斯兰国’的行为在多大程度上符合伊斯兰的教诲?”	教义合规度	4　当然代表真伊斯兰 3　代表真伊斯兰 2　不代表真伊斯兰 1　当然不代表真伊斯兰	7595	3. 794	0. 614	1	4
“你在多大程度上赞同‘伊斯兰国’的目标?”	目标认可度	4　相当同意 3　部分地同意 2　部分地不同意 1　相当不同意	7667	3. 895	0. 41	1	4
“你在多大程度上支持‘伊斯兰国’对暴力的使用?”	暴力认可度	4　相当赞同 3　部分地赞同 2　部分地不赞同 1　相当不赞同	7697	3. 91	0. 398	1	4

续表

变量原问题/解释	变量名称	变量取值	样本数	均值	标准差	最小值	最大值
简单求和合成变量。	加成支持指数	= 教义合规度 + 目标认可度 + 暴力认可度	7547	11.602	1.155	3	12
因子分析合成变量	合成支持指数	= 合成分析（教义合规度 + 目标认可度 + 暴力认可度）	7547	0	0.828	-6.536	.265
二分变量，在教义合乎度、目标认可度和暴力认可度上至少支持一项	浅度支持指数	0 教义合规度、目标认可度和暴力认可度至少有一个为1或2 1 教义合规度、目标认可度和暴力认可度均为3或4	7547	0.071	0.257	0	1
二分变量，由支持指数决定	深度支持指数	0 支持指数≤6 1 支持指数>6	7547	0.013	0.112	0	1

（二）被解释变量：对“伊斯兰国”的支持情况

本文选取了第四轮调查中关于民众对“伊斯兰国”支持程度的三个问题，即“教义合规度”“目标认可度”和“暴力认可度”。

1. 教义合规度：“To what extent do you believe Daesh's tactis are compatible with the teachings of Islam?”（“你认为‘伊斯兰国’的行为在多大程度上符合伊斯兰的教诲?”）

2. 目标认可度：“To what extent do you agree with the goals of Daesh?”（“你在多大程度上赞同‘伊斯兰国’的目标?”）

3. 暴力认可度：“To what extent to do you support Daesh's use of violence? ”（“你在多大程度上支持‘伊斯兰国’对暴力的使用?”）

这三个问题的答案均为有序变量，其具体的测量及描述性统计的结果见表5。基于这三个原始问题，本文创建了四个支持指数：“加成支持指数”“合成支持指数”“浅度支持指数”“深度支持指数”。为了从不同视角整体地反映民众在不同程度上对“伊斯兰国”的支持，前三个支持反映的是对“伊斯兰国”一般性的支持，或者说较低要求的支持，而“深度支持指数”对“支持”的定义门槛则更高。

“加成支持指数”—— 由三个原始变量经数值加和而成的量，数值越大则表明个体对“伊斯兰国”支持程度越深。

“合成支持指数”—— 经KMO检验，三个基础变量的KMO值为0.655，符合进行因子合成的要求，基于这三个基础变量的因子分析合成了一个新的变量，代表受访者对“伊斯兰国”的综合支持水平。

“浅度支持指数”—— 二分变量，在“教义合规度”“目标认可度”和“暴力认可度”三个问题上至少有一项是赞同或部分赞同时（即“加成支持指数”≥3），“浅度支持指数”取值为1，否则为0，该变量是对民众的支持态度最低程度的定义。

“深度支持指数”—— 二分变量，在“教义合规度”“目标认可度”和“暴力认可度”三个问题上至少有两项表示同意时（即“加成支持指数”≥6），“深度支持指数”取值为1，否则为0，该变量反映了民众对“伊斯兰国”更深层次的支持。

（三）解释变量和控制变量

如前文所述，影响阿拉伯民众对“伊斯兰国”的支持度的自变量包含：宗教认知（宗教虔诚度、对自由主义的排斥度、政治伊斯兰支持度）、经济体验（个人经济状况、社会总体经济状况）、政治环境（政府公信力、执政绩效、腐败程度、个人安全感、政治自由度、政府回应度）、社会文化认知（社会信任度、个体包容度、对全球化的态度、对西方的态度），共四个维度、十五个类别，亦即十五个变量。

这些类别的操作化主要有三类：第一类直接采纳了单个问题的信息作为变量；第二类针对一组问题进行了基于因子分析的合成，以合成结果为变量；第三类则是针对一组问题进行了数值加和，以加和结果为变量。所有合成原问题的回答的数值都以最小值为最强正面答复，最大值为最强负面答复。

此外，本文还采用了年龄、性别（是否为男性）和教育程度（文盲、小学、初中、高中、大学、硕士及以上依次排列）三个变量作为控制变量。各自变量之间的相关性见图1。总体来说，除了政治环境维度的相关变量呈现较高的相关性外，其他变量的相关系数都比较低。

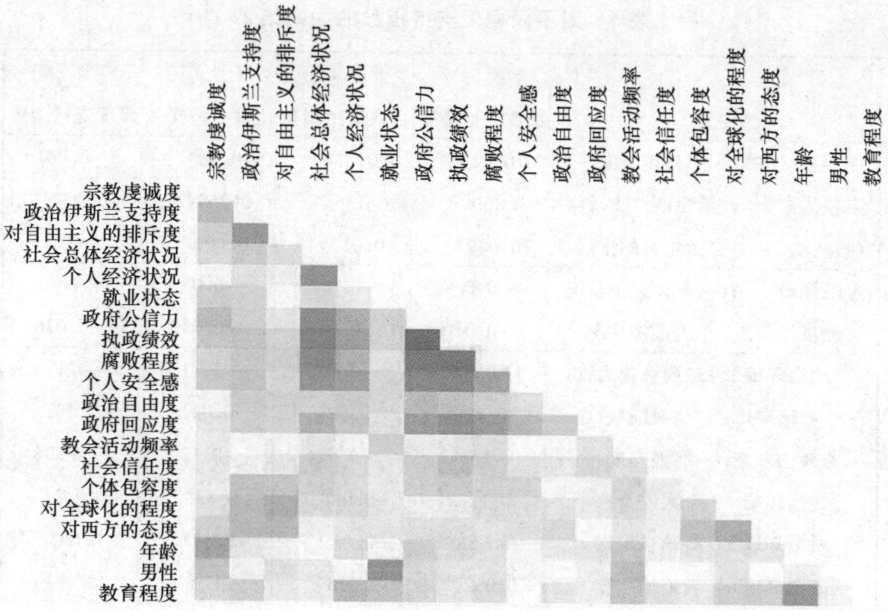

图1　变量之间的相关系数图

注：相关系数∈［-0.40，0.54］，颜色越深代表相关性越高。总体而言，除了政治环境维度的相关变量呈现较高的相关关系外，其它变量的相关系数都比较低。

四、回归结果及其分析

（一）对“伊斯兰国”提供不同程度支持的成因分析

表6是四个基础模型的回归统计结果。模型（1）、（2）分别以“加成支持指数”和“合成支持指数”两个连续性变量为因变量，进行线性回归。模型（3）、（4）分别以“浅度支持”“深度支持”两个二分变量为因变量，进行逻辑（Logistic）回归。

表6　对不同程度支持指数的回归结果

变量	模型（1）加成支持指数	模型（2）合成支持指数	模型（3）浅度支持指数	模型（4）深度支持指数
宗教认知1：宗教虔诚度	-0.029 ***	-0.018 ***	-0.083 ***	-0.081
宗教认知2：政治伊斯兰支持度	0.159 ***	0.136 ***	0.258 ***	0.825 ***
宗教认知3：对自由主义的排斥度	0.029 **	0.017 **	0.091 **	0.012
经济体验1：社会总体经济状况	-0.009	-0.005	-0.053	0.084
经济体验2：个人经济状况	-0.016	-0.016	-0.030	-0.076
政治环境1：政府公信力	-0.046	-0.030	-0.118	-0.155
政治环境2：执政绩效	0.029	0.024	0.021	0.191
政治环境3：腐败程度	-0.042	-0.026	-0.122	-0.128
政治环境4：个人安全感	-0.128 ***	-0.088 ***	-0.333 ***	-0.230
政治环境5：政治自由度	-0.088 ***	-0.059 ***	-0.171 **	-0.655 ***
政治环境6：政府回应度	0.032 **	0.020 **	0.121 **	0.161
社会文化认知1：社会信任度	-0.050 ***	-0.031 ***	-0.139 ***	-0.086
社会文化认知2：个体包容度	0.072 ***	0.053 ***	0.144 *	0.326 *
社会文化认知3：对全球化的态度	-0.033 *	-0.023 *	-0.072	-0.051
社会文化认知4：对西方的态度	0.110 ***	0.077 ***	0.306 ***	0.585 ***
控制变量1：年龄	-0.0001	0.001	-0.006	-0.001
控制变量2：性别	-0.082 **	-0.070 ***	-0.320 **	-0.559
控制变量3：教育	0.005	0.003	0.009	0.064

注：*** $p<0.01$，** $p<0.05$，* $p<0.1$

第一，关于“宗教认知”维度的影响，如表6中模型1-3的结果所示，与假设的预期截然相反，“宗教虔诚度”变量与衡量对“伊斯兰国”的态度的两个总和指标（即“加成支持指数”和“合成支持指数”）以及“浅度支持指数”有显著的负相关关系，然而在模型4中，其与“深度支持指数”的关系却并非如此。这是一个与大众观念相左的重大发现，至少有两层启示意义：其一，“宗教虔诚度”的系数为负意味着更虔诚、祷告和读经更勤的信众更不支持“伊斯兰国”。一种可能的解释是，虔诚的个人往往与本地清真寺、本地阿訇和本地穆斯林群体有更紧密的联系，这种情况下，作为外来宗派的圣战萨拉菲主义也就更难渗入该个体的生活中。其二，“宗教虔诚度”与“深度支持指数”的非显著关系意味着，高度支持“伊斯兰国”的民众的意识形态组成可能非常复杂，与其宗教虔诚度没有必然联系。既有非常虔诚的穆斯林，也有不太虔诚的穆斯林，这意味着将伊斯兰信仰等同于极端主义、恐怖主义是错误的成见。

“对自由主义的排斥度”和“对‘伊斯兰国’的支持度”之间的关系同样呈现出与“宗教虔诚度”类似的规律——模型1－2的两个综合支持指标和模型3的“浅度支持指数”与个体对自由主义观念的排斥联系在一起，这与假设H1b一致。然而，模型4中的“深度支持指数”却与个体对自由主义的排斥没有显著相关关系。这意味着，在深度支持“伊斯兰国”的人群中，可能存在不少并不排斥自由主义价值的个人，从而再一次印证了“伊斯兰国”的深度支持者（相比一般支持者）在价值观上的多样性。

在宗教认知维度的三个测量指标中，“政治伊斯兰支持度”拥有最为显著且一致的影响，与四个支持都呈现高度正相关，且支持程度越高、相关系数越高，这符合假设H1c的预测以及学界和舆论界对“伊斯兰国”的普遍看法——对政教合一观念支持程度越高的人往往对“伊斯兰国”有更高的支持度。

第二，关于“经济体验”维度的影响，假设H2a和假设H2b都没有得到证实。两项经济变量都没有对四个支持指数产生足够显著的影响，这与以往反驳经济决定论的文献结论相吻合。在经济因素与对“伊斯兰国”的支持之间存在更加复杂的因果机制，需要借助更多的经验材料进行研究。

第三，关于“政治环境”个人体验的影响，出乎意料的是，

“政府公信力”“政府执政绩效”和“腐败现象”都与支持“伊斯兰国”没有显著联系，这与假设H3a的预期完全不一致。这可能是因为这些现象在阿拉伯世界的长期存在，使得它们早已成为民众生活中的常态，故而难以成为一个刺激民众转向支持“伊斯兰国”的新因素。

“政府回应度”的影响也同样出人意料：虽然它对“深度支持指数”没有显著影响，但对三个一般性支持指标的影响都具有显著性（p值为0.05），这意味着感知到政府回应度越高的个体反而越容易产生对“伊斯兰国”的一般性支持或者浅层支持，这可能与“伊斯兰国”作为一个实体治理机构的特性有关系，其背后原因还需进一步研究。

在“安全感”方面，再一次出现了此前反复出现的现象——两个综合支持指标和“浅度支持指数”与个人安全的感知呈负相关，即越感到生活受到威胁的人越易对“伊斯兰国”产生一般性支持，而深度支持者却并无此规律。

“政治自由度”的回归结果则与假设H3b一致，即越支持政治自由的人越不易对“伊斯兰国”产生支持。

第四，关于“社会文化认知”的影响，“社会信任度”和“对西方文化的认可度”都与支持度产生了足够显著而符合假设的相关性：个体对周遭社会信任程度越低，该个体越易产生对“伊斯兰国”的浅度或一般支持（然而深度支持仍然没有足够显著联系）；而越欣赏西方文化的个体越难以对“伊斯兰国”产生认同。此外，全球化观点与对“伊斯兰国”支持间不存在显著联系，也支持了最初的假设。

“社会文化认知”维度上一个值得注意的发现是“个体包容度”的正效应，即包容度越高的个体反而越易产生对“伊斯兰国”的支持，这与假设H4b的预期恰恰相反。为了解释这一现象，本文将合成变量“社会文化认知2：个体包容度”还原为原来的四个基础变量，即“对不同宗教的包容”“对不同种族的包容”“对移民和外来劳工的包容”以及“对不同教派的包容”，并以“加成支持指数”“浅度支持指数”和“深度支持指数”为因变量进行回归。

研究结果显示“伊斯兰国”的浅度和一般支持者往往更愿意包容不同族群的他人，而在另一方面却也更易仇视其他教派。这为前文包容度的问题提出了一种可能的解答——伊斯兰的“乌玛共同体”本身是一种超越民族国家和族群边界的“世界主义式”的意识形态，也正因此，它可以支撑“伊斯兰国”吸纳来自全世界各地各族的逊尼派穆斯林信众成为圣战者。支持“伊斯兰国”与“包容不同族群”是可共存甚至相适应的，因为族群边界是位于“乌玛共同体”内部的亟待被其消解的对象；而另一方面，“伊斯兰国”版本的“乌玛共同体”外部边界恰恰首先是由逊尼派和什叶派的教派边界构成的，因此教派对立被自然地凸显了出来。

此外，关于三个控制变量的影响，只有性别变量与对“伊斯兰国”的一般性支持度存在显著联系：男性比女性更倾向于支持“伊斯兰国”。

（二）对“伊斯兰国”提供不同类别的支持的成因分析

表7的模型5－7分别以“教义合规度”“目标认可度”和“暴力认可度”三个四分类的定序变量为因变量，采用定序逻辑（Ordered Logisitc）回归模型，进一步分析了可能影响阿拉伯民众对“伊斯兰国”不同类别的支持的潜在因素。

表 7　对不同类别支持指数的定序逻辑回归结果

变量	(5) 教义合规度	(6) 目标认可度	(7) 暴力认可度
宗教认知 1：宗教虔诚度	-0.093***	-0.086*	-0.106**
宗教认知 2：政治伊斯兰支持度	0.200**	0.665***	0.590***
宗教认知 3：对自由主义的排斥度	0.111***	0.106*	0.120**
经济体验 1：社会总体经济状况	-0.016	0.009	-0.028
经济体验 2：个人经济状况	0.001	-0.076	-0.004
政治环境 1：政府公信力	-0.208*	-0.227	-0.296*
政治环境 2：执政绩效	-0.013	0.144	0.247*
政治环境 3：腐败程度	-0.103	-0.164	-0.226*
政治环境 4：个人安全感	-0.330***	-0.326***	-0.446***
政治环境 5：政治自由度	-0.199**	-0.140**	-0.287**
政治环境 6：政府回应度	0.139***	0.095	0.057
社会文化认知 1：社会信任度	-0.185***	-0.187***	-0.090
社会文化认知 2：个体包容度	0.105	0.189*	0.320***
社会文化认知 3：对全球化的态度	-0.089	-0.162*	-0.154*
社会文化认知 4：对西方的态度	0.268***	0.281**	0.306**
控制变量 1：年龄	-0.003	0.013*	0.005
控制变量 2：性别	-0.046	-0.363*	-0.248
控制变量 3：教育	-0.015	-0.028	-0.072

注：*** $p<0.01$，** $p<0.05$，* $p<0.1$

在“宗教认知”维度上，“宗教虔诚度”仅与“对教义合规度”的支持产生有限的负相关，即越虔诚的人越不认可“伊斯兰国”是符合伊斯兰教法的组织。“政治伊斯兰支持度”与“对教义合规度”没有足够稳定的显著性联系，却与“对‘伊斯兰国’的目标和暴力的认可”产生了显著的正效应。这表明，持有鲜明的政教合一立场的个体往往更易赞同“伊斯兰国”的目的和实现目的的暴力手段，却不一定认为“伊斯兰国”是一个恰当的、符合伊斯兰教义的组织。“对自由主义的排斥度”仅仅与“‘伊斯兰国’的教义合规度”有一定的相关性，却并不与“对其目标或暴力手段的认可度”有相关性。

在“经济体验”维度上，两项经济条件依然没有任何显著相关性。

在“政治环境”维度上，各变量的总体情况与表6模型1－4基本一致。“政府公信力”、“执政绩效”和“腐败现象”的影响并不显著；“个人安全感”与“政治自由度”同样产生了与模型1－4相类似的相关关系；而“政府回应度”则也同样产生了不够稳定但却出人意料的影响。

在“社会文化认知”维度上，对周遭社会信任度更高的人更难对“伊斯兰国”的教义和目标产生认可，但这种联系却并不影响其对暴力的认可。“个体包容度”和“对西方的态度”则同样产生了与模型1－4相近的诧异结果：民众的包容度越高，越可能支持“伊斯兰国”的教义、目的和暴力手段。

最后，在控制变量中，在“目标认可度”和“暴力认可度”上，男性比女性表现出更大程度的支持，但是在“教义合规度”上，这一差异在统计上并不明显。

总体而言，阿拉伯民众个体对“伊斯兰国”的认知与政治态度是可以被拆分的。在其中，教义、目标与暴力行为三方面所获得的支持情况略有所不同。

结 语

综上所述，“经济体验”与“政治环境”两个维度上的因素对“阿拉伯世界民众是否支持‘伊斯兰国’”的影响并不十分显著，尤其是个人的经济体验、国家的整体经济状况以及政府的执政表现。相对而言，“宗教认知”和“社会文化认知”两个维度上的因素与支持“伊斯兰国”有更加明确且显著的联系。

基于以上分析，本文可以为“伊斯兰国”在阿拉伯世界的支持者勾勒出一幅简略的速写图，其类似于一般大众的观点：“伊斯兰国”的支持者者往往是男性，且更支持政教合一的政治伊斯兰理念、更反对现代意义上的各类政治自由、对西方世界和文化抱有更加负面的态度、更加缺乏安全感、更少信任周遭社会，也抱有更强的宗派观念。然而，“伊斯兰国”的支持者还有着一些与常识不符的特质：基于“阿拉伯晴雨表”的调查结果，不支持“伊斯兰国”者往往比支持者要更虔诚；在对待“他者”（即来自不同宗教、教派、不同种族、不同国家的人）的问题上，支持者则反而比不支持者显得更包容。

更重要的是，“伊斯兰国”的两类支持者——一般支持者与深度支持者——在许多因素上都表现出了显著差异。相比一般支持者的对自由主义观点的排斥、个人安全感的缺乏、对周遭社会信任的缺失、对异族的包容和对其他宗派的敌视；“伊斯兰国”的深度支持者与这些因素并没有显著联系，这说明“伊斯兰国”的深度支持者可能存在着与一般支持者完全不同的政治态度形成机制。事实上，前人在关于“伊斯兰国”海外招募的经验研究中就已发现，被“伊斯兰国”所吸引并付诸“圣战”行动的，往往并非最虔诚、最典型的伊斯兰教极端分子，许多海外“圣战者”事实上对伊斯兰教仅有最基本的了解，而促使他们前往叙利亚和伊拉克参战的常常是其他原因，比如，社会融入的失败、失业或是想要追求刺激。①

本文旨在对“阿拉伯晴雨表”的调查数据进行回归，但在抽样过程、问卷访谈以及统计分析等方面，仍然存在非典型性、有偏性、主观性等问题，这是所有基于调研数据开展的经验研究或多或少存在的问题，因而无法为因果推断提供充足支撑，更无法替代个案研究、历史分析等其他研究方法所提供的证据。应该说，本项研究恰恰急需这类研究方法提供补充性的经验支持。即便如此，本文的发现足以为进一步研究提供启发性线索。比如，对于阿拉伯民众而言，他们对“伊斯兰国”的支持既可能源于安全感的丧失、对西方世界的排斥、对什叶派的仇视等传统原因，也可能源于与海外圣战分子类似的动机（如社会融入的困难或失败）。而一些经济、政治与社会因素，如经济条件优劣、政府治理绩效、政府公信力和腐败状况等，与阿拉伯民众对“伊斯兰国”的支持并无显著相关性。显然，其中存在更复杂的因果机制，需要借助更多的历史和经验材料进一步发掘。

尽管“伊斯兰国”在叙利亚和伊拉克的实体已经被消灭，但它留下的阴影仍在游荡。近年来，该组织死灰复燃的迹象更让全球反恐的警钟长鸣不已。此前，全球各地宣布向其效忠的极端组织仍活跃在从苏尔特到棉兰老岛的广大伊斯兰世界中，圣战萨拉菲主义的意识形态也远未过时。“后伊斯兰国”时代的伊拉克仍难摆脱宗派势力缠斗的困境，对于曾使“伊斯兰国”

① 参见 Jytte Klausen，“Tweeting the Jihad：Social Media Networks of Western Foreign Fighters in Syria and Iraq，” *Studies in Conflict & Terrorism*，Vol. 38，No. 1（2015），pp. 1－22；Efraim Benmelech and Esteban F. Klor，“What Explains the Flow of Foreign Fighters to ISIS?” *Terrorism and Political Violence*（2018），pp. 1－24 和 Walid Magdy，Kareem Darwish and Ingmar Weber，“#FailedRevolutions：Using Twitter to Study the Antecedents of ISIS Support，” *Association for the Advancement of Artificial Intelligence*，2015，https：//arxiv. org/pdf/1503. 02401. pdf（上网时间：2020 年 3 月 25 日）。

生根发芽的逊尼派民众而言，弱势处境仍难改变，伊拉克和叙利亚的和平与繁荣在短期之内仍然是一个遥不可及的梦。[1] 因此，本文是一项适时的、具有理论和现实意义的研究，能为发掘“伊斯兰国”的支持网络以及部署全球反恐行动（尤其是打击“伊斯兰国”的行动）提供参考。

① Jacob Erikson and Ahmed Khaleel, *Iraq After ISIS: The Challenges of Post - War Recovery* (New York: Palgrave MacMillan, 2018), pp. 128 - 130.

宗教与全球水资源管理

——以世基联普世水网络为例

• 蒋海然

[内容提要] 全球水治理网络大致可分为水务巨头主导的精英网络和水人权倡议组织主导的草根网络，这两张网络在国际舞台上既针锋相对又相互交织，体现了卡尔·波兰尼所阐述的经济自由主义和社会保护主义之间的相互作用。在全球水治理中，作为重要社会力量的宗教的地位和作用值得世人深入考察。通过对全球水治理网络的社会网络分析可以发现，宗教组织在全球水治理的整体网中总体处于边缘地位，但世界基督教教会联合会旗下的普世水网络作为连接水人权倡议草根网络与更大的全球水治理网络的桥梁，发挥了特殊的重要作用。通过研究对以普世水网络为中心的伙伴关系网络可以发现，普世水网络及其合作伙伴形成了同质性高、凝聚力强、跨国性强的网络。实际上，抵制水务私有化的水人权倡议运动，往往和反对新自由主义全球化的“别样的全球化运动”联系在

一起。普世水网络宣扬水是公共产品的的观念、推动水人权的实现，是世基联追求“关注人与地球的别样的全球化”的一部分，其根本目的在于否定所有权模式的财产观，进而使新自由主义的经济安排丧失合法性。

[关键词] 全球水治理　水务私有化　水人权倡议　普世水网络　别样的全球化

水务曾被称作世界上“尚未私有化的最后一个领域”（the last frontier of privatization），然而，自20世纪80年代末以来，私营部门也逐渐参与到水务管理与治理之中，水务公司的权力日益扩张，人类社会似乎正向以“水务私有化”为特征的“第三个水时代”迈进。在此背景下，一些社会组织、倡议网络提出水人权（Human right to water）概念，旨在反对水务私有化，倡导将水视为公共物品（commons）而非商品（commodity），将水人权视为同食物权一样的基本人权。抵制水务私有化的水人权倡议运动可以被视为“别样的全球化运动”的一部分。该运动反对新自由主义全球化，倡导经济正义和环境保护。本文试图探讨宗教在水人权倡议运动乃至全球水资源管理与治理网络中的地位和作用。首先，拟运用卡尔·波兰尼（Karl Polanyni）的双重动向（double movement）理论简析水人权倡议运动乃至别样的全球化运动的成因。其次，力图从社会网络的视角，勾勒全球水管理与治理的精英网络和草根网络的形成过程和互动交锋，并通过社会网络分析，探讨宗教组织在其所嵌入的全球水治理整体网中的地位。再次，试图选取在全球水治理网络中最为重要的宗教组织进行个案分析和个体中心网分析，厘清宗教在水人权倡议运动中如何发挥作用。最后，将总结宗教在水人权倡议中的作用，并简要说明水人权倡议运动的得失和前景。

一、别样的全球化与第三个水时代

别样的全球化运动（Alternative Globalization Movement），是近年来在国际范围内形成的一种“寻找另一种全球化替代目前资本主义主导的全球化”的社会运动。该运动由庞大的社会网络构成，包含农民运动人士、下层阶级、南方国家的小资产者、工业国家的穷人及不稳定的受薪者、工会工人与教师、消费者团体、学者、青年、环保运动者、反战者、女性主义者、民族主义者、凯恩斯主义者与无政府主义者等，它以社会价值与环境议题为诉求，并反对所谓“新自由主义全球化”的经济逻辑，致力于在全球范围内实现民主、公正、和平与人权，保护环境和争取有节制的、团结的全球化。① 这项运动可以追溯到20世纪70年代发生在秘鲁、利比亚、加纳、牙买加和埃及等地的反国际货币基金组织示威。在1999年反对世界贸易组织的“西雅图斗争”后，该运动受到广泛关注。②

尽管新自由主义全球化不完全符合自律性市场原则，然而卡尔·波兰尼对于“内生性”的解释仍然有助于理解别样的全球化运动的兴起。波兰尼认为，经济本身并非一个自主体，而是嵌含在政治、宗教及社会关系当中。自律性市场的信念蕴涵

① 刘洋：“‘替代全球主义运动’——反全球化运动发展的一个新视角”，载《中共宁波市委党校学报》，2011年第6期，第52页；Heather Gautney, *Protest and Organization in the Alternative Globalization Era: NGOs, Social Movements, and Political Parties* (New York: Palgrave Macmillan, 2010), pp. 39–46.

② *Protest and Organization in the Alternative Globalization Era: NGOs, Social Movements, and Political Parties*, p. 39.

着一个全然空想的社会体制，若要建立一个完全自律的市场经济，必须将人与自然环境变为商品，而这将导致两者的毁灭。“假如不放弃社会之人性的本质及自然的本质，像这样的一种制度将无法存在于任何时期，它会摧毁人类，并将其环境变成荒野。而无可避免的，社会将采取手段来保护它自己，但不论社会采取哪一种手段都会损伤到市场的自律，扰乱到工业生活，进而以另一种方式危害社会。”① 波兰尼区分了真实商品与虚拟商品（fictitious commodity），真实商品就是为了在市场上销售而生产的物品。根据这一定义，劳动力、土地和资本尽管都是工业生产的基本要素，但都不是真正的商品。“把劳动力、土地及货币看做商品全然是虚拟的”。② 全由市场价格决定自然与人类，是一根本错误。“倘若容许市场机制成为人类之命运、自然环境甚至购买力大小之唯一的主导者，它就会摧毁这个社会。”③ 因此，政府必须管控虚拟商品，成为土地、劳动力、金钱这三个最重要的市场核心。波兰尼对经济从社会中脱嵌极度怀疑，由此提出“双重动向”理论。他认为，市场社会包含两种对立的力量，即主张扩张市场的经济自由主义动向，以及反向而生的防止经济脱嵌的社会保护主义动向，将经济从社会中脱嵌的努力必然会遭遇抗拒。④

一些学者观察到，全球资本主义带来了对财产观念的根本变化。如今，财产的作用不再以维系人类生活为依归，而是以产生金钱收益为导向。可以产生利润的财产已经变成了资本。

---

① ［英］卡尔·波兰尼著、黄树民译：《巨变：当代政治与经济的起源》，北京：社会科学文献出版社，2013 年版，第 52 页。

② 《巨变：当代政治与经济的起源》，第 151 – 152 页。

③ 同上，第 152 页。

④ 同上，第 241 – 242 页。

这种财产观的哲学和概念基础由英国哲学家约翰·洛克（John Locke）奠定，并得到美国宪法的批准。[①] 当今社会大致存在所有权模式（ownership model）和关系性模式（relational model）两种财产观。所有权模式的财产观将财产视为外在于所有者的事物，而财产权则赋予所有者以自己喜欢的方式处置财产的权力；关系性模式将财产理解为本质上具有社会意义的一系列复杂权利，作为商品的财产只是其中的一小部分。[②] 所有财产安排都必须被正当化，这种正当性的赋予不可避免地拥有宗教或类宗教因素。[③] 波兰尼声称，经济自由主义能够成为“世俗性的宗教”。[④] 宗教能够为既有财产安排提供正当性，也能够使现有财产安排丧失正当性。教宗若望保禄二世和南非大主教图图均表达过反对全球资本主义和消费主义的思想，并倡导节制、正义和环境保护。[⑤]

反对水务私有化的运动和其他私有化抗议活动一样，与更广泛的别样的全球化运动相关联。在从地方到全球的各个层面，环境、妇女、反贫困、宗教团体和工会往往一起组成新生的红绿联盟。[⑥] 彼得·格雷克（Peter H. Gleick）划分了三个水时代：在第一个水时代，人类尚未掌握改造水文条件的技术，依靠不可预测的水循环来获取所需水资源。第二个水时代涵盖 19 世纪

① Ulrich Duchrow and Franz J. Hinkelammert, *Property for People, Not for Profit Alternatives to the Global Tyranny of Capital*, translated by Elaine Griffiths with Trish Davie, Michael Marten and Púraic Réamonn (London and New York: Zed Books, 2004).

② Mark Juergensmeyer, ed., *Religion in Global Civil Society* (New York: Oxford University Press, 2006), p. 94.

③ *Religion in Global Civil Society*, pp. 92 – 93.

④ 《巨变：当代政治与经济的起源》，第 249 页。

⑤ *Religion in Global Civil Society*, p. 4.

⑥ Karen Bakker, *Privatizing water: governance failure and the world's urban water crisis* (New York: Cornell University Press, 2010), p. 137.

和20世纪，人类开始超越当地水资源的限制，有意操纵水循环，修建水坝、灌溉渠和废水系统，并制定法律、建立社会体系来管理水资源。这个时代越来越多地采用了现代供水系统，给社会带来了好处，同时，水生生态系统被过度使用所破坏并且受到污染。20世纪80年代以来，世界开始向第三个水时代过渡。[①] 第三个水时代的特征是私营部门参与水和卫生设施的供给（简称水务私有化），水权被纳入新自由主义思想之中。[②] 当前，许多国家面临水短缺、水污染、水灾害和卫生设施匮乏等水危机，并造成性别不平等拉大、各种疾病肆虐、国际水冲突加剧等问题。水务私有化在本世纪初被主流国际发展组织视为水危机的解药，然而，在水人权倡议运动的活动家们看来，水务私有化恰恰是加剧水危机的元凶。针对水的私有化出现了激烈的抗议运动，倡导社区控制水（作为一种公共财产资源）的呼声日益高涨，反对瓶装水的强大运动已经形成。[③] 对于许多反私有化活动家来说，水务私有化是大卫·哈维（David Harvey）所说的“剥夺性积累”行为。[④] 关于水务私有化的成果，主流国际发展机构和反私有化的组织各执一词，成为某种话语权之争。世界银行发表的报告声称，水务公私合营有助于方便民众获取水资源、提高水资源分配效率、改善民众健康状况和增加政府

① Peter H. Gleick, *Bottled and Sold*: *The Story Behind Our Obsession with Bottled Water* (Washington, DC: Island Press, 2010), p. X.

② Ibid.

③ Mangala Subramaniam, *Contesting Water Rights*: *Local*, *State*, *and Global Struggles* (New York: Palgrave Macmillan, 2018), pp. 4–5.

④ ［英］大卫·哈维著、初立忠等译：《新帝国主义》，北京：社会科学文献出版社，2009年版，第120页。

税收。[①] 食物与水观察等反对水务私有化的研究机构则声称，水和卫生设施的私有化导致不负责任、透明度降低、水费提高、分配不均等问题。[②] 一些媒体甚至认为，瓶装水是本世纪最大的谎言之一。[③]

30多年来，水务私有化的支持者和反对者各自构建网络，在国际舞台上展开激烈博弈。本文第二部分试图勾勒全球水务管理和治理的精英网络和草根网络的构建，并从社会网络视角分析宗教在全球水治理中的作用。

二、全球水治理的社会网络分析

由水务巨头主导的精英网络和由反对水务私有化的社会组织主导的草根网络相互交织，构成全球水资源管理与治理网络的整体网。水务巨头资助联合国水资源相关会议和项目，通过世界银行等机构推行水务私有化，并设立正式的全球机构，采

① Philippe Marin, *Public－Private Partnerships for Urban Water Utilities: A Review of Experiences in Developing Countries* (Washington, D. C.: World Bank/Public－Private Infrastructure Advisory Facility, 2009), pp. 6－8, https://ppp. worldbank. org/public－private－partnership/sites/ppp. worldbank. org/files/ppp_testdumb/documents/FINAL－PPPsforUrbanWaterUtilities－PhMarin. pdf（上网时间：2020年2月3日）。

② "Water Privatization: Facts and Figures," *Food & Water Watch*, Aug. 31, 2015, https://www. foodandwaterwatch. org/insight/water－privatization－facts－and－figures（登录时间：2020年2月3日）。

③ Erin Brodwin and Anaele Pelisson, "Why Bottled Water is One of the Biggest Scams of the Century," *Business Insider*, Nov. 12, 2017, https://www. independent. co. uk/life－style/why－bottled－water－is－one－of－the－biggest－scams－of－the－century－a8050841. html? utm_medium=Social&utm_source=Facebook&fbclid=IwAR2poIwaHBOf1HxoOgfhNrT_nSJY3t7Kf61fwDQHnPA－peUtqnb19rOt1Pc#Echobox=1547541909（上网时间：2019年12月2日）。

用自上而下的方式推动议程实施；水务私有化的反对者们则是自下而上地推行自己的主张，他们首先在社区层面活动，接着推动国家立法，并力图推动联合国将获取水和卫生设施的权利视为一项基本人权，最终，他们的活动得到了主流国际发展组织一定程度上的认可。

（一）全球水治理中的精英网络和草根网络

水务曾被称作世界上“尚未私有化的最后一个领域”。然而，自20世纪80年代末、90年代初以来，在英国、法国等国家的先导和国际货币基金组织、世界银行等国际组织的鼓励下，水务私有化逐渐蔓延。[①] 1989年，撒切尔政府将英格兰和威尔士的所有供水公用设施售卖给私人公司，从此拉开了水务私有化的序幕。法国的苏伊士、威立雅和德国RWE集团控股的泰晤士水务公司成为全球水务三巨头。这三个水务公司在全世界100多个国家拥有子公司，主导了全球水务。自20世纪90年代起，水务巨头积极寻求主流国际组织的支持，宣传水具有经济价值的理念，并在世界各地尤其是发展中国家推行水务私有化。1992年，联合国主办的都柏林国际水和环境会议提出四项原则，包括：水是一种有限而脆弱的资源、水的开发与管理应当建立在多主体共同参与的基础上、妇女在水资源供给和保护中的重要作用、水在各类用途中所具有的商业价值。这四项原则

① Violeta Petrova, "All the Frontiers of the Rush for Blue Gold: Water Privatization and the Human Right to Water," *Brooklyn Journal of International Law*, Vol. 31, No. 2 (2006), pp. 577 - 578; Karen Bakker, "The 'Commons' versus the 'Commodity': Alter - Globalization, Anti - Privatization and the Human Right to Water in the Global South," *Antipode*, Vol. 39, No. 3 (Jul. 2007), pp. 430 - 431.

被称为“都柏林原则”，是水务私有化的指导性原则。[①] 2003年，世界水论坛国际水和环境部长级会议发布“京都宣言”，声称为保护公共利益尤其是贫困人口的利益，应当鼓励包括私营部门在内的多主题参与，为水资源管理与治理提供充足的资金。[②] 1990－2006 年间，世界银行将推行水务私有化作为提供援助的附加条件，在发展中国家资助了超过 300 个私营水项目。[③]

同时，水务巨头还牵头设立了正式的全球机构。1996 年，全球水伙伴（Global Water Partnership，GWP）和世界水理事会（World Water Council，WWC）成立，意大利水问题专家和活动家里卡多·佩特雷拉（Riccardo Petrella）将这两个组织称为“全球水务最高指挥部”（global high command of water）。[④]“全球水伙伴”基于“都柏林原则”，由世界银行、联合国开发计划署、瑞典国际发展合作署联合成立，用于促进政府、私营部门、市民社会构建同盟；该组织网络由 68 个国家水伙伴和 13 个地区水网络构成，在全球 179 个国家拥有超过 3000 家合作组织。[⑤] 世界水理事会由世界银行和联合国赞助，总部设在法国马赛，是一个面向多方利益相关者的国际化平台，着重从政治方面关

① International Conference on Water and the Environment, “The Dublin Statement on Water and Sustainable Development,” *WMO documents*, Jan. 31, 1992, http://www.wmo.int/pages/prog/hwrp/documents/english/icwedece.html（上网时间：2020 年 1 月 11 日）。

② “第三届世界水论坛部长级会议部长宣言——来自琵琶湖和淀川流域的信息”，载《中国水利》，2003 年第 6 期，第 21 页。

③ Maude Barlow, *Blue Covenant: The Global Water Crisis and the Coming Battle for the Right to Water* (New York: New Press, 2009), p. 40.

④ *Blue Covenant: The Global Water Crisis and the Coming Battle for the Right to Water*, p. 49.

⑤ “About GWP: What you need to know,” *Global Water Partnership*, https://www.gwp.org/contentassets/fbfea4ceed054211a6d8706e366cc165/about-gwp-august-2019.pdf（上网时间：2020 年 1 月 28 日）。

注水安全及其适应性和可持续性，致力于通过积极开展水政治活动、联合主办世界水论坛、酝酿新思想、应对新挑战，来动员各个层面——包括最高决策层——在重大水问题上采取行动。[①] 该组织与世界最大的两个水务公司——苏伊士和威立雅保持直接的联系，世界水理事会主席卢瓦克·馥颂（Loic Fauchon）同时是威立雅和苏伊士的一个子公司的高管，世界水理事会副主席雷内·库伦（René Coulomb）也是苏伊士环境集团的高管。世界水理事会拥有370个成员组织，其中包括世界银行和其他推动水务私有化的金融机构。商业公司占世界水理事会成员总数的31%。[②] 支持水务私有化、水资源商业化的力量很大程度上主导了世界水论坛的议程。[③] 2005年成立的国际私人水务经营者联合会（the International Federation of Private Water Operators, Aqua Fed）主要由私营部门组成跨国水政策网络，旨在联系联合国、世界银行、欧盟等国际组织与私人水务经营者，其会员包括来自30多个国家超过200家水务公司，包括苏伊士、威立雅和联合水务集团。[④] 2003年，“联合国水机制”在联合国系统行政首长协调理事会（UN System Chief Executives Board for Coordination）的支持下成立，致力于以影响政策、监管与报告、鼓励行动等方式促进联合国成员国以可持续的方式，

① “Together We Make Water a Global Priority,” *World Water Council*, https://www.worldwatercouncil.org/sites/default/files/Official_docs/WWC_Brochure_2017_TOGETHER_WE_MAKE_WATER_A_GLOBAL_PRIORITY.pdf（上网时间：2020年2月1日）。

② “List of Members,” *World Water Council*, March 2020, https://www.worldwatercouncil.org/sites/default/files/List_of_Members.pdf（上网时间：2020年2月1日）。

③ *Contesting Water Rights: Local, State, and Global Struggles*, p. 95.

④ “Missions,” *AquaFed*, http://www.aquafed.org/AboutUs/Page/item/missions-2.sls（上网时间：2019年12月1日）；AquaFed, “Our Members,” http://www.aquafed.org/AboutUs/Members.sls（上网时间：2019年12月1日）。

管理水资源和卫生事业。[①] 该机制将世界银行、联合国教科文组织、联合国粮农组织、联合国儿童基金会等超过30个联合国机构接纳为成员机构，并同世界水理事会、全球水伙伴、国际私人水务经营者联合会等37个国际重要水组织建立合作伙伴关系。[②] 自此，精英网络可以被视为以联合国为中心的伙伴关系网络。

与精英网络不同，全球水治理的草根网络采用自下而上的方式推动自己的议程，先在社区、地方层面活动，最后获取联合国等主流国际发展机构的支持。由于种种原因，水务私有化造成了一系列问题。反对水务私有化的行为者们自称“水斗士”（Water Warriors），他们提出和“都柏林原则”针锋相对的诉求，认为水是免费的自然资源，是一种公共产品，必须由公共部门开发和管理，倡导捍卫“水人权”，致力于让所有人都能自由地获取清洁的饮用水和卫生设施。水人权倡议运动的活动家们在地方、国家和国际层面积极开展活动。在地方层面上，活动家们在当地发动保护水资源、反对水务公司、饮料公司和抵制瓶装水等运动。例如，本世纪初，印度喀拉拉邦普拉奇马达发动抵制可口可乐的运动、蓝色星球计划发动保护五大湖淡水资源等活动、加拿大公民理事会发动反对瓶装水和抵制雀巢等抗议活动；在国家层面上，活动家们集中力量推动特定国家修正宪法和法律，将水人权视为基本人权。例如，乌拉圭于2004年开展的全国运动导致关于水人权的全民公决，由此产生了承

---

① “About United Nations Water,” *UN Water*, https：//www. unwater. org/about - unwater/（上网时间：2019年9月1日）。

② “Members,” *UN Water*, https：//www. unwater. org/about - unwater/members/（上网时间：2019年10月21日）。

认水人权的宪法修正案;[①] 在国际层面上，活动家们举办国际论坛，游说联合国承认水人权，并逐步成立正式的水人权倡议网络。水人权倡议的草根组织积极参与世界水论坛（尽管其在会议中不被充分代表），并创立同世界水论坛针锋相对的民间世界水论坛（People's Water Forum，PWF），与世界水论坛同期开展工作。2003 年，民间世界水论坛更名为“别样的世界水论坛”（Alternative World Water Forum），此后规模逐渐扩大。2012 年，“别样的世界水论坛”在马赛举办，由 97 个组织联合承办，包括 41 个马赛当地组织和 32 个法国组织。超过 130 个组织和 384 个个人在“参与者声明”上签字。[②] 2018 年 3 月，由于与第八届“世界水论坛”的观点相左，巴西全国基督教教会联合会（National Council of Christian Churches of Brazil，CONIC）等组织在巴西利亚大学举办了第八届“别样的世界水论坛”，聚集了捍卫“水作为生命基本权利”的组织和社会运动，共有 7000 多人参加。[③]

随着水人权倡议运动迅猛发展，包括世界卫生组织、联合国开发计划署和联合国大会在内的主流国际发展机构纷纷予以支持。2002 年，“联合国经济社会文化权利国际公约第十五号一般性意见”指出，水人权“是一项不可缺少的人权，是人有

---

① *Privatizing water: governance failure and the world's urban water crisis*, p. 146.

② “Declaration of the Participants at the Alternative World Water Forum in Marseille, 14 – 17 march 2012,” 7th Alternative World Water Forum, Mar. 17, 2012, http://www.fame2012.org/files/signONG.pdf（上网时间：2020 年 2 月 27 日）。

③ “Call to the People for the Alternative World Water Forum,” 8th Alternative World Water Forum, Jun. 12, 2017, https://web.archive.org/web/20181108083210/http://fama2018.org/manifesto/（上网时间：2019 年 9 月 3 日）；“Final Declaration of the Alternative World Water Forum,” *8th Alternative World Water Forum*, Mar. 22, 2018, https://web.archive.org/web/20180904011334/http://fama2018.org/final-declaration-of-the-alternative-world-water-forum/（上网时间：2019 年 9 月 3 日）。

尊严地生活的必要条件”，并声称水人权是“实现其他人权的前提条件”，强调“保证人人能为个人和家庭生活获取充足、安全、可接受、便于汲取、价格合理的供水”。[①] 在这一文件中，联合国倡导人人负担得起的水，而非自由或无限制用水，强调国家在实现水人权过程中的作用。主流国际组织忽略社区、公民在水资源管理与治理当中的作用，使得活动家们希望构建正式的水人权网络。2004 年初，施世面包组织国际项目部负责人达努塔·萨赫（Danuta Sacher）和住房权利和驱逐住客问题中心水人权项目主任阿什法克·哈凡（Ashfaq Khalfan）召集并成立了水人权之友（Friends of the Right to Water）网络，基于“2002 年第十五号一般性意见”，支持捍卫水人权的地方性和全国性斗争，并致力于推动联合国订立关于水人权的国际公约。[②] 2007 年 4 月，蓝色星球计划的组织者之一阿尼尔·奈多（Anil Naidoo）等人撰写了一封呼吁订立水人权公约的背书信，全世界 176 个组织在信上签字，这封信被交到联合国专员路易斯·阿伯（Louise Arbour）女士手里。[③] 组织化程度更高的倡议活动取得了良好效果。2008 年，联合国开发计划署任命反私有化的激进主义者、加拿大公民理事会主席麦德·巴洛（Maude Barlow）为高级水务顾问。同年，联合国人权理事会通过了一项决议，重申了各国政府确保获得安全饮用水和卫生设施的义务，

① ECOSOC, *General Comment* 15 (Geneva: United Nations Committee on Economic, Social and Cultural Rights, 2002), https://digitallibrary.un.org/record/486454#record-files-collapse-header（上网时间：2020 年 2 月 3 日）。

② Friends of the Right to Water, "Key Principles for an International Treaty on the Right to Water," *Draft Work in Progress for Consultation and Revision*, Apr. 14, 2005, https://www.worldwatercouncil.org/fileadmin/wwc/Programs/Right_to_Water/Pdf_doct/Key_principles_on_the_treaty_on_the_RTW.pdf（上网时间：2020 年 3 月 1 日）。

③ *Blue Covenant: The Global Water Crisis and the Coming Battle for the Right to Water*, pp. 143-175.

并组成了有关人权义务的独立专家，这意味着联合国人权系统拥有了专门致力于水和卫生设施权利相关问题的机制。2010 年 7 月和 9 月，联合国大会和联合国人权理事会分别通过决议，承认“安全和清洁的饮用水和卫生设施是充分享有生命权和其他权利必不可少的一项人权”，[①] 被视为水人权倡议运动的一项重大胜利。

全球水管理与治理的精英网络和草根网络在组织和活动方面均存在交织点。在组织方面，联合国水机制合作伙伴中拥有许多社会组织，如水援助组织（Water Aid）、淡水行动网络（Freshwater Action Network）、国际绿十字会、世界自然保护联盟、世界自然基金会等，其中一些组织并不支持水务私有化。在世界水理事会成员中，市民社会组织占 17%。2010 年，根据第六届世界水论坛的决定，国际和地方层面的社会组织网络蝴蝶效应联盟（Butterfly Effect Coalition）成立。该联盟拥有超过 100 个成员组织，它的成立使得一些重要草根网络有机会通过共享成员，同全球水治理的精英网络连接起来。[②] 在活动方面，水人权倡议组织往往既参加“别样的世界水论坛”，又参加“世界水论坛”，甚至在高级别会议上举行抗议活动，阻碍会议议程。[③] 近年来，由联合国举办的论坛包容性较强，强调精英组织和草根组织的合作。当前，精英网络与草根网络之间拥有越来

① United Nations, “The human right to safe drinking water and sanitation,” General Assembly Resolution A/RES/64/292, http://www.un.org/en/ga/search/view_doc.asp?symbol=A/RES/64/292（上网时间：2019 年 7 月 5 日）；UN Human Rights Council, “Human rights and access to safe drinking water and sanitation,” Human Rights Council Resolution A/HRC/RES/15/9, http://daccess-ods.un.org/TMP/5257991.55235291.html（上网时间：2019 年 6 月 26 日）。

② “About us,” *Butterfly Effect Coalition*, http://www.butterflyeffectcoalition.com/en/about-us（上网时间：2019 年 10 月 30 日）。

③ *Privatizing water: governance failure and the world's urban water crisis*, pp. 135-136.

越多对话的机会，关于全球水管理和治理的更好方案有望在博弈、对话、折衷的过程中被提出并推行。

（二）水治理组织－成员网络整体网分析

上文简要地介绍了全球水治理的精英网络和草根网络的构建。接下来，本文将对全球水治理组织—成员网络进行社会网络分析，主要关注宗教组织在全球水治理网络中的地位。

1. 网络构面、数据来源与测量指标

本文选取联合国水机制、世界水理事会、国际私人水务经营者联合会、蝴蝶效应联盟、水人权之友、美洲水权网络（Vigilancia Interamericana para la Defensa y el Derecho al Agua, Red Vida）、蓝色社区计划（Blue Communities）7 个羽翼组织构成的网络为分析对象，该网络囊括了超过 600 个全球水治理的重要参与组织。除上文提到的羽翼组织外，美洲水权网络和蓝色社区计划也是致力于水人权倡议的重要羽翼组织。2003 年，美洲水权网络由来自 16 个国家的 54 个社会组织在萨尔瓦多成立，总部现位于玻利维亚的科恰班巴。该组织致力于捍卫作为公共产品和基本人权的水资源，抵制水资源商品化。[①] 蓝色社区计划于 2009 年由加拿大公民理事会（The Council of Canadians）、蓝色星球计划（Blue Planet Project）和加拿大公务员工会（Canadian Union of Public Employees）倡导成立，致力于鼓励市政当局和社区将水人权视为基本人权、禁止或逐步停止瓶装水销售、促进水务公有化。[②] 录入数据时，以水治理组织网络为列，以成

---

① "Quiénes somos," *Red VIDA*, https://laredvida.org/quienes-somos/（上网时间：2020 年 1 月 20 日）。

② "Blue Communities Project Guide," *The Council of Canadians*, https://canadians.org/sites/default/files/publications/BCPGuide-2016-web.pdf（上网时间：2019 年 12 月 30 日）。

员组织为行，若 i 国际组织、政府部门、社会组织、倡议运动、学术机构、媒体机构等在相应网络的成员名单中，则在所在的第 j 列下 i 对应的元素 x_{ij} 记为 1，否则记为 0。羽翼组织成员数据均来自它们的官网或手册上的成员名单。（参见图 1）①

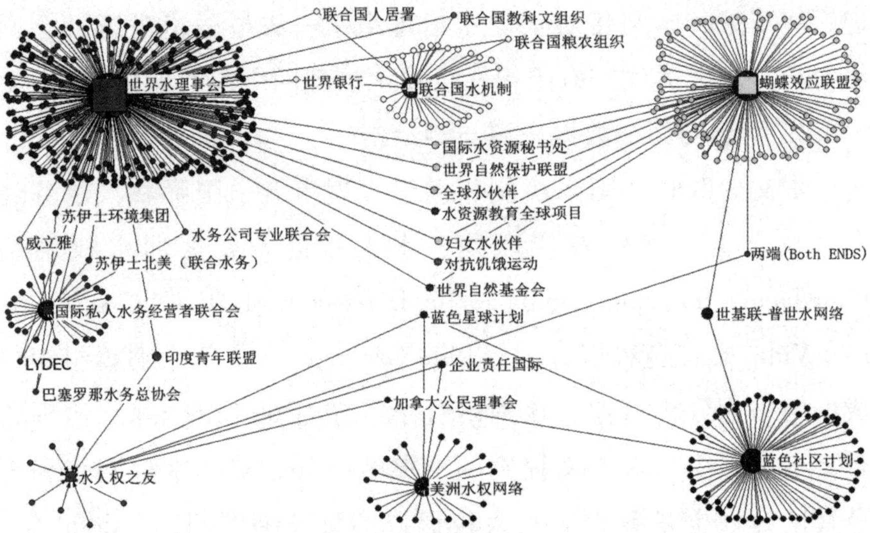

图 1　全球水资源管理与治理羽翼组织—成员关系二部图

① "Members," *UN Water*, https: //www. unwater. org/about - unwater/members/（上网时间：2020 年 2 月 1 日）；"List of Members," *World Water Council*, Mar., 2020, https: //www. worldwatercouncil. org/en/members（上网时间：2020 年 3 月 4 日）；"Our Members," *AquaFed*, http: //www. aquafed. org/AboutUs/Members. sls（上网时间：2020 年 2 月 22 日）；"Our members," *Butterfly Effect Coalition*, http: //www. butterflyeffectcoalition. com/en/members（上网时间：2020 年 1 月 20 日）；Friends of the Right to Water, "Key Principles for an International Treaty on the Right to Water," *Draft Work in Progress for Consultation and Revision*, Apr. 14, 2005, https: //www. worldwatercouncil. org/fileadmin/wwc/Programs/Right_to_Water/Pdf_doct/Key_principles_on_the_treaty_on_the_RTW. pdf（上网时间：2020 年 3 月 1 日）；Red VIDA, "Miembros," https: //laredvida. org/miembros/（上网时间：2020 年 1 月 20 日）；"Official Blue Communities," *The Council of Canadians*, https: //canadians. org/bluecommunities（上网时间：2020 年 1 月 30 日）。

本文拟对重要全球水治理成员网络进行密度分析、二模网络中心性分析和自相关分析。密度是网络层面的最基本测度，它反映了网络中节点与其他节点连接的程度，通过网络中存在的所有两方关系总数除以网络中可能的最大两方关系的数量来计算。[①] 总的来说，整体网的密度越大，该网络对其中行动者的态度、行为等产生的影响也越大。联系紧密的整体网络不仅为其中的个体提供各种社会资源，同时也成为限制其发展的重要力量。中心性是社会网络分析的研究重点之一，可以看作是从关系的角度出发对权力进行的定量研究。网络上的节点在其嵌入的社会网络中权力的大小或地位的高低是社会网络分析最早探讨的内容之一。[②] 社会网络学者为量化权力/中心性提供了度数中心度（degree centrality）、接近中心度（closeness centrality）、中间中心度（betweenness centrality）等多种指标。度数中心度用于测量节点拥有关系的数量，若某节点度数中心度的值最大，则称该点居于中心，可能是网络中拥有最大权力的节点。[③] 接近中心度通过计算网络中节点 i 和所有其他节点的最短路径长度总和的倒数得到，用于测量网络中某一节点 i 能多快到达其他节点。[④] 一个节点距离网络中心节点越远，在权力、影响力、声望、信息资源等方面就越弱。因此，一个节点的接近中心度越大，该节点就越远离网络的核心。[⑤] 中间中心度测量一个点在多大程度上居于网络图中其他点的“中间”，可用于判断行动者对

① 刘军著：《整体网分析讲义：UCINET 软件实用指南》，上海：格致出版社，2009 年版，第 10 – 11 页。

② 同上，第 97 页。

③ 同上，第 98 页。

④ ［美］杨松等著、曹立坤等译：《社会网络分析：方法与应用》，北京：社会科学文献出版社，2009 年版，第 58 页。

⑤ 刘军著：《整体网分析讲义：UCINET 软件实用指南》，第 105 页。

资源控制的程度。处于许多交往网络路径上的行动者尽管度数中心度可能较低，却往往居于重要地位，因为“处于这种位置的个人可以通过控制或者曲解信息的传递而影响群体”。[①] 为分析宗教组织与组织—成员网络的关系，即宗教组织是否倾向于参加水治理网络，本文采取 UNICET 软件中的自相关分析法，该程序对一个对称矩阵和分为两组的向量之间进行自相关分析的随机检验（randomization test of autocorrelation）。[②]（参见表1、表2）

表1　组织成员网络密度

	密度	连结数量
成员网络	0.1484	647

表2　宗教与水治理网络自相关分析

原编码　　新编码

0　=>　1

1　=>　2

迭代次数：10000

	期望值	观察值	差量	P >= Diff	P <= Diff
1-1	73783.688	76323.000	2539.313	0.000	1.000
1-2	3896.168	1348.000	-2548.168	1.000	0.000
2-2	48.140	57.000	8.860	0.283	0.754

2. 数据运行结果

本文选取的联合国水机制、世界水理事会、蝴蝶效应联盟

① Linton C. Freeman, “Segregation in Social Networks,” in *Sociological Methods and Research*, Vol. 6, No. 4 (May. 1978)，转引自刘军著：《整体网分析讲义：UCINET 软件实用指南》，第100页。

② 刘军：“QAP：测量‘关系’之间关系的一种方法”，载《社会》，2007年第4期，第169-170页。

和蓝色社区计划等7个羽翼组织拥有647个成员组织，各羽翼组织之间共拥有24个共享成员组织。联合国水机制拥有32个成员组织，世界水理事会拥有370个成员组织，国际私人水务经营者联合会拥有31个成员组织，蝴蝶效应联盟拥有107个成员组织，美洲水权网络拥有23个成员组织，水人权之友网络拥有12个成员组织，蓝色社区计划拥有72个成员组织（截至2020年1月底）。

通过密度分析、中心性分析和自相关分析，可以得出以下结果（参见表1、表2和表3）：

首先，羽翼组织中，仅从成员数量及相互关系来看，世界水理事会是网络中影响范围最大的组织，其度数中心度、接近中心度和中间中心度均居于7个羽翼组织之首。蝴蝶效应联盟规模较大、开放性强、覆盖面广，是网络中最重要的市民社会组织网络。联合国水机制是最权威的羽翼组织，开放性较强，但成员数量相对较少，度数中心度较低。蓝色社区计划与其他组织的共享成员较少，但该羽翼组织成员较多，且与蝴蝶效应联盟、美洲水权网络和水人权之友网络均有共享成员，中间中心度仅次于世界水理事会和蝴蝶效应联盟。水人权之友网络在7个羽翼组织中成员数量最少，但与美洲水权网络、蓝色星球计划、蝴蝶效应联盟甚至世界水理事会都有共享成员。因此，尽管度数中心度低，但它的接近中心度、中间中心度都较高。美洲水权网络在整体网中处于较边缘的地位，度数中心度、接近中心度和中间中心度都是7个羽翼组织当中最低的。

其次，成员组织中，世基联—普世水网络（WCC - Ecumenical Water Network）、印度青年联盟（Tarun Bharat Sangh）和蓝色星球计划（Blue Planet Project）是中间中心度最高的三个组织。普世水网络是蝴蝶效应联盟和蓝色社区计划之间唯一的共享组织，印度青年联盟是世界水理事会和水人权之友网络之间唯一的共享组织，蓝色星球计划是网络中唯一一个参与三个羽翼组织（蓝色社区计划、水人权之友和美洲水权网络）的组织。全球水治理网络中其他重要组织参见表3。

表3 二模网络中心性分析结果

	度数中心度	接近中心度	中间中心度
世界水理事会	0.594	0.479	0.883
蝴蝶效应联盟	0.172	0.349	0.410
蓝色社区计划	0.116	0.237	0.212
水人权之友	0.019	0.323	0.119
联合国水机制	0.051	0.258	0.087
国际私人水务经营者联合会	0.050	0.257	0.078
美洲水权网络	0.037	0.212	0.066
世基联－普世水网络	0.286	0.553	0.183
印度青年联盟	0.286	0.717	0.121
蓝色星球计划	0.429	0.519	0.068
全球水伙伴	0.333	0.860	0.064
世界自然保护联盟	0.333	0.860	0.064
世界自然基金会	0.333	0.860	0.064
国际水资源秘书处	0.333	0.860	0.064
水资源教育全球项目	0.333	0.860	0.064
对抗饥饿运动	0.333	0.860	0.064
妇女水伙伴	0.333	0.860	0.064
企业责任国际	0.286	0.490	0.032
联合国教科文组织	0.333	0.718	0.026
联合国粮农组织	0.333	0.718	0.026
联合国人居署	0.333	0.718	0.026
世界银行	0.333	0.718	0.026
加拿大公民理事会	0.286	0.510	0.021
苏伊士北美（联合水务）	0.333	0.716	0.015
苏伊士环境集团	0.333	0.716	0.015
威立雅	0.333	0.716	0.015
巴塞罗那水务总协会	0.333	0.716	0.015
国际私人水务公司专业联合会	0.333	0.716	0.015

续表

	度数中心度	接近中心度	中间中心度
LYDEC	0.333	0.716	0.015
两端（Both Ends）	0.286	0.525	0.015
其他世界水理事会成员	0.143	0.641	0.000
其他蝴蝶效应联盟成员	0.143	0.511	0.000
其他蓝色社区计划成员	0.143	0.378	0.000
其他水人权之友成员	0.143	0.482	0.000
其他联合国水机制成员	0.143	0.405	0.000
其他国际私人水务经营者联合会成员	0.143	0.404	0.000
其他美洲水权网络成员	0.143	0.345	0.000

再次，总体而言，全球水治理网络是相当松散的网络，密度仅0.1484（参见表1），各羽翼组织之间共享成员不多。从图1中可以看出，相对而言，世界水理事会与联合国水机制、蝴蝶效应联盟和国际私人水务经营者联合会之间联系较密切，世界水理事会和联合国水机制拥有4个共享成员，世界水理事会和蝴蝶效应联盟拥有7个共享成员，世界水理事会和国际私人水务经营者联合会拥有6个共享成员。致力于水人权倡议的羽翼组织之间拥有少量共享成员，水人权之友网络和美洲水权网络关系相对密切。

最后，全球水治理网络中宗教组织数量较少，宗教组织总体而言处于较边缘的地位，但普世水网络则占据特殊的重要地位。本文选取的水治理网络中，有施世面包组织（Brot für die Welt）、国际明爱（Caritas）、达卡阿萨尼亚传教团（Dhaka Ahsania Mission）、水之生命国际（Eau Vive Internationale）、伯尔尼－约翰内斯教会福音派－归正宗会众（Evangelisch – reformierte Kirchgemeinde Bern – Johannes Church）、施皮茨福音派－归正宗会众（Evangelisch – Reformierte Kirchgemeinde Spiez）、圣约瑟夫修女联合会（Federation of the Sisters of St. Joseph of Canada）、伊斯兰救济组织（Islamic Relief Worldwide）、耶利哥之家（Jericho House）、天主教救济会（Le Secours Catholique）、挪威教会援助组织（Norwegian Church Aid）、乐施会（Oxfam）、尼德格归正教会（Reformed Church of Nydeggkirche，Bern）、法国伊斯兰救济会（Secours Islamique France）、慈善修女会（Sisters of Mercy）和世基联—普世水网络16个宗教组织，9个隶属蝴蝶效应联盟，7个隶属蓝色社区计划，1个隶属水人权之友网络（参见表4）。在16个宗教组织当中，普世水网络是蝴蝶效应联盟和蓝色社区计划这两个羽翼组织的成员，其余均只隶属一个羽翼组织，因此宗教组织中只有普世水网络的中间中心度大于0。表2呈现了宗教组织的中心度和参与的羽翼组织。根据自相关分析，群体1和群体2之间的关系数量显著偏少，说明宗教组织在全球水治理网络中占比较少、地位较低。

表4　宗教组织中心度及参与的羽翼组织

	度数中心度	接近中心度	中间中心度	参与的羽翼组织
普世水网络	0.286	0.553	0.183	蝴蝶效应联盟、蓝色社区计划
挪威教会援助组织	0.143	0.511	0.000	蝴蝶效应联盟
乐施会	0.143	0.511	0.000	蝴蝶效应联盟
天主教救济会	0.143	0.511	0.000	蝴蝶效应联盟
伊斯兰救济组织	0.143	0.511	0.000	蝴蝶效应联盟
法国伊斯兰救济会	0.143	0.511	0.000	蝴蝶效应联盟
国际明爱	0.143	0.511	0.000	蝴蝶效应联盟
达卡阿萨尼亚传教团	0.143	0.511	0.000	蝴蝶效应联盟
水之生命国际	0.143	0.511	0.000	蝴蝶效应联盟
施世面包组织	0.143	0.482	0.000	水人权之友

续表

	度数中心度	接近中心度	中间中心度	参与的羽翼组织
伯尔尼－约翰内斯教会福音派－归正宗会众	0.143	0.378	0.000	蓝色社区计划
施皮茨福音派－归正宗会众	0.143	0.378	0.000	蓝色社区计划
圣约瑟夫修女联合会	0.143	0.378	0.000	蓝色社区计划
耶利哥之家	0.143	0.378	0.000	蓝色社区计划
尼德格归正教会	0.143	0.378	0.000	蓝色社区计划
慈善修女会	0.143	0.378	0.000	蓝色社区计划

根据以上分析，普世水网络是全球水治理网络当中最活跃的宗教组织，是连接水人权倡议草根网络与更大的全球水治理网络的桥梁。下文将对普世水网络及其个体中心网进行分析。

三、普世水网络及其个体中心网络

世界基督教教会联合会（简称“世基联”）创立于1948年，是致力于推动普世教会合一运动的国际性宗教组织。世基联的总纲声称：“世基联是各教会的联谊组织，这些教会根据《圣经》，承认主耶稣基督为上帝和救世主，并愿一起努力完成他们的共同使命，荣耀集圣父、圣子、圣灵为一体的独一的上帝。”[①] 世基联拥有350个成员教会，这些成员教会在超过110个国家中拥有超过5亿信徒。[②] 会员大会是世基联的最高权力机构，每7年举行一次。从规模上而言，世基联会员大会是世界

① “What is the World Council of Churches?” *World Council of Churches*, https: //www. oikoumene. org/en/about－us（上网时间：2020年3月2日）。

② 同上。

上最具多样性的基督徒集会。

世基联长期关注正义、和平与对造物的合理使用，追求"Eco－justice"，即经济（economy）和生态（ecology）的双重正义。[①] 具体而言，世基联关注新自由主义全球化背景下贫富差距拉大、发展中国家债务危机、气候变化、环境污染、水危机、粮食短缺和生物技术滥用等问题，提倡"关注人与地球的别样的全球化"（Alternative Globalization Addressing Peoples and Earth，AGAPE），致力于按照上帝的正义标准，打造工作体面、薪资平等、全民教育、贸易公平、金融正义、节能减排、资源可持续利用、反对重要公共物品私有化、发展有机农业的"生命的经济"（economy of life）。[②] 为实现生态/经济正义，反对新自由主义全球化，世基联创立了气候正义计划（Climate Justice Project）、生命之食运动（Food for Life Campaign），以及贫困、财富与生态计划（Poverty，Wealth and Ecology Project）等多个计划、运动或网络。普世水网络是其中专门关注水问题的一个网络。2006 年，世基联第九届大会支持创立普世水网络，总部设在日内瓦，由基督教会、组织和运动构成。这些教会、组织和运动致力于保护和实现全世界人民获得水的权利、在水资源议题的辩论中发表来自基督教的看法、促进基于社区的水人权倡议并寻求克服水危机的办法、保护作为神的恩赐的水资源，并

① "The WCC and eco－justice，" *World Council of Churches*，https：//www. oikoumene. org/en/what－we－do/eco－justice（上网时间：2020 年 3 月 2 日）。

② "Alternative Globalization Addressing Peoples and Earth（AGAPE）：A Background Document，" *World Council of Churches*（Apr.，2005），pp. 56－60，https：//www. oikoumene. org/en/resources/documents/wcc－programmes/public－witness－addressing－power－affirming－peace/poverty－wealth－and－ecology/neoliberal－paradigm/agape－background－document（上网时间：2020 年 3 月 1 日）。

促使水人权在地方、地区和国际层面得到承认。[1] 自成立以来，普世水网络在小到社区、大到全球水治理的各个层面上积极活动，为传播基督教水伦理，促进水人权的实现做出了贡献。

（一）普世水网络的价值与实践

水在基督教中具有神圣性。《圣经》中有许多关于水的内容，《圣经》和合本中“水”字出现了865次，带“水”字的段落占《圣经》全文的8.72%。《旧约》开头便有“神的灵运行在水面上”（创世纪1：2）一句，《新约》的结尾部分又写道：“天使又指示我在城内街道当中一道生命水的河，明亮如水晶，从神和羔羊的宝座流出来。”（启示录22：1）普世水网络强调水的灵性层面，对水的意义的基本认知主要包括：（1）水是一切生命存在的基本前提，没有水就没有生命；（2）水是一种信仰的力量，拥有社会、文化、药用、宗教和神秘主义的价值，对于基督教而言，洗礼是水的象征性意义的一种表现；（3）依据圣经和其他文化与宗教传统，水是神圣的，不仅仅是供人类消费的资源，更是神给所有生命体的馈赠，从这个意义上来说，真正的水正义（Water-justice）必须承认水对一切生命——不仅仅是人类——的价值。[2] 基于以上认知，普世水网络坚定地主张将水视为公共产品，由于水拥有神圣性且对生命而言不可

① “What We do,” *World Council of Churches*, https：//www. oikoumene. org/en/what – we – do/ecumenical – water – network（上网时间：2019年7月18日）。

② World Council of Churches, “Water：Sacred Gift of Life – Stories of Hope,” in *Water of Life：An invitation to participate in the Ecumenical Water Network*（Geneva：World Council of Churches, 2006）, https：//www. oikoumene. org/en/resources/documents/wcc – programmes/justice – diakonia – and – responsibility – for – creation/climate – change – water/water – of – life – an – invitation – to – participate – the – ecumenical – water – network/@ @ download/file/water – of – life06. pdf（上网时间：2019年9月1日）。

或缺，水不能作为商品，不能用于交易，人们无论贫富都应当有权获取水资源，水是真正的生命之源。因此，人类应当采取负责任的行动，为所有生物的利益保护和共享水资源。①

普世水网络认为，人类正面临深刻的水危机，水资源日益稀缺，获取淡水资源成为一个迫切的世界性难题，全球约 12 亿人因缺乏足够的水资源和卫生设施而受到生命威胁。此外，水资源的稀缺日益成为冲突的根源。② 造成当前水危机的根源包括：日益增加的不可持续的农业和工业用水、滥伐林木、土地退化、过度消费、浪费现象严重、污染与人口增长等，而主流经济体系加剧了这一危机。近几十年来，公共部门和社区对供水的控制权急剧下降，越来越多的水被视为商品。许多案例表明，水务私有化剥夺了穷人自由获取水资源的权利。③ 由此，普世水网络倡导：（1）在地方和国际层面上承认水权为和食物权一样的基本人权；（2）水必须被视为公共产品；（3）运用联合国通过的国际水资源公约来规制水人权；（4）用水在法律层面

---

① EWN, "God, Lead Us to Abundant Life and Peace through Water Justice: Statement of the Ecumenical Water Network, World Council of Churches," *Statement from Berlin Consultation*, Jul. 15, 2013, https://www.oikoumene.org/en/resources/documents/wcc-programmes/justice-diakonia-and-responsibility-for-creation/climate-change-water/ewn-statement-from-berlin-consultation/@@download/file/EWN_statement_Strategic%20Consultation_15th%20July.pdf（上网时间：2019 年 8 月 13 日）。

② World Council of Churches, "Statement on Water for Life," *statement from 9th Assembly, Porto Alegre, Brazil*, Feb. 23, 2006, http://www.oikoumene.org/en/resources/documents/wcc-commissions/international-affairs/human-rights-and-impunity/statement-on-water-for-life（上网时间：2019 年 7 月 5 日）。

③ World Council of Churches, "Framework for the Ecumenical Water Network," in *Water of Life: An invitation to participate in the Ecumenical Water Network* (Geneva: World Council of Churches, 2006), https://www.oikoumene.org/en/resources/documents/wcc-programmes/justice-diakonia-and-responsibility-for-creation/climate-change-water/water-of-life-an-invitation-to-participate-the-ecumenical-water-network/@@download/file/water-of-life06.pdf（上网时间：2019 年 9 月 1 日）。

上须享有优先权。[①] 具体而言，普世水网络希望做到：（1）采取一切必要措施提高水资源保护意识，防止水资源浪费和水污染；（2）通过倡议活动促进相关法律和机制的建立与完善，确保在地方、国家、区域和国际等各个层面将水人权落实为一项基本人权；（3）促进教会与其他合作伙伴在水问题上的合作；（4）支持以社区为基础的举措，使当地人民能够负责任地管理水资源，防止出于商业目的进行的开发；（5）敦促各国政府和国际援助机构为当地社区的供水分配足够资金与其他资源，并促进卫生系统的发展，确保包括残障人士在内的当地居民能够获得清洁饮用水和卫生设施；（6）密切关注与水资源和河流流域有关的争端和协议，以确保此类协议包含解决冲突的详细、具体和明确的条款；（7）挖掘并强调水危机的宗教面向。[②] 概言之，普世水网络倡导水人权、反对水务私有化、强调宗教价值、重视合作、呼吁立法。

玛格丽特·凯特等学者归纳了跨国倡议网络在进行说服、交往和施压时采用的策略，主要包括：（1）信息政治，即能够迅速、可靠地提供在政治上可以采用的信息，并能使其发挥最大影响作用；（2）象征政治，即能够利用符号、行动或故事，

---

① "Joint Ecumenical Declaration by Churches of Brazil and Switzerland on Water as a Human Right and a Public Good," Bern, Apr. 22, 2005, in *Water of Life: An invitation to participate in the Ecumenical Water Network* (Geneva: World Council of Churches, 2006), https://www.oikoumene.org/en/resources/documents/wcc-programmes/justice-diakonia-and-responsibility-for-creation/climate-change-water/water-of-life-an-invitation-to-participate-the-ecumenical-water-network/@@download/file/water-of-life06.pdf（上网时间：2019年9月1日）。

② World Council of Churches, "Statement on Water for Life," *Statement from 9th Assembly, Porto Alegre, Brazil*, Feb. 23, 2006, http://www.oikoumene.org/en/resources/documents/wcc-commissions/international-affairs/human-rights-and-impunity/statement-on-water-for-life（上网时间：2019年7月5日）。

让生活在偏远地区的听众了解情况；（3）杠杆政治，即能够利用强大行为体，影响网络中较弱成员不可能发挥影响的情况；（4）责任政治，即努力让强大行为体遵循自己以前提出的政策或原则。[①] 普世水网络参与水人权倡议与全球水治理的实践主要包括以下三个方面。

第一，加强同教会、草根运动和市民社会组织的合作，积累社会资本，构建互助互信的社会网络。世基联通过内部组织结构的不断重构，形成兼具神学研究、出版发行和国际合作功能的既有中心性又有分散性的整体网络。[②] 普世水网络成立后，世基联成员教会默认成为普世水网络成员。同时，普世水网络拥有全非教会联合会（All Africa Conference of Churches）、施世面包组织、瑞典国教会、教会世界服务社（Church World Service）、世界信义宗联盟（Lutheran World Federation）等超过 20 个参与方。普世水网络积极参与水人权倡议的组织网络和市民社会团体举办的活动。从组织上看，普世水网络于 2010 年加入了社会组织网络蝴蝶效应联盟，2016 年加入了蓝色社区计划等；从活动上看，普世水网络曾参与 2007 年世界社会论坛，并多次参与世界水论坛和别样的世界水论坛。2016 年的别样的世界水论坛由世基联成员组织巴西全国基督教教会联合会主办。参与地方性乃至国际性水人权倡议、水治理网络，有助于普世水网络跳出宗教圈子，拥有更大的影响力。此外，普世水网络于 2011 年 10 月在肯尼亚内罗毕举办了普世水网络论坛，吸引

---

① ［美］玛格丽特·凯特等著、韩召颖等译：《超越国界的活动家：国际政治中的倡议网络》，北京：北京大学出版社，2005 年版，第 18 – 19 页。

② 李峰：“国际宗教非政府组织与跨国倡议网络——以世界基督教协进会为个案”，载徐以骅主编：《宗教与美国社会：宗教非政府组织》（第五辑），北京：时事出版社，2008 年版，第 132 – 142 页。

了多名水人权倡议活动家参与，为宗教团体探讨水治理问题提供了平台。

第二，进入联合国和世界水理事会主导的水治理网络体系。1948 年，世基联成立后不久，就与联合国建立了联系，在纽约和日内瓦均设有联络办公室。如今，世基联与联合国环境规划署、开发计划署、贸易与发展会议建立了咨询关系。[①] 在水治理方面，世基联普世水网络组织曾参与多次联合国可持续发展高级别政治论坛的周边活动和联合国人权理事会的周边活动。此外，普世水网络还积极参加历届世界水论坛和世界水周的活动。由此，普世水网络将自己嵌入了更大的全球水治理网络当中。

第三，通过学校教育和分享基督徒见证传播基督教关于水和当前水危机的见解。普世水网络自 2017 年起开展生态学校（Eco－School）的活动，目前活动已在非洲和拉美开展过，该活动让当地人更加了解了水危机和气候变化的情况。自 2008 年起，普世水网络在大斋期开展“关于水的七周”（Seven Weeks for Water）活动，邀请世界各地基督徒分享关于水的见证和对当地水危机的看法，这些分享涉及性别平权、环境保护、疾病防控等方面，许多分享者对水务私人公司进行了控诉。[②]

（二）普世水网络的个体中心网分析

1. 网络构面与测量指标

普世水网络拥有世界信义宗联盟、挪威教会援助组织（Norwegian Church Aid）、瑞典信义会（Church of Sweden）、教

① Jeffrey Haynes, *Faith－Based Organizations at the United Nations*（New York：Palgrave Macmillan, 2014）, pp. 76－77.

② “Seven Weeks for Water,” *World Council of Churches*, https：//water. oikoumene. org/en（上网时间：2020 年 2 月 19 日）。

会世界服务社、施世面包组织、拉丁美洲教会理事会（Latin America Council of Churches，CLAI）、芬兰教会援助组织（Finn Church Aid）、全非教会联合会、加拿大联合教会（United Church of Canada）、凯罗斯—加拿大（Kairos Canada）、杰伊布尔福音教会（Jeypore Evangelical Church）、萨尔瓦多信义会（The Lutheran Synod of El Salvador）、近东教会理事会（Near East Council of Churches）、世界归正宗教会联盟（World Communion of Reformed Churches）、尼日利亚长老会布道水基金会（Preach Water Foundation of the Presbyterian Church of Nigeria）、泪水基金会（Tearfund）、美国全国基督教教协（National Council of Churches of Christ in the USA）、印度慈善信托基金（Church's Auxiliary for Social Action，CASA）、联合基督教会（United Church of Christ）、朋友之家（Friends House，Georgia）、欧洲基督教协会—欧洲基督徒环境网络（Conference of European Churches – European Christian Environmental Network）和亚洲基督教议会（Christian Conference of Asia）等22个重要合作伙伴（参见图2）。本文依据普世水网络及其22个重要合作伙伴官方网站中的相关介绍，判断它们之间的伙伴关系，构建以普世水网络为中心的伙伴关系网络的矩阵数据。在矩阵数据中，行和列均为普世水网络及其合作伙伴，录入数据时，若 i 与 j 组织存在合作关系，则在 j 列下 i 对应的元素 x_{ij} 和 i 列下 j 对应的元素 x_{ji} 均记为为1，否则记为0。

本文试图对以普世水网络为中心的伙伴关系网进行个体中心网分析，主要测量指标包括密度、个体网基本测度、凝聚子群、结构洞指数和同质性。密度上文已做介绍，不再赘述。

（1）个体网的基本测度

个体网的基本测度（basic < measures）包括规模（size of

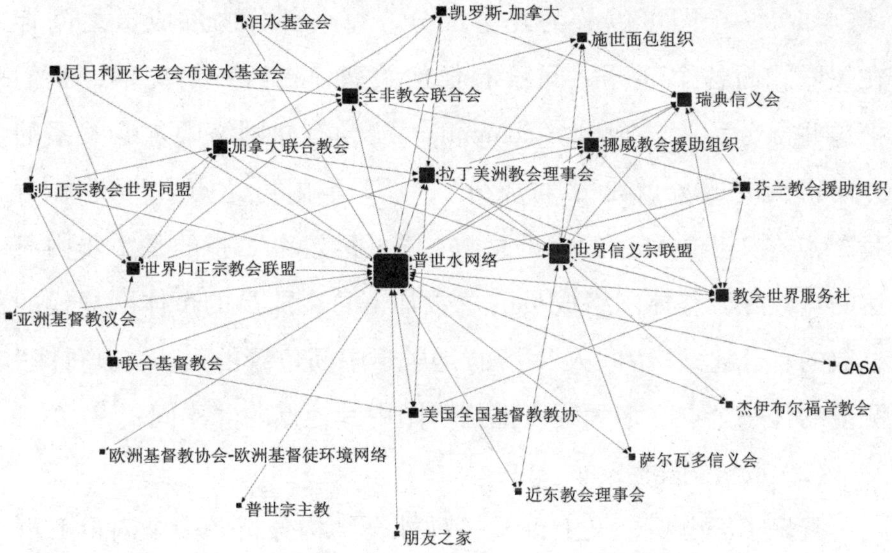

图2　普世水网络个体中心网

ego network)、关系总数(number of directed ties)、可能存在的关系总数(number of ordered pairs)、密度(density)、平均距离(average geodesic distance)、直径(diameter)、弱成分总数(number of weak components)、弱成分数占网络规模比例(number of weak components divided by size)、2步内可达点数(two-step reach)、可达效率(reach efficiency)、中间人次数(brokerage)、标准化中间人次数(normalized brokerage)、中间性(betweenness)和标准化中间性(normalized betweenness)。"关系总数",指的是个体网络成员之间的关系总数,不包括各个成员与"自我"之间的关系。个体网络中各个成员之间在理论上"所有可能存在的关系总和"等于(网络规模数)×(网络规模数-1);个体网络的密度即"实际存在的关系总数"除以"理论上可能存在的最多关系总数";"平均距离"是图论意义上的各个个体网成员之间的平均捷径距离,这个值只针对每个点都可到达的网络来计算；“直径”指的是个体网络中的最长捷径距离；如果一个图可以分为几个部分，每个部分内部成员之间存在关联，而各个部分之间没有任何关联，在这种情况下，我们把这些部分称为“成分（component）”，有向网络中忽略关系的方向得到的成分就是“弱成分”；“2 步内可达点数”是“自我”点在 2 步内可达的成员总数；“可达效率”指的是 2 步内可达的点数除以整体网络成员的总数加上每个成员的个体网规模的总数的百分比；“中间人”指的是居于中间位置的人。“中间性”测量的是一个点在多大程度上位于图中其他点的“中间”。[①]

（2）凝聚子群

凝聚子群分析广义上说是一种社会结构分析。一个内聚亚群体一般由相互之间被直接的、高强度的、互惠的关系连接起来的一群人构成，如果网络中的成员总是存在于彼此互动频密、相互关联的子群或“小团体”中，也可以说明其在网络中有着较显著的位置。在凝聚子群分析中，派系（clique）的定义是三个或有更多节点的最大完备子图，他们互相之间拥有直接联系。[②]

（3）结构洞指数

马克·格兰诺维特（Mark Granovetter）在 1973 年发表的名篇《弱关系的力量》（The Strength of Weak Ties）中指出，在求职过程中，弱关系比强关系作用更大，因为弱关系都意味着社会网范围大，且可能成为连接不同群体之间的“桥”（bridge）或“局部桥”（local bridge）。[③] 弱关系将除自身之外并没有联系的社会群

① Thomas Zimmermann and Nachiappan Nagappan, “Predicting Defects using Network Analysis on Dependency Graphs,” *Proc. intl Conf. on Softw. eng*, Vol. 1, No. 1 (May, 2008), p. 534.

② 《社会网络分析：方法与应用》，第 62 页。

③ Mark S. Granovetter, “The Strength of Weak Ties,” *The American Journal of Sociology*, Vol. 78, No. 6 (May. 1973), pp. 1360 – 1380.

体整合进更广阔的社会网络当中，对信息流动等至关重要。罗纳德·伯特（Ronald S. Burt）进一步提出结构洞的概念，用来描述非重复关系人之间的断裂。“所谓结构洞是指两个关系人之间的非重复关系。结构洞是一个缓冲器相当于电线线路中的绝缘器。其结果是，彼此之间存在结构洞的两个关系人向网络贡献的利益是可累加的，而非重叠的。”① 伯特认为：“分散的网络带来信息利益……密集的网络则看起来像是无用的监测器因为这类网络中的关系都是强关系，每个人所知道的，别人也都知道，结果导致大家在同一时间发现同一个机会……从网络提供了多少异质信息的意义上来看，同样在最小成本的约束条件下，密集网络与分散网络相比是没有效率的。”② 结构洞之所以能成为社会资本，是因为“群体内的观念和行为比群体间的同质性更高，所以跨群体之人会更熟悉另类想法和行为，因而会给他们更多的观念选择的机会。”③ 同时，伯克给出了结构洞指数，这一指数包含有效规模（effective size）、效率（efficiency）、限制度（constraint）和等级度（hierarchy）四个方面。④ 有效规模指行动者的个体网规模减去网络的冗余度；效率为行动者的有效规模与实际规模之比；限制度指的是行动者在自己的网络中拥有的运用结构洞的能力；等级度指限制性集中在一个行动者身上的程度。（参见表5）⑤

① ［美］罗纳德·伯特著、任敏等译：《结构洞：竞争的社会结构》，上海：格致出版社，2008年版，第18页。

② 同上。

③ Ronald S. Burt, “Structural Holes and Good Ideas,” *The American Journal of Sociology*, Vol. 110, No. 2 (Sep. 2004), pp. 349 – 350.

④ 《结构洞：竞争的社会结构》，第53 – 57页。

⑤ 《整体网分析讲义：UCINET软件实用指南》，第194 – 197页。

表5　结构洞指数

	有效规模	效率	限制度	等级度
普世水网络	18.273	0.831	0.141	0.098
世界信义宗联盟	7.667	0.639	0.300	0.144
全非教会联合会	5.667	0.630	0.374	0.114
拉丁美洲教会理事会	4.778	0.531	0.376	0.055
加拿大联合教会	3.571	0.510	0.462	0.064
瑞典信义会	3.250	0.406	0.424	0.034
挪威教会援助组织	3.000	0.375	0.428	0.028
世界归正宗教会联盟	3.333	0.556	0.517	0.089
教会世界服务社	2.429	0.347	0.476	0.020
凯罗斯－加拿大	2.200	0.440	0.610	0.029
施世面包组织	1.400	0.280	0.638	0.008
芬兰教会援助组织	1.000	0.200	0.648	0.000
联合基督教会	1.667	0.556	0.840	0.074
美国全国基督教教协	2.000	0.500	0.704	0.057
布道水基金会	1.000	0.333	0.926	0.000
CASA	1.000	1.000	1.000	1.000
朋友之家	1.000	1.000	1.000	1.000
欧洲基督教协会－欧洲基督徒环境网络	1.000	1.000	1.000	1.000
杰伊布尔福音教会	1.000	0.500	1.125	0.000
萨尔瓦多信义会	1.000	0.500	1.125	0.000
近东教会理事会	1.000	0.500	1.125	0.000
亚洲基督教议会	1.000	0.500	1.125	0.000
泪水基金会	1.000	0.500	1.125	0.000

（4）同质性

同质性测量的是核心点的个体网成员就该属性而言在多大程度上隶属于同类。[①] 通过UNICET软件的同质性分析，能够获取同类比例和E－I指数两种数据。同类比例即某种类别之内的行动者数量占总行动者数量的比例。E－I指数等于子群的密度除以整体的密度，取值范围为［－1，＋1］，该值越向1靠近，表明关系越趋向于发生在群体之外，意味着网络异质性越高；

① 《整体网分析讲义：UCINET软件实用指南》，第212页。

该值越接近 -1，表明关系越趋向于发生在群体之内，意味着同质性越高。(参见表6)①

表6　同质性分析结果

	宗教/世俗		性质（社会组织、教会、教会联合会）		国家	
	同类比例	E - I 指数	同类比例	E - I 指数	同类比例	E - I 指数
普世水网络	1.000	-1.000	0.409	0.182	0.045	0.909
全非教会联合会	1.000	-1.000	0.222	0.556	0.000	1.000
施世面包组织	1.000	-1.000	0.400	0.200	0.000	1.000
CASA	1.000	-1.000	1.000	-1.000	0.000	1.000
瑞典信义会	1.000	-1.000	0.000	1.000	0.000	1.000
教会世界服务社	1.000	-1.000	0.429	0.143	0.143	0.714
拉丁美洲教会理事会	1.000	-1.000	0.333	0.333	0.000	1.000
联合基督教会	1.000	-1.000	0.000	1.000	0.333	0.333
朋友之家	1.000	-1.000	0.000	1.000	0.000	1.000
杰伊布尔福音教会	1.000	-1.000	0.000	1.000	0.000	1.000
凯罗斯 - 加拿大	1.000	-1.000	0.200	0.600	0.200	0.600
萨尔瓦多信义会	1.000	-1.000	0.000	1.000	0.000	1.000
世界信义宗联盟	1.000	-1.000	0.250	0.500	0.083	0.833
近东教会理事会	1.000	-1.000	0.500	0.000	0.000	1.000
挪威教会援助组织	1.000	-1.000	0.500	0.000	0.000	1.000
布道水基金会	1.000	-1.000	0.333	0.333	0.000	1.000
欧洲基督教协会 - 欧洲基督徒环境网络	1.000	-1.000	1.000	-1.000	0.000	1.000
亚洲基督教议会	1.000	-1.000	0.000	1.000	0.000	1.000
泪水基金会	1.000	-1.000	0.500	0.000	0.000	1.000
加拿大联合教会	1.000	-1.000	0.000	1.000	0.143	0.714
世界归正宗教会联盟	1.000	-1.000	0.333	0.333	0.000	1.000
芬兰教会援助组织	1.000	-1.000	0.600	-0.200	0.000	1.000
美国全国基督教教协	1.000	-1.000	0.250	0.500	0.500	0.000

① 罗家德著：《社会网分析讲义（第二版）》，北京：社会科学文献出版社，2010 年版，第144 页。

2. 数据分析结果

首先，总体而言，普世水网络个体中心网是一个较为松散的网络，平均密度仅0.23。（参见表7）

表7　个体中心网密度

	平均值	关系总数
成员网络	0.2300	138.0000

其次，就网络结构而言，普世水网络、世界信义宗联盟、挪威教会援助组织、瑞典信义会和教会世界服务社等组织之间联系较密切。普世水网络个体中心网可分为四个派系（每个派系至少拥有5个成员）。第一个派系拥有普世水网络、瑞典信义会、教会世界服务社、拉丁美洲教会理事会、世界信义宗联盟和挪威教会援助组织等成员；第二个派系拥有普世水网络、瑞典信义会、教会世界服务社、世界信义宗联盟、挪威教会援助组织和芬兰教会援助组织等成员；第三个派系拥有普世水网络、施世面包组织、瑞典信义会、世界信义宗联盟和挪威教会援助组织等成员；第四个派系拥有普世水网络、全非教会联合会、施世面包组织、世界信义宗联盟和挪威教会援助组织等成员，除普世水网络外，世界信义宗联盟和挪威教会援助组织是所有四个派系的成员。具体分派情况详见图3。

再次，普世水网络、世界信义宗联盟、挪威教会援助组织、瑞典信义会、教会世界服务社和施世面包组织是网络中最重要的几个成员，处于网络的中心地位；联合基督教会、布道水基金会、杰伊布尔福音教会、萨尔瓦多信义会、近东教会理事会、泪水基金会、印度慈善信托基金、联合基督教会、朋友之家、欧洲基督徒环境网络和亚洲基督教议会与网络中其他组织合作

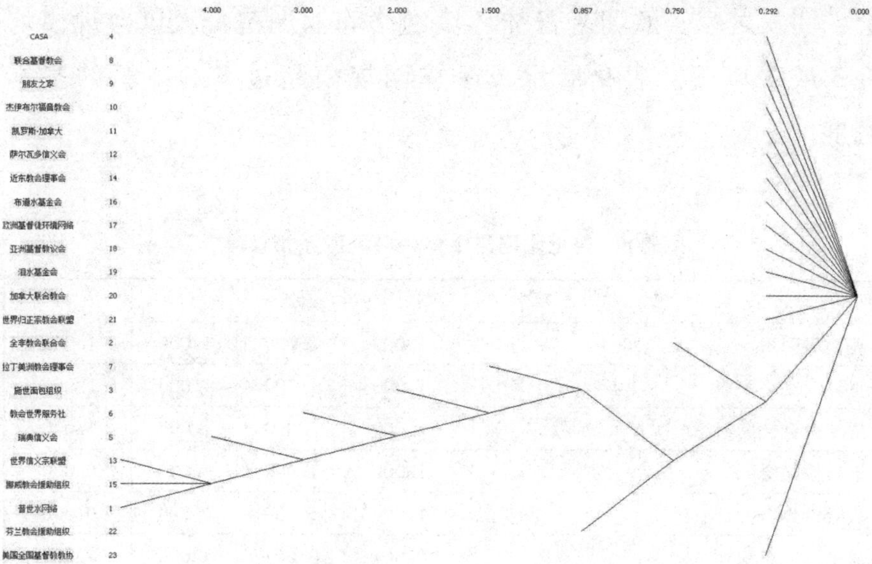

图 3　普世水网络个体中心网分派示意图

较少，处于网络的边缘地位。根据分派分析，普世水网络、世界信义宗联盟、挪威教会援助组织、瑞典信义会、教会世界服务社和施世面包组织属于两个或两个以上超过 5 个成员的派系；拉丁美洲教会理事会、芬兰教会援助组织和全非教会联合会是一个派系的成员；印度慈善信托基金、联合基督教会、朋友之家、欧洲基督徒环境网络和亚洲基督教议会不属于超过 5 个成员的派系，且与各派系相邻度最低（参见表 8）。根据结构洞分析，普世水网络、世界信义宗联盟、挪威教会援助组织、瑞典信义会、教会世界服务社和施世面包组织的有效规模、效率和等级度较高，限制度较低，同时，根据网络基本测度，这些组织的规模、关系总数、中间人次数、中间性等指标均较高。表 5 为网络中各组织的结构洞指数。从个体网规模上看，联合基督教会、布道水基金会、杰伊布尔福音教会、萨尔瓦多信义会、近东教会理事会、泪水基金会印度慈善信托基金、联合基督教会、朋友之家、欧洲基督徒环境网络和亚洲基督教议会规模均在3或3以下。表9展示了个体网规模超过1的组织的基本测度。

表8　普世水网络个体中心网派系相邻度

	1	2	3	4
普世水网络	1.000	1.000	1.000	1.000
世界信义宗联盟	1.000	1.000	1.000	1.000
挪威教会援助组织	1.000	1.000	1.000	1.000
瑞典信义会	1.000	1.000	1.000	0.800
教会世界服务社	1.000	1.000	0.800	0.600
施世面包组织	0.667	0.667	1.000	1.000
拉丁美洲教会理事会	1.000	0.833	0.800	0.600
芬兰教会援助组织	0.833	1.000	0.800	0.600
全非教会联合会	0.500	0.500	0.800	1.000
加拿大联合教会	0.500	0.333	0.400	0.600
凯罗斯 - 加拿大	0.500	0.333	0.400	0.400
杰伊布尔福音教会	0.333	0.333	0.400	0.400
萨尔瓦多信义会	0.333	0.333	0.400	0.400
近东教会理事会	0.333	0.333	0.400	0.400
世界归正宗教会联盟	0.333	0.167	0.200	0.400
布道水基金会	0.167	0.167	0.200	0.400
泪水基金会	0.167	0.167	0.200	0.400
美国全国基督教教协	0.500	0.333	0.200	0.200
印度慈善信托基金	0.167	0.167	0.200	0.200
联合基督教会	0.167	0.167	0.200	0.200
朋友之家	0.167	0.167	0.200	0.200
欧洲基督教协会 - 欧洲基督徒环境网络	0.167	0.167	0.200	0.200
亚洲基督教议会	0.167	0.167	0.200	0.200

表 9　普世水网络个体中心网基本测度（节录）

	规模	关系总数	可能存在的关系总和	密度	平均距离	直径	弱成分总数	弱成分数占网络规模比例	2 步内可达点数	可达效率	中间人次数	标准化中间人次数	中间性	标准化中间性
普世水网络	22	82.0	462.00	17.75	1.00	1.00	4.00	18.18	100.00	21.15	190.0	0.41	144.10	62.38
全非教会联合会	9	30.0	72.00	41.67	1.58	2.00	1.00	11.11	100.00	31.43	21.0	0.29	9.50	26.39
施世面包组织	5	18.0	20.00	90.00	1.10	2.00	1.00	20.00	100.00	37.29	1.0	0.05	0.25	2.50
瑞典信义会	8	38.0	56.00	67.86	1.32	2.00	1.00	12.50	100.00	30.14	9.0	0.16	2.95	10.54
教会世界服务社	7	32.0	42.00	76.19	1.24	2.00	1.00	14.29	100.00	32.35	5.0	0.12	1.70	8.10
拉丁美洲教会理事会	9	38.0	72.00	52.78	1.47	2.00	1.00	11.11	100.00	27.85	17.0	0.24	6.50	18.06
联合基督教会	3	4.0	6.00	66.67	1.33	2.00	1.00	33.33	100.00	68.75	1.0	0.17	0.50	16.67
杰伊布尔福音教会	2	2.0	2.00	100.00	1.00	1.00	1.00	50.00	100.00	64.71	0.0	0.00	0.00	0.00
凯罗斯－加拿大	5	14.0	20.00	70.00	1.30	2.00	1.00	20.00	100.00	40.00	3.0	0.15	1.17	11.67
萨尔瓦多信义会	2	2.0	2.00	100.00	1.00	1.00	1.00	50.00	100.00	64.71	0.0	0.00	0.00	0.00

续表

	规模	关系总数	可能存在的关系总和	密度	平均距离	直径	弱成分总数	弱成分数占网络规模比例	2 步内可达点数	可达效率	中间人次数	标准化中间人次数	中间性	标准化中间性
世界信义宗联盟	12	52.0	132.00	39.39	1.61	2.00	1.00	8.33	100.00	25.58	40.0	0.30	17.37	26.31
近东教会理事会	2	2.0	2.00	100.00	1.00	1.00	1.00	50.00	100.00	64.71	0.0	0.00	0.00	0.00
挪威教会援助组织	8	40.0	56.00	71.43	1.29	2.00	1.00	12.50	100.00	28.57	8.0	0.14	2.20	7.86
布道水基金会	3	6.0	6.00	100.00	1.00	1.00	1.00	33.33	100.00	59.46	0.0	0.00	0.00	0.00
亚洲基督教议会	2	2.0	2.00	100.00	1.00	1.00	1.00	50.00	100.00	75.86	0.0	0.00	0.00	0.00
泪水基金会	2	2.0	2.00	100.00	1.00	1.00	1.00	50.00	100.00	70.97	0.0	0.00	0.00	0.00
加拿大联合教会	7	24.0	42.00	57.14	1.43	2.00	1.00	14.29	100.00	33.85	9.0	0.21	3.45	16.43
世界归正宗教会联盟	6	16.0	30.00	53.33	1.47	2.00	1.00	16.67	100.00	41.51	7.0	0.23	3.17	21.11
芬兰教会援助组织	5	20.0	20.00	100.00	1.00	1.00	1.00	20.00	100.00	38.60	0.0	0.00	0.00	0.00
美国全国基督教教协	4	8.0	12.00	66.67	1.33	2.00	1.00	25.00	100.00	53.66	2.0	0.17	1.00	16.67

最后，从组织性质上看，普世水网络个体中心网同质性较高；从组织所处的国家上看，同质性低。根据同质性分析，普世水网络及其合作伙伴都是宗教组织，包括10个宗教性社会组织、6个教会和7个教会联合会。这23个组织分别设立在17个不同的国家。普世水网络个体中心网信仰类似，目标一致，凝聚力强，同时，该网络跨国性强，影响力较大。表6呈现了同质性分析的结果。

结语

肯尼斯·沃尔德（Kenneth D. Wald）等学者指出了宗教的三个面向，即教义、机构和社会/文化群体。这三个面向提供了宗教群体“激励和促进政治参与的能力”。[①] 以世基联普世水网络为代表的宗教群体对水人权倡议运动的参与，可以通过这三个面向来理解。首先，宗教教义为解构水务私有化乃至新自由主义全球化的合法性提供了思想基础。其次，宗教机构是水人权倡议乃至全球水治理跨国网络的构建者之一。最后，宗教文化有助于培育节能环保、敬畏自然的生活方式。

反对水务私有化的运动取得了一定的成就。根据荷兰跨国研究所发布的一份报告，水务重新公有化成为一个全球性趋势，公共部门逐渐夺回水及卫生服务的控制权，从2000－2014年这

① ［美］肯尼斯·D. 沃尔德、阿利森·卡尔洪—布朗著，刘倩洁译、徐以骅校：《美国语境下的宗教》，载徐以骅主编：《宗教与美国社会》（第十二辑），北京：时事出版社，2015年版，第45－46页。

15 年间，全球已知的水务重新公有化的案例已有 180 宗。[①] 同时，反对水务私有化的运动存在诸多局限性，尤其是联合国对水人权的承认有“口惠而实不至”之嫌。彼得·埃文斯在《别样的全球化是可能的吗?》一文中指出，反霸权的全球化有可能成功，但要满足以下四个条件：打破全球的南北分界、团结利益各不相同的人群、整合各个层面和各种规模的诉求、为公众提供一个相较于现状“大有改进并值得为之奋斗”的愿景。[②] 水人权倡议运动能够跨越全球南北分界，在发达国家和发展中国家都积极活动，但在整合各方利益和诉求、以及提供明确的更佳方案方面均有欠缺。此外，有学者指出，人权这一个人主义、人类中心主义、国家中心论的西方概念同私有化是兼容的，因此水人权倡议的话语策略具有很强的局限性。[③] 水人权概念的批评者们提出一系列替代性概念，包括公有物、自由的权利、另类全球化等。[④] 然而，所有替代性概念都有局限性，在现阶段，水人权依然是相对行之有效的提法。[⑤]

实际上，解决水危机不应陷入关于私有化的口舌之争。正如一些学者指出的，水资源及卫生服务的私有化、商业化并非实现水人权的关键障碍。关于水务私有化的讨论往往陷入情绪

① Satoko Kishimoto etc. , *Here to stay*: *Water remunicipalisation as a global trend* (London, Amsterdam and Paris: PSIRU, TNI and Multinational Observatory, 2014), https: //www. tni. org/files/download/heretostay – en. pdf（上网时间：2019 年 12 月 30 日）。

② Peter Evans, “Is an Alternative Globalization Possible?” *Politics & Society*, Vol. 36, No. 2 (Jun. 2008), pp. 287 –297.

③ Karen Bakker, “The ‘Commons’ Versus the ‘Commodity’: Alter – globalization, Anti – privatization and the Human Right to Water in the Global South,” in Becky Mansfield, ed. , *Privatization*: *Property and the Remaking of Nature – Society Relations* (Oxford: Blackwell Publishing, 2008), p. 55.

④ Oriol Mirosa and Leila M. Harris, “Human Right to Water: Contemporary Challenges and Contours of a Global Debate,” *Antipode*, Vol. 44, No. 3 (2012), pp. 933 –934.

⑤ Ibid. , p. 934.

化和意识形态化的漩涡，将水危机归因于水务私有化有过分简化之嫌。若要缓解水危机、真正实现水人权，需要全面的战略，政府必须鼓励多主体参与，建立一整套负责任的、回应性强的机制。[①] 从全球水治理网络的角度看，目前，水务私有化的支持者和反对者构成的网络都较为封闭，别样的世界水论坛的举办一定程度上表明世界水论坛代表性不足，反对水资源和卫生设施供给商业化的声音无法在官方的世界水论坛上表达。唯有水管理与治理的各个行为体之间摒弃分歧、开放网络、优势互补，才能真正缓解水危机，促进人们获取安全和清洁的饮用水和卫生设施的权利。正如联合国前秘书长潘基文所言："如何利用（或者说滥用）水资源不应是水行业管理者独自做出的决策，可持续发展目标的实现需要更多的相关者参与其中。我呼吁所有的政府领袖、社会组织、私营部门联合起来，保护和分享我们最宝贵的资源，共同努力为全人类建设更加可持续的美好未来。"[②]

---

① Catarina de Albuquerque and Inga T. Winkler, "Neither Friend nor Foe: Why the Commercialization of Water and Sanitation Services is not the Main Issue in the Realization of Human Rights," *Brown Journal of World Affairs*, Vol. 17, No. 1 (Fall/Winter 2010), pp. 168 - 177.

② 联合国教科文组织著、全球水伙伴中国委员会译：《联合国世界水发展报告 2015（上卷）：可持续发展世界之水》，北京：中国水利水电出版社，2016 年版，原版序一。

叙利亚阿拉维派近现代政治崛起的进程与影响

• 黄康睿

［内容提要］ 自阿拔斯王朝时代至法国委任统治阶段，阿拉维派在长达10个世纪的时期内处于阿拉伯社会的底层。在奥斯曼帝国不断衰弱与西方殖民者渗透中东地区的过程中，阿拉维派一方面迅速地掌握了国家军队这一关键性政治资源，另一方面实现了自身意识形态的现代化。现代化的意识形态使得阿拉维派能够借助政党的力量，参与到叙利亚独立后的政治活动当中，从而一举奠定了阿拉维派在官僚系统中的地位。由于阿拉维派的权力来自于现代化的国家军队与政党，这在很大程度上意味着叙利亚世俗化的必然趋势。从此角度，不难理解拥有浓厚宗教背景的穆斯林兄弟会等组织对叙利亚现政权的敌意与长期斗争的事实。

［关键词］ 阿拉维　叙利亚　现代化　世俗化

引　言

由于其宗教特性，阿拉维派在形成后饱受官方权威的压迫。与政治上的压迫同期而来的，是宗教迫害与经济剥削，这三者使得传统阿拉维派一直处于社会底层。与叙利亚的主要宗教派别——逊尼派相比，阿拉维派的宗教特点概括起来主要为三点："晚""殊""偏"。"晚"是指阿拉维派的形成相较于伊斯兰教的成立时间非常之晚，于第十一伊玛目哈桑·阿斯凯里（什叶派视角）逝世之后方逐渐形成。阿拉维派不仅形成时间晚，而且脱胎于什叶派，在那些正统逊尼派信徒眼中缺乏"合法性"。这在客观上限制了阿拉维派的传教能力；"殊"是指教义上的特殊。阿拉维派保留了什叶派发展过程中的"古拉特"思想：过度尊崇乃至神化阿里。"古拉特"思想使阿拉维派遭到逊尼派的严厉指责，被视为"异端"。为了保证生存，阿拉维派发展出严格遵循"血统主义"的传教特点：阿拉维派只允许父母都是阿拉维信徒的男性习得教义；"偏"是指传统阿拉维派的聚居地远离巴格达、巴士拉、大马士革等中东政治和经济中心，而集中在叙利亚西部的贫瘠山区，保持着一种阿拉维派信徒相对独立、实则孤立的生活和生产状态。这种聚居状态极大地限制了阿拉维派经济上的发展。上述三个特性使得传统阿拉维派不论在宗教层面、还是政治及经济层面，都极度缺乏与外界的交流互动，社团的地位也迟迟得不到合法的承认与保护。宗教地位在某种程度上是世俗地位的反映，宗教权力也需要世俗权力来维系。[①]

① ［美］沃格林著、霍伟岸译：《政治观念史稿·卷五：宗教与现代性的兴起（修订版）》，上海：华东师范大学出版社，2019 年版，第 17 页。

宗教地位的低下带给传统阿拉维派的是虚弱的政治行为能力。

反观现代的阿拉维派,① 其教团成员牢牢控制了叙利亚的复兴党、国家军队和安全部门，手握现代国家最为重要的政治资源，拥有强大的政治行为能力。这种地位的转变是一个颇值得讨论的学术话题，不能简单地用哈菲兹·阿萨德突出的个人能力来解释。阿拉维派从“弱政治行为能力”到“强政治行为能力”的转变过程，历时近一个世纪，在此过程中，阿拉维派屡遭外部势力干预。在诸多外部势力中，法国殖民者扮演了最关键的角色，它不仅打破了阿拉维派乃至整个叙利亚的社会体系，更直接促成了阿拉维派掌握和巩固了叙利亚的政治资源。笔者将会在下文着重回答三个问题：第一，在法国殖民者到来之际，为何是阿拉维派而非传统的逊尼派掌握政治资源；第二，阿拉维派是通过何种途径掌握政治资源的；第三，掌握政权后的阿拉维派面临何种宗教矛盾。把握这三个问题，有助于读者了解现代阿拉维派政治崛起的根源性因素，以及阿拉维派主导下的叙利亚政府所面临的主要权力矛盾。

一、传统阿拉维派政治地位与经济基础分析

由于宗教身份的差异，部分逊尼派学者把阿拉维派的掌权过程刻画成一个长期阴谋。② 他们认为，阿拉维派通过对叙利亚

① 从政治行为能力上看，“阿拉维邦（或‘阿拉维国’）”成立前后的阿拉维派完全不可同日而语，因此本文以20世纪20年代早期“阿拉维邦”的成立作为传统阿拉维派和现代阿拉维派的分界线。

② 叙利亚逊尼派人士发表的一系列对阿拉维派怀有敌意的表述，可参见 Danial Pipes, “The Alawi Capture of Power in Syria,” *Middle Eastern Studies*, Vol. 25, No. 4 (Oct. 1989), p. 429。

国家军队和复兴社会党的渗透来逐步攫取国家最高权力。诚然，宗教确实可以成为政治动员和参与的潜在资源。从社会现实角度来看，阿拉维派最终掌权的结果也符合此种表述的逻辑，但至于这种行为是否是有组织的计划，研究者尚需关注阿拉维派内部的架构。哪怕是拥有强大动员能力的教派，也很难被视为一个整齐划一的政治集体。因此，在对待一些具有宗教身份的政治人物的活动时，我们应当极为谨慎地处理宗教身份与其政治活动的关系。反观那些逊尼派学者的表述，他们批评的前提在于默认阿拉维派是一个能够统一行动的集体，阿拉维派通过宗教动员的模式使其信徒参与政治，并且最终成功获得国家最高权力。然而，这是否符合阿拉维派内部的组织结构及运作模式呢？或者说，在研究阿拉维派的政治行为时，是否需要将其作为一个宗教集团？

再者，阿拉维派能给其信徒带来什么利益？社会运动理论家们认为，组织或社团的存在是为了增进其成员的共同利益，并且需要实施必要的强制或激励手段来促使其成员实现共同利益。[①] 这样才能促使理性的个人为集团的共同利益而奋斗。多数参与政治的集团成员具备相似的经济基础，这种相似的经济基础是其追求共同政治利益的基石。从马克思主义理论的视角来看，这种经济基础决定了成员所处的阶级，以阶级为单位的政治追求便是阶级斗争。经济联系对集团的发展扩大也有着重要意义，共同的经济基础是组织规模从家庭规模的“初级集团”（primary groups）发展至现代社会“大集团”的动力来源。在具备了经济基础和共同政治利益以后，集团还应当具备相当程度的组织体系来保证集团力量的聚合。没有组织体系，就没有实

① ［美］曼瑟尔·奥尔森著，陈郁、郭宇峰、李崇新译：《集体行动的逻辑》，上海：三联书店，1995 年版，第 2－6 页。

现政治利益的制度化保证。因此，如果要确定阿拉维派能否作为一个政治意义上的宗教集体，不妨从经济基础、共同利益和组织体系三个视角来剖析。

（一）对阿拉维派信徒经济生活的分析

要对一个群体的经济生活进行详尽分析是一项浩大的工程，本文无意对阿拉维派信徒的生产方式、生产能力等方面进行全面细致的分析。本文对阿拉维派信徒进行经济分析的目的在于，指出阿拉维派内部存在着截然不同的生产及生活方式，否认其作为一个集团的共同经济基础的存在。

从聚居的地理位置上看，近代奥斯曼帝国治下的阿拉维派信徒可大致分为两大类：山地阿拉维信徒与低地阿拉维信徒。山地阿拉维信徒为定居于叙利亚西部山地（亦被称为努赛里亚山）的山民；低地阿拉维信徒则大部分居住于沿地中海平原地区，主要是拉塔基亚和塔尔图斯地区，还有少部分位于霍姆斯省和哈马省。低地阿拉维信徒来源于山地阿拉维信徒，当贫瘠的山地无法满足日益增长的需求时，一部分阿拉维信徒就会下山另谋生计，从而形成了聚居在平原地带的阿拉维信徒。山地阿拉维派信徒大多是农民或拥有土地的自耕农，也有不少是替阿拉维派内部上流家族佃作的佃农。在山地阿拉维信徒中，普通信徒与上层宗教人士有着截然不同的地位。

阿拉维派聚居的地中海东岸是整个叙利亚降水量最为丰沛的地区。然而，政治地位的缺失导致阿拉维派难以保证自己对田产的控制，因而聚居地自然条件的优势并未惠及阿拉维信徒。大量从事农业的阿拉维信徒无法在贫瘠的山区中生产能够满足日常需求的所有产品，他们需要与山区周遭城镇中的逊尼派或基督徒进行贸易以换取必要的工业制成品。由于贸易双方在生产力上的巨大差别，这种贸易在很大程度上是一种不平等交换，山地阿拉维派不得不遭受贸易带来的又一层剥削。低下的生产力与不平等的交换方式催生了一批以劫掠为生的阿拉维人，尚武善战的族群风格逐渐在阿拉维人当中传承下来。

低地阿拉维人则散落在地中海沿岸平原以及叙利亚内陆地区。由于缺乏独立的财产田产，他们与逊尼派之间的经济社会地位差距进一步增大。大多数低地阿拉维人靠着替逊尼派或基督徒的大地主佃作过活。他们收入极低，佃作所获往往不到产量的1/5。[①] 奥斯曼当局经常在拉塔基亚地区强征二倍甚至三倍于定额的赋税，这种赋税最终被转嫁到直接从事生产的低地阿拉维人身上，使其社会地位近乎于农奴。这些居住在平原城镇里的低地阿拉维人并不被逊尼派接纳，他们被禁止参与到城镇的日常事务中。

总体而言，尽管山地阿拉维人需要忍受不平等交换带来的经济剥削，但是拥有地产并直接从事农业生产的山地阿拉维人仍然保留了较高的经济自主性。彪悍尚武的族群性格避免了山地阿拉维人的利益被外界进一步侵蚀。他们能够在相对孤立的环境中保证自己长久以来的生产与生活方式。低地阿拉维人的状况则截然不同，他们在平原城市里完全没有赖以自立的经济基础，极端的贫困使低地阿拉维人在寄人篱下的生活中显得更为消沉、柔弱与顺从。[②] 这种消极情绪最终削弱了低地阿拉维人的抗争意识。

---

① Danial Pipes, "The Alawi Capture of Power in Syria," *Middle Eastern Studies*, Vol. 25, No. 4 (Oct. 1989), p. 437.

② Hanna Batatu, "Some Observations on the Social Roots of Syria's Ruling, Military Group and the Causes for Its Dominance" *Middle East Journal*, Vol. 35, No. 3 (Summer 1981), p. 335

(二) 对阿拉维派共同利益的分析

由于宗教追求、政治追求与经济追求三个方面的缺失，阿拉维派并不具备作为一个集团的共同利益，这使得阿拉维派缺乏激励信徒进行集体行动的手段。

1. 宗教追求的缺失

阿拉维派的教义大量保留了伊斯兰教发展初期的“古拉特”思想。在教义上，阿拉维派尊奉阿里为神，认为地位高于先知穆罕默德；在宗教实践上，阿拉维派不进清真寺礼拜，其宗教经典不包括《古兰经》，并且有自己的宗教庆典。[①] 因此，独特的宗教教义与信仰实践使得阿拉维派长期被逊尼、什叶两派认为是“异端”。逊尼与什叶两派的主要教法学派都不承认阿拉维派信徒具有合法的穆斯林地位。逊尼派对阿拉维派的歧视甚至引发了两起有记录的对阿拉维派的大规模屠杀。[②] 因此，对阿拉维派信徒来说，当他们处于一个充满敌意的环境中时，生存是最核心的宗教追求。阿拉维派通过严密的教义传承体系来保护教派的生存，其信徒不仅在外人面前严守教义，甚至对阿拉维派内部教胞也是如此。在教义的传承上，阿拉维派只允许父母都是阿拉维信徒的男性习得教义，女性则没有资格接触。当这些男性的可靠性被确认后，他们将在16－20岁的年纪第一次接

① Yvette Talhamy, “Conscription among the Nusayris (‘Alawis) in the Nineteenth Century” *British Journal of Middle Eastern Studies*, Vol. 38, No. 1 (Apr. 2011), p. 25.

② 一起发生在1317年，大约两万名阿拉维信徒遭到屠杀；另一起发生在1516年，又有约一万人罹难。对宗教灭绝的恐惧是阿拉维人转向山区避祸的直接原因，转引自Danial Pipes, “The Alawi Capture of Power in Syria,” *Middle Eastern Studies*, Vol. 25, No. 4 (Oct. 1989), p. 435。

触宗教仪式，并在之后逐渐接触到更多的宗教秘密。① 严守宗教秘密是阿拉维派信徒的义务。阿拉维派内部有着严厉的教规来处罚那些泄露教义的信徒。这种方式事实上令阿拉维派主动放弃了大规模传教的可能，对阿拉维派信徒而言，最大的宗教利益仅仅是保障教派的生存。

2. 政治追求的缺失

在高度政治化的伊斯兰世界里，政治地位与宗教地位牢牢挂钩。阿拉维派在放弃传教的同时，也意味着放弃了以宗教为基础的政治动员手段。主观上，阿拉维派移居山区避祸，选择主动远离政治中心，不再介入伊斯兰世界的政治斗争。客观上，宗教歧视带来的政治压迫也不允许阿拉维派有更多的政治追求。这一点即使在宗教政策相对开明的奥斯曼帝国时期，也并没有明显好转。阿拉维派不被奥斯曼当局视为“有经人”。因此，奥斯曼帝国治下的“米利特”（Millet）② 制度无法适用于阿拉维派。阿拉维派内部享受不到合法的自治权利，也无法通过缴纳“齐亚兹”税来取得逊尼派的保护。

3. 经济追求的缺失

无论是自耕、佃作还是劫掠，阿拉维派信徒从事的生产活动仅限于满足最基本的生存需求。经济追求的缺失直接意味着阿拉维派缺乏必要的物质激励；另一方面，前文已提到，保证教派的生存始终是阿拉维派一个最核心的宗教目标，因此阿拉维派极为有限的经济野心避免了与逊尼派信徒的直接冲突。阿拉维派农民是一个非常庞大的群体，构成了叙利亚地区最重要的农业劳动力。在阿拉维派信徒分布的地区，他们几个世纪以

① Danial Pipes, “The Alawi Capture of Power in Syria,” *Middle Eastern Studies*, Vol. 25, No. 4 (Oct. 1989), p. 431.

② “米利特”指的是奥斯曼帝国时期拥有一定合法自治权的宗教团体。

来始终是粮食的供应者。这个特殊地位在一定程度上保证了阿拉维派的生存，因为逊尼派精英默许了阿拉维派作为廉价劳动力的存在。1317 年，一些阿拉维派信徒发动了一场反对马穆鲁克王朝苏丹统治的叛乱。当苏丹下令用武力镇压之时，的黎波里大埃米尔劝阻苏丹，认为阿拉维派替穆斯林耕作土地，如果将阿拉维派信徒赶尽杀绝，将会反过来削弱穆斯林。[1]

（三）对阿拉维派组织体系的分析

就组织形式而言，低地阿拉维人与山地阿拉维人有所不同。山地阿拉维人长期与外界隔绝，远离政治中心，保留了阿拉伯人部落政治的传统，部落成员对部落首领效忠，部落内部具有一定的认同感。无论贵贱，山地阿拉维派成员在几个世纪之久的孤立中发展出了强烈的部落依附关系和独立精神。[2] 然而，阿拉维派被划分为四个部落，[3] 这些部落严格来说并不是一个统一的有强大内部凝聚力的等级结构，部落之间也不具备一个类似中央领导的权威，跨部落的关系比较松散。而低地阿拉维人则由于缺乏形成大家族、强部落的独立经济基础与和谐的社会环境，散居于各城市的低地阿拉维派的教派与部落纽带更为脆弱。在低地阿拉维人中间，难以存在类似山地阿拉维人的部落首领或是谢赫（shaykh），其内部也不具有纵向的部落结构。因此，

---

① Hanna Batatu, "Some Observations on the Social Roots of Syria's Ruling, Military Group and the Causes for Its Dominance," *Middle East Journal*, Vol. 35, No. 3 (Summer 1981), p. 333.

② Mahmud A. Faksh, "The Alawi Community of Syria: A New Dominant Political Force," *Middle Eastern Studies*, Vol. 20, No. 2 (Apr. 1984), p. 136.

③ 四个部落分别为 al – Matawirah, al – Haddadin, al – Khayyatin, al – Kalbiyyah，每个部落内部又存在一些积怨已久的大家族。可参见 Yvette Talhamy, "Conscription among the Nusayris ('Alawis) in the Nineteenth Century," *British Journal of Middle Eastern Studies*, Vol. 38, No. 1 (Apr. 2011), p. 30。阿萨德家族来自 al – Matawirah 部落。

低地阿拉维派成员在部落组织的结构强度上不如山地阿拉维派。

简而言之，阿拉维派并不构成一个统一的、凝聚的、具有清晰结构的群体。他们是一个缺乏组织与政治影响力的社群。[①]我们显然不能把这样一个社群成员的个体表现看成是集体行动。不然，我们便无法解释阿拉维派诸多自相矛盾的行为。阿拉维派信徒对法国人的到来持着一种暧昧的态度，他们既不与逊尼派合作对抗法国殖民者，亦不屈身于法国人来对抗逊尼派。阿拉维派在法国殖民者与逊尼派的夹缝中不断寻求自身教派的自治与安全。当以逊尼派阿拉伯为首的民族主义者召开国民大会的时候，阿拉维派拒绝派遣代表参会；但是当阿拉维派发现法国具有分割叙利亚的企图之时，阿拉维派亦发动了针对法国殖民当局的武装叛乱。[②] 这种相互矛盾的做法恰恰表明，阿拉维派内部并无一个中央权威。

所以，阿拉维派内部并不存在、也不可能存在一个强有力的机构来“指导”信徒开展长期的“夺权”活动。因此，这样一个在政治上疲软的教派如何能够走到叙利亚政治的前台上来，必然有着深刻的社会经济与国际政治因素。社会经济地位的改变与国际形势的变化，在阿拉维传统聚居区内引发了剧烈的变革，这种变革才是促使阿拉维信徒掌握政治资源的重要因素。

---

① Mahmud A. Faksh, “The Alawi Community of Syria: A New Dominant Political Force,” *Middle Eastern Studies*, Vol. 20, No. 2 (Apr., 1984), p. 137.

② Matti Moosa, *Extremist Shiites: Ghulat Sects* (Syracuse, N. Y.: Syracuse University Press, 1988), pp. 282 – 285.

二、宗教流动与政治资源的获取

宗教流动指“从一个宗教派别（denomination）改宗至另一个宗教派别；或是一个信仰团体（religious group）改信至另一个信仰团体；抑或是从无宗教信仰者与某个宗教信仰之间的相互转换的过程”。[①] 彼得·伯格（Peter Ludwig Berger）从功能主义角度认为，宗教是“用神圣的方式来进行秩序化的人类活动”。[②] 在这一视角下，宗教流动起到的社会功能在于打破旧有的宗教社会结构秩序。上文提到，阿拉维派（尤其是山地阿拉维派）在很长一段历史中，都以一种孤立且近乎独立的形态存在于叙利亚社会。这种生存形态使得阿拉维派的宗教边界与聚居地的自然地理边界基本吻合，难以从内部自发形成大规模的宗教流动。因此，外部因素是促使阿拉维派宗教流动的最直接推动力。奥斯曼帝国和法国托管当局作为对阿拉维派最有影响力的外部势力，都在很大程度上革新了阿拉维派的宗教实践。这种变化与泛阿拉伯主义结合，极大地提升了阿拉伯伊斯兰世界对阿拉维派的认可度，成为阿拉维派掌权的合法性来源之一。除了宗教认可度这一外因，阿拉维派取得权力的内生性因素就是掌握军队。在法国托管当局治下，大量阿拉维信徒被吸纳进军队，成为日后阿拉维派获得叙利亚最高权力的必要条件。

① Jon P. Alston, “Religious Mobility and Socioeconomic Status,” *Sociological Analysis*, Vol. 32, No. 3 (Autumn 1971), p. 140.

② ［美］彼得·贝格尔著、高师宁译：《神圣的帷幕》，上海：上海人民出版社，1991年版，第33页。

（一）奥斯曼帝国时期阿拉维派政治地位的变化：宗教认可度的提升

严格说来，奥斯曼帝国内部曾出现过两个对阿拉维派有影响力的权威：一是来自伊斯坦布尔的帝国中央政府；二是埃及总督穆罕默德·阿里。穆罕默德·阿里染指叙利亚后，试图在叙利亚强制推行征兵制。埃及对叙利亚的征兵制表现出一种无序状态，强拉壮丁、长达12年的超长服役年限等因素导致士兵大量逃亡。阿拉维人对全面兵役制这一近代化的产物相当抵触，他们在奥斯曼帝国的支持下与阿里政权展开了武装斗争。[①] 当伊斯坦布尔方面于1841年从阿里手中夺回叙利亚后，将阿里的兵役制继续推行了下去，因而帝国中央也不得不面对阿拉维派的武装反抗。奥斯曼帝国屡次派军队镇压阿拉维派的叛乱，双方的冲突延宕至19世纪70年代中叶。进入70年代以后，一方面由于俄土战争和镇压巴尔干半岛民族运动的需要，奥斯曼帝国难以维持叙利亚地区的驻军数量；另一方面，西方殖民者在叙利亚地区借助传教开展的渗透活动初见成效。奥斯曼帝国的内外安全形势严重恶化，为此，伊斯坦布尔方面不得不改变针对阿拉维派的强硬政策。

阿拉维派的信仰[②]与信仰实践[③]中融合了部分基督教的因素，由此构成了早期英法殖民者视其为基督徒的宗教依据。[④] 19世纪后期，法国以马龙派保护者的身份自居，将扩张的触角伸至

---

① Yvette Talhamy, "Conscription among the Nusayris ('Alawis) in the Nineteenth Century," *British Journal of Middle Eastern Studies*, Vol. 38, No. 1 (Apr. 2011), pp. 28 – 30.

② 如阿里、穆罕默德、法尔西"三位一体"的教义为核心。

③ 如祭祀时食用圣餐与圣酒这一具有强烈天主教色彩的仪式。

④ 最早接触阿拉维派的西方传教士认为阿拉维派接受了基督教诺斯替派的信仰。可参见 Yaron Friedman, *The Nusayri – 'Alawis: An Introduction to the Religion, History and Identity of the Leading Minority in Syria* (Leiden and Boston: Brill, 2010), p. 69。

黎巴嫩地区。“得陇望蜀”的法国殖民者对信仰独特的阿拉维派青睐有加，试图借着联系阿拉维派的宗教名义，将势力范围推进至拉塔基亚和塔尔图斯地区。伊斯坦布尔的统治者意识到了阿拉维派被法国拉拢的危险，开始有意接纳甚至同化阿拉维派，引导其信仰“正统”伊斯兰教。在 1879 – 1890 年米德哈特（Midhat）帕夏担任叙利亚总督时期，总督向阿拉维派保证，只要阿拉维派缴税与服役，官方便不再采取镇压行动并且将会给予他们正式的自治地位。[①] 服役是穆斯林的义务，非穆斯林以纳税的方式免除兵役，对阿拉维派征兵意味着官方承认其穆斯林地位。奥斯曼帝国的征兵法令规定，除了女性、两圣地及伊斯坦布尔居民、宗教职员和学生以外的所有穆斯林必须要服兵役。[②] 阿拉维派、十二伊玛目派和伊斯玛仪派等少数派也在应征之列，这意味着奥斯曼帝国在国家法律（而非宗教法令）层面上认可了阿拉维的穆斯林地位。此外，奥斯曼当局还在阿拉维信徒聚居地拨款修建了清真寺、学校、医院等公共机构。在为阿拉维派新修的清真寺里，奥斯曼帝国将哈乃斐派的礼拜方式确立为合法礼拜。[③] 这种渗透逐渐打破了阿拉维派的固有传统，使其从一个长期孤立的教派开始向主流伊斯兰教派靠近。

（二）法国委任统治时期阿拉维派政治地位的变化：政治资源的掌握

自马穆鲁克时代以来的宗教压迫，让阿拉维派学会了如何善

① Matti Moosa, *Extremist Shiites: Ghulat Sects* (Syracuse, N. Y.: Syracuse University Press, 1988), pp. 278 – 279.

② Yvette Talhamy, “Conscription among the Nusayris (Alawis) in the Nineteenth Century,” *British Journal of Middle Eastern Studies*, Vol. 38, No. 1 (Apr. 2011), p. 26.

③ Martin Kramer, *Arab Awakening and Islamic Revival: The Politics of Ideas in the Middle East* (New Brunswick and London: Transaction Publishers, 1996), p. 191.

用“塔基亚”原则以隐藏自己。“塔基亚”原则允许阿拉维派隐瞒自己的真实信仰，以跟随政治风向求得生存。当法国殖民者到来的时候，部分阿拉维派信徒将自己描述成失落的基督徒，当泛阿拉伯主义思潮正炽的时候，他们又突出自己的阿拉伯身份。[①] 阿拉维派迎合法国殖民者的态度，也促成了法国人许多的政策照顾。1918 年奥斯曼帝国的崩溃使得叙利亚地区产生了巨大的权力真空。根据英法秘密签署的《赛克斯—皮科协定》（Sykes – Picot Agreement），叙利亚被视为法国的“势力范围”。在对黎凡特（Levant）地区实施了短暂的军管后，法国被国联授予对叙利亚的托管权。为了分化打击叙利亚的阿拉伯民族主义运动，1920 年，法国托管当局将托管区域分为四个大区：大黎巴嫩（The Greater Lebanon）、大马士革邦（The State of Damascus）、阿勒颇邦（The State of Aleppo）以及拉塔基亚领地（Territory of Latakia）。之后，法国又增设德鲁兹自治邦（Jabal al – Druze State）与亚历山大勒塔省（Sanjak of Alexandretta）。[②] 1922 年 7 月 1 日，拉塔基亚领地升格为“阿拉维邦”（Alawis State）。相继成立的自治邦给法国各托管区内的少数族群带来了空前的权力。

法国托管当局不仅靠行政区划授予自治权来刻意抬高阿拉维派的政治地位，还通过兵役制度，吸纳了大量阿拉维派参与到托管当局的政治系统当中，这为日后阿拉维派的崛起打下了最坚实的权力基础。法国托管当局的兵役制展现出阿里政权、奥斯曼政权难以企及的吸引力。综合来看，有两个主要因素导致了阿拉维

---

① Danial Pipes, “The Alawi Capture of Power in Syria,” *Middle Eastern Studies*, Vol. 25, No. 4 (Oct. 1989), p. 434.

② 这里所谓的“邦”指法国托管当局统治下，具有半自治地位的政治体。可参见 Itamar Rabinovich, “The Compact Minorities and the Syrian State, 1918 – 1945,” *Journal of Contemporary History*, Vol. 14, No. 4 (Oct. 1979), p. 695。

派对各政权的兵役制态度不一：首先，法国的兵役制配以相对完整的后勤体系与较为公正的晋升渠道（在当地各族群之间而言）。这意味着，替托管当局服役所能享受的待遇与预期要远远高于阿里政权或奥斯曼政权。在奥斯曼政府治下，士兵很可能被派遣到远离家乡的帝国省份。此外，阿拉维信徒仅仅由于出身，便注定无法在军队里获得高阶军衔或是重要职位。因此，阿拉维派将奥斯曼的兵役制看作是一种惩罚。① 其次，在经历第一次世界大战后，前奥斯曼地区的经济受到了不同程度的损害，特别是没有政治地位、经济基础薄弱的少数教派受到的损害尤为严重。战后，许多阿拉维家庭无力供养家中的多余人口，甚至不得不将女儿卖给更富裕的逊尼派。② 对于大多数极端贫困的阿拉维人来说，在法国托管当局下服役意味着拥有一份还算不错的收入，减少了家庭中的过剩劳动力与经济负担。1921－1945 年，在法国托管当局组建的 8 个步兵营中，有 3 个营全部或是大部由阿拉维人组成，没有任何一个营由逊尼派阿拉伯人构成。在骑兵部队里，逊尼派也仅仅组成了 12 个骑兵中队中的 3 个，余下的作战单位则全部由少数派组成。③ 阿拉维派通过军队系统打开了通往社会上层的渠道。一些阿拉维士兵接受军校教育后成为军官，他们得以定居城镇，并且持续吸纳自己的家族成员进入军队。叙利亚独立之后，阿拉维派反而成了军队中的多数派，掌握了国家最重要的强力机关，为未来的政治崛起奠定了权力基石。

法国托管当局一方面提升了阿拉维派的政治地位，另一方面

① Yvette Talhamy, "Conscription among the Nusayris (Alawis) in the Nineteenth Century," pp. 39－40.

② Matti Moosa, *Extremist Shiites: Ghulat Sects* (Syracuse, N. Y.: Syracuse University Press, 1988), p. 293.

③ Hanna Batatu, "Some Observations on the Social Roots of Syria's Ruling, Military Group and the Causes for Its Dominance," *Middle East Journal*, Vol. 35, No. 3 (Summer 1981), p. 341.

也在推动阿拉维派的宗教变革。当“阿拉维邦”成立后，阿拉维人很快发现，本国没有适当的教法来约束境内公民。在帝国时期，奥斯曼当局在帝国全境推行逊尼派的哈乃斐教法，境内法律由逊尼派教法庭执行。[①] 阿拉维派的内部事务则依照阿拉维派传统习惯来处理，奥斯曼帝国也无意干涉其内部事务。然而，阿拉维的传统习惯没有任何教法效力，而且各类琐碎的传统习惯过于繁杂，要将其汇编成具有法律效力的法典是一项浩大工程。因此，1922 年，法国托管当局决定直接引入成熟的十二伊玛目派教法。[②] 此后，以十二伊玛目派教法为主，糅合了部分阿拉维派传统的法律开始在阿拉维邦内通行。

由于奥斯曼和法国托管当局的行政干预，阿拉维派的宗教面貌发生了很大改变。阿拉维派的普通信徒开始进清真寺礼拜，谢赫们也纷纷前往什叶派的经学院，系统学习神学体系。这种联系与泛阿拉伯主义思潮等共同作用，促进了阿拉维派与伊斯兰世界的整合。[③] 1936 年，逊尼派教法学家，耶路撒冷大穆夫提阿明·胡塞尼（Muhammad Amin al – Husayni）颁布了历史上第一条认可阿拉维派为穆斯林的教令（Fatwa），在宗教层面上标志着伊斯兰世界承认阿拉维派的开端。

在逊尼派试图整合阿拉维派力量来对抗殖民者时，殖民者也在努力分化阿拉维派与逊尼派的关系。为了有效镇压逊尼派领导的反对活动，法国托管当局有所选择地将逊尼派大众排除在强力机构之外。阿拉维派则是法国托管当局的扶持对象，由于经济困

---

① Martin Kramer, *Arab Awakening and Islamic Revival*: *The Politics of Ideas in the Middle East* (New Brunswick and London: Transaction Publishers, 1996), p. 192.

② Ibid., pp. 191 – 192.

③ Yaron Friedman, *The Nusayri – ‘Alawis*: *An Introduction to the Religion*, *History and Identity of the Leading Minority in Syria*, p. 235.

难，阿拉维派愿意与法国托管当局合作，共享奥斯曼帝国废墟上的权力。因此可以说，阿拉维派是在政策与经济因素的共同驱使下，逐步强化了自身在叙利亚军队中的地位。

三、政治资源的巩固与权力结构

叙利亚的世俗化程度走在了阿拉伯诸国的前列，笔者以为，叙利亚世俗化的必然性根植于阿拉维派所掌握的政治资源。阿拉维派通过政党的组织形式，巩固了业已取得的政治资源。大量阿拉维人凭借家族、部落网络，跟随家族中先行发迹的军官、高级士官定居于城市，逐步接受了现代化的意识形态，为接纳现代化的政党组织提供了思想土壤。叙利亚独立后，阿拉维派对下一代教育的追求变得越来越积极和执着，大量阿拉维信徒举家迁往城镇中，以便子女能够接受高等教育。[①] 叙利亚的经济状况并未因独立而有所好转，由于有限的职业选择，那些受过教育的、来自贫困家庭的青年在步入社会之后，并没有充分的就业机会。他们积极投身各类运动，以追求社会地位、实现政治诉求。[②] 这些青年被活跃在政坛上的各个党派所拉拢。不少左翼党派对社会地位低下的阿拉维派抱以同情，尤其是阿拉伯复兴党，其党章明确指出："阿拉伯民族是一个文化整体，任何在它的子孙中存在的宗教、教派、种族、地区等差异都是偶然的、次要的，这些差异会

① Michael H. Van Dusen, "Political Integration and Regionalism in Syria," *Middle East Journal*, Vol. 26, No. 2 (Spring 1972), p. 133.

② Ibid., p. 127.

随着阿拉伯意识的觉醒而消失。”[①] 由于浓厚的泛阿拉伯主义色彩，复兴党吸引了大量包括阿拉维派在内的阿拉伯族裔少数教派。

复兴党在创建之初并不是叙利亚政坛影响力最大的政党，阿拉维派的政治资源也仅仅局限于军队。政府内，政权仍然由来自大马士革、阿勒颇等大城市的逊尼派精英主导，宗教少数派被排除在权力结构之外。[②] 在阿拉伯联合共和国时代，包括复兴党在内的所有政党被纳赛尔强行取缔，完全打乱了叙利亚原本的政治格局。埃叙分裂后，叙利亚国内没有一家独大的政党来主导叙利亚政坛，这为军方干预提供了便利。[③] 1963 年，复兴党军事委员会领导政变取得成功，大量出身农村的下级军官获得了对军队的领导地位。军事委员会夺得了军队中的关键职位后，开始进一步对文官机构的日常管理、国家机器及政党自身运作进行干涉。[④] 需要指出的是，尽管军事委员会成员占据了军方各重要岗位，他们仍旧面临着来自军队内部严重的潜在威胁。军事委员会的成员们认为，将复兴党的思想注入军队是维持军事委员会领导权的唯一保障。[⑤] 在经历了一系列的意识形态灌输运动以及权力斗争后，叙利亚的国家军队被复兴党完全控制。阿拉维派无论是在军队中，还是在复兴党中，都具有了举足轻重的地位。绝大多数复兴党军事委员会的高级军官，包括核心成员穆罕默德·乌姆兰

---

① Nikolaus Van Dam, *The Struggle for Power in Syria: Politics and Society under Asad and the Ba 'th Party* (London and New York: I. B. Tauris, 2011), p. 15, 转引自赵娜、马帅：“叙利亚复兴党的演变及其对叙利亚内战的影响”，载《阿拉伯世界研究》，2018 年第 6 期，第 33 页。

② 赵娜、马帅：“叙利亚复兴党的演变及其对叙利亚内战的影响”，第 35 页。

③ Amos Perlmutter, “From Obscurity to Rule: The Syrian Army and the Ba' th Party,” *The Western Political Quarterly*, Vol. 22, No. 4 (Dec. 1969), p. 837.

④ 赵娜、马帅：“叙利亚复兴党的演变及其对叙利亚内战的影响”，第 33 页。

⑤ Avraham Ben - Tzur, “The Neo - Ba' th Party of Syria,” *Journal of Contemporary History*, Vol. 3, No. 3 (Jul. 1968), pp. 164 - 165.

(Muhammed Umran)、萨拉赫·贾迪德 (Salah Jadid)、哈菲兹·阿萨德 (Hafiz Assad) 等都来自阿拉维派。从 1966 年开始，担任复兴党叙利亚地区领导机构副书记的萨拉赫·贾迪德就被认为是叙利亚的实际统治者。哈菲兹·阿萨德于 1970 年发起的“纠正运动”，可以看作是政党—军队共同体中的阿拉维精英之间的权力再分配。这一再分配的过程本身，即证明了阿拉维派难以撼动的地位。

从复兴党（叙利亚地区领导机构）全党层面来看，出身阿拉维派的党员在比例上并没有占据统治地位（见表 1），但如果将这一比例和地区领导机构的军方代表的比例做比较（见表 2），便能明显发现阿拉维派在军队代表中的过度代表现象。军方被认为是叙利亚最重要的统治者。[①] 可以说，阿拉维派在叙利亚军队中的比例优势是获得最高权力的关键。

表 1 不同宗教派别的阿拉伯复兴社会党

叙利亚地区领导机构党员代表（1963–1976 年）

时间	1963 年 9 月–1966 年 2 月	1966 年 3 月–1970 年 11 月	1970 年 11 月–1976 年	1963 年 9 月–1976 年
逊尼派	54.0%（27）	51.6%（33）	69.6%（39）	58.2%（99）
阿拉维派	14.0%（7）	23.5%（15）	21.4%（12）	20.2%（34）
德鲁兹派	20.0%（10）	9.4%（6）	3.6%（2）	10.6%（18）
伊斯玛仪派	10.0%（5）	9.4%（6）	0	6.5%（11）
基督徒	2.0%（1）	6.3%（4）	5.4%（3）	4.7%（8）
合计	100.0%（50）	100.0%（64）	100.0%（56）	100.0%（170）

资料来源：Nikolaus van Dam, “Sectarian and Regional Factionalism in the Syrian Political Elite,” *Middle East Journal*, Vol. 32, No. 2 (Spring 1978), Table V, p. 208.

① Nikolaus van Dam, “Sectarian and Regional Factionalism in the Syrian Political Elite,” *Middle East Journal*, Vol. 32, No. 2 (Spring 1978), p. 203.

表 2　不同宗教派别的阿拉伯复兴社会党

叙利亚地区领导机构军方代表（1963－1976 年）

时间	1963 年 9 月－1966 年 2 月	1966 年 3 月－1970 年 11 月	1970 年 11 月－1976 年	1963 年 9 月－1976 年
逊尼派	35.0%（7）	42.1%（8）	57.1%（8）	43.4%（23）
阿拉维派	30.0%（6）	42.1%（8）	42.9%（6）	37.7%（20）
德鲁兹派	25.0%（5）	0	0	9.4%（5）
伊斯玛仪派	10.0%（2）	15.8%（3）	0	9.4%（5）
基督徒	0	0	0	0
总计	100.0%（20）	100.0%（19）	100.0%（14）	100.0%（53）

资料来源：Nikolaus van Dam, "Sectarian and Regional Factionalism in the Syrian Political Elite," *Middle East Journal*, Vol. 32, No. 2 (Spring 1978), Table VI, p. 209.

阿萨德执政后终结了叙利亚政变频仍的局面，进入到一个政治相对平稳的时期。笔者以为，这是叙利亚政治格局与权力结构相平衡的结果，首先是政党—军队平衡关系的达成，其次是政党—社会平衡关系的达成。以往逊尼派领导的文官政府难以驾驭军队，军队中的阿拉维派也没有政府内的“代理人”，导致叙利亚军政关系极不平衡。在贾迪德“幕后统治”时期，复兴党很好地达成了与军队力量的整合，消除了一大不平衡关系。在阿萨德统治时期，则达成了政党与社会关系的平衡。由于逊尼派构成了叙利亚社会的主体，这也意味着，阿萨德利用复兴党的组织形式，妥善处理了阿拉维派与逊尼派之间的关系。这种关系体现在两个不同的维度上：农村（大众）逊尼派及城市（精英）逊尼派与复兴党的关系、世俗主义逊尼派及宗教激进主义逊尼派与复兴党的关系。笔者将在下文中简要论述这几对关系的变化，有助于读者理解复兴党的权力结构及面临的矛盾。

从叙利亚独立到 1963 年复兴党上台之前，主要是来自大城市（特别是大马士革和阿勒颇两城）的逊尼派资产阶级、保守型政党占据了政权的高层，那些宗教少数派（尤其是被视为

“异端”的阿拉维派、伊斯玛仪派、德鲁兹派）则面临着来自于逊尼派的政治歧视。[①] 1963 年复兴党左翼发动政变上台以后，政治上的教派格局与阶级形势发生了逆转。阿拉维派的影响力从军队扩大到政府；旧精英或是流亡境外，或是停止活动，政治基础被完全摧毁。[②] 政变后掌权的阿明·哈菲兹开展激进的国有化运动。至 1965 年，国家完全控制了现代工业企业，城市资产阶级甚至包括中小私营资本在经济上受到沉重打击，传统资产阶级的经济基础被彻底铲除。[③] 在阿明·哈菲兹执政时期，国有化运动尚未触及农业领域，到了 1966 年萨拉赫·贾迪德上台后，叙利亚开始在农业领域内推行土地改革和农业集体化。由于农民缺乏必要的资金、技术、市场方面的支持，土地改革过程并不成功，大量田地被抛荒，叙利亚全国的农业形势明显恶化。[④]

国有化运动与土地改革对叙利亚经济造成的冲击危及复兴党的执政地位，阿萨德打着“纠正”激进路线的口号，于 1970 年推翻贾迪德政府。被视为“温和”务实派的阿萨德由此受到逊尼派的欢迎。[⑤] 经济上，阿萨德中止了复兴党左翼执政时期的激进

---

① Nikolaus van Dam, “Sectarian and Regional Factionalism in the Syrian Political Elite,” *Middle East Journal*, Vol. 32, No. 2 (Spring 1978), p. 203.

② 美国中央情报局解密档案：“Syria: Sunni Opposition to the Minority Alawite Regime”，第 2 页，文件编号：CIA - RDP86T00587R000200220002 - 2。参见官方网站：https://www.cia.gov/library/readingroom/docs/CIA - RDP86T00587R000200220002 - 2.pdf（上网时间：2019 年 11 月 6 日）。

③ 王新刚著：《中东国家通史：叙利亚和黎巴嫩卷》，北京：商务印书馆，2007 年版，第 236 - 238 页。

④ Ziad Keilany, “Land Reform in Syria,” *Middle Eastern Studies*, Vol. 16, No. 3 (Oct., 1980), p. 218.

⑤ 美国中央情报局解密档案：“Syria: Sunni Opposition to the Minority Alawite Regime”，第 1 页，文件编号：CIA - RDP86T00587R000200220002 - 2。参见官方网站：https://www.cia.gov/library/readingroom/docs/CIA - RDP86T00587R000200220002 - 2.pdf（上网时间：2019 年 11 月 6 日）。

路线，修复了复兴党与城市资产阶级的关系。在农业改革的基础上，阿萨德加速成立农业合作社，加大对农民的资金和技术支持，扩大灌溉区域，全国粮食产量有了明显好转，粮食危机得到缓解。[①] 政治上，阿萨德拉拢出身农村地区的逊尼派，打造出一个“信仰多元政权”（multiconfessional regime），令逊尼派成员可以通过复兴党内的渠道取得较高的政治地位。[②] 为了获取更广泛的群众支持，复兴党在农村地区建立大量的基层组织，[③] 保证了“信仰多元政权”的新鲜血液和群众基础。

由于世俗化倾向，复兴党的反对力量主要来自于有宗教背景的政治团体。从20世纪60年代开始，叙利亚穆兄会成为了最强大的反政府力量。由于阿萨德的政策成功争取到大部分逊尼派的支持，穆兄会得到的支持反而极为有限。穆兄会的支持者来源于因复兴党国有化运动而利益受损的商人（国家干预贸易的反对者）。[④] 他们强调复兴党的阿拉维色彩，指责阿拉维信仰为“异端”，号召推翻阿萨德的统治。阿萨德亦将穆兄会视为最严重的安全威胁，采取坚决的镇压措施。“哈马事件”之后，穆兄会在叙利亚的国内基础被摧折殆尽，不得不放弃武装斗争路线，将骨干转移至国外。

从权力视角来看，世俗化是作为一个政治组织的宗教迫不得已向更为强大的政府让渡权力的过程。在世俗化过程中，宗教逐

---

① Ziad Keilany, “Land Reform in Syria,” *Middle Eastern Studies*, Vol. 16, No. 3 (Oct. 1980), pp. 218 –219.

② 叙利亚内阁重要成员往往是逊尼派出身，如曾任总理的穆罕默德·哈拉比（Muhammad Halabi），防长穆斯塔法·塔拉斯（Mustapha Talas）以及外长阿卜杜勒·哈利姆·卡达姆（Abdul Halim Khaddam）等皆属逊尼派。

③ 美国中央情报局解密档案：“The Ba’th Party of Syria”，第1页，文件编号：CIA – RDP88T00096R000300330001 – 3。参见官方网站：https：//www. cia. gov/library/readingroom/docs/CIA – RDP88T00096R000300330001 –3. pdf（上网时间：2019年11月6日）。

④ 美国中央情报局解密档案（机密级）：“The Ba’th Party of Syria”，第8页。

渐将大量政治权力如交战权、征税权、立法权、司法权等让渡给现代政府，使宗教地位退至个人信仰领域。阿拉维派通过军队、政党控制叙利亚的政权，而非依靠阿拉维派的宗教力量，说明阿拉维派的权力完全来自现代化的组织。在阿拉维派和逊尼派的关系中，世俗化与泛阿拉伯主义两大因素起到了明显的缓冲作用。宗教激进主义者恰恰是反世俗与反阿拉伯主义的。[①] 沿着这个逻辑不难推导出，只要阿拉维派继续掌握权力，世俗化趋势和强化阿拉伯认同将只增不减。在强化阿拉伯认同上，叙利亚现总统巴沙尔·阿萨德不断强调："我们比上一代人更认同泛阿拉伯主义。"[②] 在世俗化方面，阿拉维派只有确保世俗化，才能保证自身的政治地位。在叙利亚世俗化的过程中，权力损失最大的正是基于传统宗教力量的组织。从叙利亚反对派的构成上看，穆斯林兄弟会占据了"叙利亚全国委员会"（Syrian National Council）最多的席位，也被认为是叙利亚内战中反对巴沙尔政权的主导性力量。[③] 因此，笔者认为，宗教激进主义组织对阿拉维派的敌意是对复兴党主导下权力结构的不满，而非宗教教义这类意识形态上的差异。

---

① 宗教激进组织不认为不同宗教信仰的阿拉伯人具有同等的地位。

② Eyal Zisser, "Who's Afraid of Syria Nationalism? Nation and State Identity in Syria," *Middle Eastern Studies*, Vol. 42, No. 2 (2006), p. 179，转引自姚大学、闫伟："叙利亚危机的根源及未来政治生态"，载《西亚非洲》，2012 年第 6 期，第 12 页。

③ Liz Sly, "Syria's Muslim Brotherhood is Gaining Influence over anti – Assad Revolt," *The Washington Post*, https: //www. washingtonpost. com/world/syrias – muslim – brotherhood – is – gaining – influence – over – anti – assad – revolt/2012/05/12/gIQAtIoJLU_story. html（上网时间：2019 年 11 月 6 日）。

结 语

被伊斯兰世界视为“异端”，是阿拉维派长期遭受迫害的根本原因。阿拉维派政治崛起的过程也是一个摆脱“异端”指控的过程。奥斯曼帝国对其穆斯林身份的承认与委任统治时期什叶派教法的引入，极大地改变了阿拉维派的宗教实践，促进了阿拉维派与伊斯兰世界的整合。[①] 在“分而治之”的原则下，法国托管当局设立了“阿拉维邦”，在打压逊尼派的同时，有意吸纳阿拉维派加入托管当局组建的军队。由于法国托管当局的政策倾斜与阿拉维人自身窘迫的经济状况，大量阿拉维人进入军队，获取了最关键的政治资源。

叙利亚独立后新一代的阿拉维派享受到了城镇生活以及系统教育，在意识形态上快速实现了现代化，为接受现代政党组织提供了思想土壤。阿拉维派借助复兴党的组织能力平衡了政党与军队的关系，进一步巩固了已掌握的政治资源。到了阿萨德执政时代，叙利亚结束了频繁政变的局面，进入到一个政治相对平稳的时期。阿萨德在经济上纠正激进路线、政治上笼络农村地区的举措，赢取了逊尼派的广泛支持，达成了政党与社会的平衡关系，也保证了阿萨德政权长期的平稳状态。

---

① 阿明·胡塞尼承认阿拉维派为穆斯林有七大根据：1. 阿拉维人诵清真言；2. 阿拉维人履行伊斯兰教“五功”；3. 阿拉维人在公开场合宣称自己是穆斯林；4. 阿拉维人信《古兰经》并根据《古兰经》祷告；5. 他们每天朝向克尔白五次礼拜；6. 阿拉维人不伤害穆斯林同胞；7. 阿拉维人以“阿拉维”之名是因极为尊崇阿里。阿拉维派的这些表现已经与传统的阿拉维宗教信仰有很大不同，在很大程度上是受哈乃斐教派和什叶派影响所致。胡塞尼的教令可参见 Yvette Talhamy, “The Fatwas and the Nusayri/Alawis of Syria,” *Middle Eastern Studies*, Vol. 46, No. 2 (Mar. 2010), p. 186。

阿拉维派借助军队与政党的组织架构决定了叙利亚世俗化的必然性，世俗化的过程不可避免地侵害了宗教利益。因此，阿拉维世俗权力的拓展与具有宗教背景的政治团体构成了难以调和的矛盾，这从权力视角解释了叙利亚穆斯林兄弟会与阿萨德政权长期斗争的根源。在硝烟未止的叙利亚内战中，宗教激进主义组织也是叙利亚国内最强力的反对力量。由此不难理解，视阿拉维派为“异端”这种带有宗教敌意的观点，不过是宗教激进主义组织的一种口号，而非矛盾本身。

土耳其外交中的宗教行动者：宗教事务委员会*

• 杜东辉

[内容提要] 宗教事务委员会（Diyanet）是土耳其宗教事务管理机构，被认为是保障国家世俗性质的重要建制性力量。20世纪70年代，随着移居欧洲的土耳其劳工人数不断增多，它也开始向欧洲派遣伊玛目和宗教服务专员，旨在培育海外侨民的宗教和民族忠诚。随着伊斯兰政党“正义与发展党”的崛起，土耳其的内政和外交越来越强调伊斯兰身份的重要性，宗教事务委员会的规模不断发展壮大。作为土耳其外交中的宗教行动者，其活动范围主要包括：拥有大量土耳其劳工移民的欧洲国家，如德国和荷兰；从奥斯曼帝国独立出来的巴尔干国家，如保加利亚和阿尔巴尼亚；在亲缘上与土耳其民族有血缘关系的中亚突厥语国家。

* 本研究为2017年度教育部哲学社会科学研究重大课题攻关项目“土耳其内政外交政策与‘一带一路’战略研究”（项目号：17JZD036）的阶段性成果。

2016年土耳其“7·15”未遂政变之后，宗教事务委员会充当了正发党在境内外打击居伦运动的重要组织，国家宗教机构的政治工具化达到前所未有的程度。同时，随着土耳其境内的政治斗争延伸到国外，德国、荷兰、奥地利等国纷纷就“伊玛目间谍”问题，批评埃尔多安在欧洲实行“长臂管辖”。宗教事务委员会的性质决定了它不可能独立于国家意识形态，其政治工具化是土耳其政治伊斯兰的外化表现，背后的推动力是20世纪70年代以来土耳其政治精英的伊斯兰身份观念的增强。

[关键词] 土耳其　宗教事务委员会　宗教与外交　宗教行动者

土耳其宗教事务委员会（T. C. Diyanetİşleri Başkanlığı，简称Diyanet）[①] 成立于1924年，与土耳其军队和教育部一道，被认为是保障世俗主义的三种建制性力量。它的设立一方面是为了从宗教的角度为土耳其的现代化提供合法性支持，防止清真寺成为“反动”活动的中心；另一方面也是为了对伊斯兰教进行“现代化”改造，使其具有“进步”和“科学”的属性，从而符合凯末尔主义者（Kemalists）对新的国家身份的定义。然而，很多观察家指出，与凯末尔时代的初衷相反，如今的宗教事务委员会已经成为正义与发展党（简称“正发党”）政策合法化、

① 英文名为“Directorate of Religious Affairs”，中文也有学者翻译为“宗教事务部”“宗教事务局”“宗教事务办公室”“宗教管理局”等。此外，在古典文献中，“Diyanet”（虔诚）是“Kaza”（司法制度）的对应词汇，前者表达的是精神和道德方面的生活，后者则是通过世俗的制裁来规范人们之间法律、政治和行政关系的司法过程。参见 Ali Bardakoğlu，“The Structure, Mission and Social Function of the Presidency of Religious Affairs (PRA),” *The Muslim World*, Vol. 98 (Apr. /Jul. 2008), p. 174。

震慑反对派和选举拉票的行政工具，对国家的世俗性质已构成威胁。不仅如此，它还是一个跨国宗教机构，广泛活跃于欧洲、巴尔干和中亚突厥语国家，成为土耳其总统埃尔多安（Recep Tayyip Erdoğan）在国外进行“长臂管辖”的跨国宗教机构。然而，与土耳其的军事和教育相比，国内学术界尚未对其开展专题研究。本文尝试对它近年来的政治化及表现进行梳理，在此基础上分析该机构在土耳其外交议程中的作用，以深化对土耳其宗教与外交关系的认识。

一、宗教事务委员会的政治工具化及其“全球愿景”

无论是奥斯曼帝国时代，还是土耳其共和国时代，宗教管理都是一项重要的国家事务。在帝国时代，大穆夫提（Grand Mufti）被授予“谢赫伊斯兰”（Shaykh al - Islām）的称号。作为国家统治者，帝国苏丹（Sultan）虽然在理论上拥有政治和宗教上的绝对权威，但具体的宗教管理事务通常由谢赫伊斯兰及其领导下的乌里玛（Ulema）阶层承担。土耳其独立战争时期（1919 - 1923 年），伊斯兰教在反击外来侵略的过程中扮演了重要角色。1920 年 5 月 3 日，安卡拉的大国民议会（当时伊斯坦布尔的奥斯曼帝国政府仍被西方国家承认）决定成立一个伊斯兰法律和基金部来替代帝国谢赫伊斯兰的职能。在独立战争时期，民族独立运动迫切需要伊斯兰的动员能力和合法性支持，因而该机构获得了巨大的政治影响力。[①] 随着民族独立战争的胜利，在凯末尔主导的世俗国家改造工程中，宗教管理机构也面

① Ufuk Ulutas, “Religion and Secularism in Turkey: The Dilemma of the Directorate of Religious Affairs,” *Middle Eastern Studies*, Vol. 46, No. 3 (May 2010), p. 391.

临着重新定位。

（一）世俗化改革与宗教事务委员会的成立

土耳其共和国成立之后，宗教事务委员会的设立是世俗化改革的重要组成部分。1924 年 3 月 3 日，土耳其大国民议会通过三项重要法律：废除伊斯兰法律和基金部、战争部；统一教育；废除哈里发制度（Caliphate）并驱逐奥斯曼帝国王室成员。[①] 与此同时，成立宗教事务委员会，由其负责和管理礼拜场所的修建和维护，以及伊玛目（纳入国家公务员范畴）的培训。在行政级别上，委员会处于总理办公室之下，其主席经总理提议，由总统任命。随后，安卡拉的穆夫提里法特·艾芬迪（Borekcizade Rifat Efendi，1860－1941 年）出任宗教事务委员会首任主席。

宗教事务委员会的成立是土耳其共和国建立世俗制度的重要步骤，这不仅是因为伊斯兰教被剥夺了公共领域的影响力，还因为这项举措清楚地表明了信仰之于主权世俗国家的从属地位，特别是土耳其大国民议会现在拥有处理宗教事务的最高权力，从而打破了奥斯曼帝国政教互依的传统政治模式。[②] 同时，它的设立也表明，土耳其的世俗化改革并非致力于实现政教分离，而是将宗教置于国家的严格控制之下。因此，土耳其的世俗主义有时也被称为"激进的雅各宾世俗主义"（radical Jacobin

① Bozkurt Güvenç, "Secular Trends and Turkish Identity," in Salomon Ruysdael and Vedat Yücel, eds., *New Trends in Turkish Foreign Affairs: Bridges and Boundaries* (Lincoln: Writers Club Press, 2002), p. 38.

② Ahmet Erdi Öztürk, "Turkey's Diyanet under AKP rule: from protector to imposer of state ideology?" *Southeast European and Black Sea Studies*, Vol. 16, No. 4 (2016), p. 625.

laicism）。[①]

作为总理办公室的下属机构，宗教事务委员会本身也是国家行政结构的一部分，不可能独立于政治而运行。因此，作为一个行政单元，它的角色自然也会随着国家意识形态的变化而改变，世俗派建制与伊斯兰运动之间权力关系的动态变化将不可避免地对其构成影响：当世俗派足够强大时，它是国家世俗主义性质的“保护者”；当伊斯兰政党掌权时，它也可能是国家宗教议程的推动者。

（二）“正义与发展党”时代宗教事务委员会的政治化

在“共和人民党”（CHP）的“一党政治”时期，宗教事务委员会的权力十分有限，宗教学者（乌里玛）在国家权力关系中的作用被削弱到最低限度。然而，在第二次世界大战之后，随着民主化的开启、冷战的降临与反共宣传的开展，这些时代条件为国家内部的右翼保守派和伊斯兰力量的壮大提供了机会。其结果是，宗教机构在国家内部的权力平衡中获得了较大的发展空间。1980 年政变之后，国家意识形态的调整（强调民族主义与伊斯兰的融合）不仅导致了公共空间的伊斯兰化，而且也为伊斯兰运动提供了新的机会。此外，军政府的镇压和冷战的结束很大程度上削弱了左翼运动，右翼、伊斯兰主义和保守主义势力在国家内部开始占据上风。2002 年“正发党”上台后，军方逐渐被“驯服”，宗教事务委员会进入发展“快车道”，与执政党的合作日益紧密。这表现在：

第一，行政规模不断扩大，预算不断攀升。2002 年宗教事

① M. H. Yavuz and J. L. Esposito, eds., *Turkish Islam and the Secular State: The Gülen Movement* (Syracuse: Syracuse University Press, 2003), p. xvi.

务委员会的预算约5.5亿里拉，2010年约26.5亿里拉，到2015年已经达到57.4亿里拉，而且年增长率保持在20%上下。2018年，受里拉贬值的影响，埃尔多安多次宣布将削减公共开支，如科学、工业和技术部（MoSIT）2019年的预算削减了56%。然而与此相对，宗教事务委员会的预算不降反升，增加了36%，从77亿里拉增至105亿里拉。这一数字是情报部门的5倍，能源部的6倍。[①] 在该机构的预算中，约97%用于其11.3万工作人员（主要是清真寺的宗教人员）的薪资支出。在2002-2016年间，清真寺的数量增加了15%，达到87381座，宗教职员数量相应增加了52%。[②]

第二，新任领导人积极为"正发党"背书。2003年，土耳其总统任命阿里·巴尔达克奥鲁（Ali Bardakoğlu）教授担任宗教事务委员会主席，任期到2010年。在这期间，默罕默德·格尔麦兹（Mehmet Görmez）担任他的副手。巴尔达克奥鲁与政治保持了相当远的距离，他支持"温和的伊斯兰"观念，强调伊斯兰在改善人权记录、政治参与、公民倡议、正义和平等方面的积极作用。[③] 在2010年"正发党"发起的一系列改革动议（如废除头巾禁令）中，埃尔多安曾寻求宗教事务委员会的支持，但巴尔达克奥鲁认为，向宗教机构咨询立法事宜违背了世俗主义原则。此外，他还指出，伊斯兰教并没有要求穆斯林妇

① Pinar Tremblay, "Many Turks outraged by state religious authority's bloated budget," *AL-Monitor*, December 3, 2018, https://www.al-monitor.com/pulse/originals/2018/11/turkey-budget-of-religious-body-causes-uproar.html（上网时间：2020年1月4日）。

② Ceren Lord, *Religious Politics in Turkey: From the Birth of the Republic to the AKP* (New York: Cambridge University Press, 2018), p. 115.

③ Ali Bardakoğlu, "'Moderate perception of Islam' and the Turkish model of the Diyanet: the president's statement," *Journal of Muslim Minority Affairs*, Vol. 24, No. 2 (Oct. 2004), pp. 367-374.

女必须佩戴头巾。随后，“正发党”结束了他的任期，用格尔麦兹取而代之。[①] 不同于前任，格尔麦兹利用其布道的权力，公开支持“正发党”的内外政策，并以前所未有的姿态积极介入土耳其各种热点问题的讨论，成为执政党的“喉舌”。

第三，越来越多地介入穆斯林的日常生活。2011 年宗教事务委员会开始为食物生产发放清真证书；2012 年开设了自有电视台 Diyanet TV；[②] 2016 年与下属基金会合作开办了首个宗教幼儿园。此外，自 2012 年起，它也开始通过提供免费热线电话服务，为逊尼派穆斯林的日常事务提供指导。然而，委员会发表的一些宗教裁决和媒体声明颇具争议性。如 2015 年的一则教令（Fatwa）称，使用马桶后清洗身体的首选方法是水洗，如果没有水源，卫生纸也是可以接受的替代品。[③] 又如，2017 年底，委员会称，如果丈夫称其妻子为“姐妹或母亲”，两人就将被视为“已经离婚”，一时引起诸多争议。[④]

（三）宗教事务委员会的“全球愿景”

宗教事务委员会的活跃并不限于国内。2008 年，土耳其国务部长穆罕默德·艾登（Mehmet Aydın）撰文称，该机构应成为一个塑造未来的全球性机构，其“愿景”是成为一个不仅受穆斯林，而且受非信徒和不可知论者高度尊重的机构。[⑤] 2012

---

① Ahmet Erdi Öztürk, “Turkey's Diyanet under AKP rule,” pp. 627 – 628.

② https://www.diyanet.tv/（上网时间：2019 年 8 月 24 日）。

③ Meltem Özgenç, “Turkey's top religious body allows toilet paper,” *Hürriyet Daily News*, Apr. 7, 2015, http://www.hurriyetdailynews.com/turkeys – top – religious – body – allowstoiletpaper.aspx? pageID = 238&nid = 80671&NewsCatID = 341（上网时间：2020 年 1 月 4 日）。

④ 对该事件的考辨详见昝涛：“延续与变迁：当代土耳其的政教关系”，载《西亚非洲》，2018 年第 2 期，第 55 页。

⑤ Mehmet Aydın, “Diyanet's Global Vision,” *The Muslim World*, Vol. 98 (Apr. / Jul. 2008), p. 164.

年，土耳其外交部战略研究中心（SAM）出版的小册子刊发格尔麦兹的文章《现代世界的宗教和世俗主义：土耳其的视角》。在结语部分，格尔麦兹强调："我们不应忘记，在世界各地存在着一些人，他们不顾各种困难抵抗同化的压力，努力保护自己的特性。欧洲的土耳其人尤其需要宗教事务委员会的支持，使其在面对同化政策时，能保护自己的宗教和文化根源。相似地，土耳其人的兄弟（他们是奥斯曼帝国在从巴尔干半岛到突厥共和国的广阔地理区域内留下的遗产）正在努力使自己的身份和偏好得到承认和保护。他们也需要宗教事务委员会的支持。"①结合同一时期土耳其外交的"新奥斯曼主义"和"战略纵深"不难看出，土耳其的国家宗教机构宣扬的"愿景"与国家层面的外交战略存在高度契合。宗教事务委员会主席的宣传文章出现在外交战略中心主持的刊物上，这本身足以说明问题。

事实上，早在20世纪80年代，宗教事务委员会就已经为土耳其的海外公民提供宗教服务，包括修建清真寺、印刷宗教出版物、组织朝圣等。同时，它也试图通过其跨国组织在穆斯林社会中发挥影响力，成为土耳其综合外交能力的一部分。事实表明，它已经适应了"正发党"时代土耳其外交的范式转变（即从传统的西向外交到更加强调族裔和宗教身份的价值），这表现为它在36个国家拥有61个分支机构，用28种语言出版发行《古兰经》和宗教书籍，其下属的基金会（Türkiye Diyanet Vakfı，TDV）也一直在资助巴尔干半岛、欧洲、中亚和非洲的穆斯林代表机构，并向外国的伊玛目提供宗教和物质支持。同时，它还组织了一系列官方会议，如巴尔干国家伊斯兰理事会（Balkan Countries Islam Council）和拉丁美洲国家穆斯林峰会

① Mehmet Görmez, "Religion and Secularism in the Modern World: A Turkish Perspective," *SAM Papers*, No. 2 (Mar. 2012), p. 11.

（Latin American Countries’ Muslim Summit）等。[1]

然而，宗教事务委员会向散居国外的土耳其人和其他穆斯林社区输出本国伊斯兰观念也可能会导致一些问题，因为操纵海外公民的忠诚和向海外推广土耳其版本的伊斯兰教，这在很大程度上与他国的主权原则和宗教政策难以相容。同时，作为一个国家宗教机构，它不可避免地将国内的政治斗争和意识形态偏好延伸到了国外，这可能会导致外交上的紧张关系。历史性地看，宗教事务委员会海外职能的发展和扩张是一个渐进过程，始于20 世纪60 年代的劳工移民潮和20 世纪90 年代的冷战终结，为其提供了重要的开拓空间。

二、劳工移民与宗教事务委员会的欧洲分支

20 世纪50 年代初，联邦德国蓬勃发展的工业面临严重的劳动力短缺。大量德国人在战争中丧生，而“铁幕”的降临使德国在波兰招募工人的传统做法变得不再现实。1961 年，德国与土耳其签署劳工招募协议，开启了战后土耳其人大规模移民欧洲的序幕。第一批前往德国的是城市里的熟练工人，后来则是越来越多的新近从农村移居城市的定居者，再到后来，工人招募直接在省级城镇进行。1962 年，德国一共有 1. 3 万名土耳其工人，1970 年是48 万，到1974 年已经达到80 万。尽管德国是土耳其劳工的主要目的地，但也有一些劳工前往了其他欧洲国家。土耳其于 1964 年与奥地利、比利时和荷兰，1965 年与法

① Ahmet Erdi Öztürk and Semiha Sözeri, “Diyanet as a Turkish Foreign Policy Tool: Evidence from the Netherlands and Bulgaria,” *Politics and Religion*, Vol. 11, No. 3 (2018), pp. 622 – 623.

国，1967 年与瑞典分别签署了劳工派遣协议。到 20 世纪 70 年代末，已经有超过 250 万土耳其人生活在西欧。[①] 起初，大多数移民打算在几年内返回家园，然而同期土耳其的高失业率和动荡的局势使他们几乎丧失了回国的可能性。从 20 世纪 70 年代初开始，越来越多的土耳其劳工获得了双重国籍，他们的家人也大多随迁至欧洲。

（一）宗教事务委员会参与欧洲土耳其人的宗教事务管理

土耳其参与海外劳工的宗教管理有其时代背景。1960 年 5 月 27 日土耳其军事政变之后，为了增强自身的合法性，军方支持宗教事务委员会运用宗教话语向公众宣传政变的“重大意义”，以此团结全社会的力量。随后，军方领导人重新设计了土耳其的政治框架，宗教事务委员会的宗教权威地位，以及它在民族团结和道德建设上的重要性获得承认。[②] 1961 年，它被纳入宪法，并获得一项新职能：针对“适当的”宗教行为进行社会“启蒙”，对伊斯兰教的道德进行了根本性的理性分析。[③] 1965 年由军方支持的《宗教事务委员会组织法》（第 633 号法律）对宪法的有关规定进行了确认，规定它的职责是执行与伊斯兰教的信仰、礼拜和道德基础有关的事务，启发土耳其社会关于宗教的认知，以及管理礼拜场所。《组织法》还规定，其职员只能从国家主办的“伊玛目—哈蒂普”学校（Imam - Hatip Schools）中招募，不符合标准的将被解雇。同时，第 633 号法律第 7 条规定，宗教事务委员会负责采取预防措施，保护穆斯林公民对国家理想的忠诚，防止

① Erik J. Zürcher, *Turkey: A Modern History* (London and New York: I. B. Tauris, 2004), pp. 270 - 271.

② Ceren Lord, *Religious Politics in Turkey*, pp. 102 - 103.

③ Ahmet Erdi Öztürk, “Turkey’s Diyanet under AKP rule,” p. 625.

对信仰差异的“利用”。这种表述实际上强调了不同国家在穆斯林特性上的区别，而该机构的职能之一，便是界定国家与公民身份的边界。①

实际上，这种规定也为宗教事务委员会参与海外侨民的宗教管理，进而成为土耳其外交的宗教行动者奠定了法理基础。根据第6002号法律，宗教事务委员会于1971年成立外交关系总司。通过向驻欧洲国家的大使馆派遣宗教服务参赞（Councilor）和向总领事馆派遣宗教服务专员（Attaché），土耳其当局得以向海外土耳其人提供定期有效的宗教服务。1975年，宗教事务委员会下属的基金会成立，并于1978年获得免税资格。自那时起，基金会为宗教事务委员会的境外活动提供了至关重要的财政支持。德国、奥地利、比利时、丹麦、法国、荷兰、瑞典、瑞士、英国、俄罗斯、马其顿等国的土耳其大使馆都设有宗教服务参赞；德国的柏林、杜塞尔多夫、埃森、法兰克福、汉堡、汉诺威、科隆、卡尔斯鲁厄、慕尼黑、纽伦堡、斯图加特、明斯特、美因茨，荷兰的德文特，法国的里昂和罗马尼亚的康斯坦察等地的土耳其总领事馆也设有宗教服务专员职位。

土耳其每年派出的伊玛目总人数在500－1000人。在派出前，他们要经历一个高度竞争性的选拔程序，最后还要接受由文化部和外交部官员组成的文化委员会的面试。派出期间，他们受大使馆和总领事馆的监督。在待遇方面，以荷兰的土耳其伊玛目为例，他们每月可获得5000欧元左右的补助，与外交官的福利相似。宗教与外交这种相互支持的关系，为宗教话语融入政治议程提供了便利，这也成为土耳其“软实力”的重要实现方式。因

① Ceren Lord, *Religious Politics in Turkey*, pp. 105－106.

此，伊玛目也成为土耳其在国际舞台上的重要代言人。①

（二）德国：土耳其伊斯兰宗教事务联盟（DİTİB）

德国拥有近300万土耳其人，其中160万是德国公民，140万是土耳其公民，约50万人拥有双重国籍。② 在土耳其选举期间，德国大约有120万土耳其选民，这个数字足以对土耳其政治和土德关系产生重要影响。为了规范和控制德国土耳其人的伊斯兰活动，宗教事务委员会于1984年在科隆成立了土耳其伊斯兰宗教事务联盟（Diyanetİşleri Türk –İslam Birliği，简称DİTİB）。如今，它是德国最大的伊斯兰组织，管理约900座清真寺和80万名会员。③ 土耳其每年向DİTİB名下的清真寺派遣数百名伊玛目，因此，这些清真寺也就成了土耳其宣传“官方伊斯兰教”的重要场所。除了宗教，DİTİB的服务还涉及四个领域：通识教育、青年教育、妇女问题，以及跨文化和宗教对话。④ 对土耳其政府而言，为了实现加入欧盟的政治目标，它也需要侨民充当说客，缓解欧洲普遍存在的“伊斯兰恐惧症”。通过社区组织，土耳其移民将本土文化介绍给了德国主流社会，以此成为两国之间文化交流的天然桥梁。

在20世纪90年代，土耳其世俗派建制认为活跃于欧洲的宗教教团——如苏雷曼哲教团（Süleymancı）和民族观念运动

① Ahmet Erdi Öztürk and Semiha Sözeri, “Diyanet as a Turkish Foreign Policy Tool,” pp. 628 – 629.

② http://www.bamf.de/SharedDocs/Anlagen/DE/Publikationen/Migrationsberichte/migrationsbericht – 2015. pdf? __blob = publicationFile（上网时间：2019年9月2日）。

③ “Germany works to reduce Turkish influence on Islam,” *Ahval*, Apr. 24, 2019, https://ahvalnews.com/turkey – europe/germany – works – reduce – turkish – influence – islam（上网时间：2020年1月4日）。

④ 详见官网：http://www.ditib.de/default1.php? id = 5&sid = 8&lang = en（上网时间：2019年9月14日）。

（Milli Görüş）——对土耳其侨民的宗教正统性构成了威胁。因此，“世俗的”土耳其成立 DİTİB 也是为了平衡“反世俗的”宗教团体的力量。“民族观念运动”是一个具有强烈民族主义倾向的伊斯兰组织，由埃尔多安的政治导师内吉梅丁·埃尔巴坎（Necmettin Erbakan）于 20 世纪 60 年代末创立。它长期在欧洲（尤其是德国）活动，拥有大约 30 万成员，控制着数百座清真寺的运作。由于反西方、反民主与反犹太的观点，该组织被德国视为外来移民与德国社会融合的威胁。“正发党”崛起后，“民族观念运动”与土耳其当局的关系发生了转变。在很多欧洲观察家看来，它与宗教事务委员会之间的界限已经变得日益模糊。在《2005 年宪法保护年度报告》中，德国国内安全机构称，这些“墨守成规”的伊斯兰组织与联邦政府的文化融合政策背道而驰，对德国的凝聚力构成威胁。[①] 因此，近年来德国伊斯兰组织的公民属性备受质疑，它与土耳其宗教事务委员会的制度联系也经常出现在德国的政治辩论中。

（三）荷兰：对土耳其派遣伊玛目态度的转变

除德国以外，荷兰也拥有总数超过 41 万的土耳其移民，占总人口的 2.4%。[②] 在荷兰的 475 座清真寺中，宗教事务委员会的荷兰分支（成立于 1982 年）负责管理其中的 146 座。1983 年，土耳其与荷兰签署了允许土耳其向土籍劳工社区派遣伊玛目的协议。在 20 世纪八九十年代，许多西欧国家效仿荷兰，支持土耳其

---

① Lorenzo Vidino, “Erdogan's Long Arm in Europe,” *Foreign Policy* (May 7, 2019), https://foreignpolicy.com/2019/05/07/erdogans-long-arm-in-europe-germany-netherlands-milli-gorus-muslim-brotherhood-turkey-akp/（上网时间：2020 年 1 月 4 日）。

② https://www.cia.gov/library/publications/the-world-factbook/geos/nl.html（上网时间：2020 年 1 月 4 日）。

派遣伊玛目的做法。在他们看来，土耳其是世俗国家，土耳其的伊斯兰是“温和的”和“可接受的”。然而，一些荷兰民众对宗教事务委员会也不乏严厉的批评之声，在他们看来，土耳其的伊玛目既不会说荷兰语，也不熟悉荷兰的社会背景，他们促进的是对土耳其的忠诚，反而对土耳其穆斯林与荷兰社会的有效融合会造成困难。

“9·11”事件之后，荷兰对土耳其伊玛目的态度发生了较大的转变。2004 年荷兰政府宣布为伊玛目培训项目提供补贴，莱顿大学（Leiden University）、阿姆斯特丹自由大学（Vrije University Amsterdam）和荷兰应用科学大学（Inholland University of Applied Sciences）获得 420 万欧元的经费，用于建立荷兰的伊斯兰神学项目，培训熟悉欧洲背景、信奉荷兰价值观的伊玛目。为了达成预期效果，这些项目需要确保伊斯兰社区雇佣荷兰培养的宗教服务人员，但是结果并不理想。值得注意的是，宗教事务委员会并未参与荷兰的伊玛目培训项目，很显然它并不想放弃伊玛目的任用权力。这样的态度也表明，宗教事务委员会在荷兰的存在并不仅仅是为了满足土耳其公民的宗教需要，因为由谁在荷兰清真寺进行宗教宣讲关系到土耳其政府的既得利益。①

三、苏联解体之后宗教事务委员会在中亚和巴尔干的宗教活动

正如学者所言，现代民族都力图把自己的历史无限延伸，在历史建构中获得认同感、归属感、自豪感和确定性，土耳其也不

① Ahmet Erdi Öztürk and Semiha Sözeri, “Diyanet as a Turkish Foreign Policy Tool,” pp. 635 –637.

例外。如果要追溯当代土耳其民族的历史渊源，它不可避免地要追溯到中亚历史，尽管“土耳其种族”的血缘在西迁过程中发生了改变，但其语言和文化纽带并没有消失。[①] 现代土耳其民族主义的思想来源之一，便是对前伊斯兰时代“民族历史”的经典化和理想化。因此，土耳其与中亚国家的关系具有情感基础，尽管其中不乏想象成分。

（一）苏联解体与土耳其对“突厥世纪”的期待

1991 年苏联解体后，中亚出现了 5 个新的突厥语共和国：阿塞拜疆、土库曼斯坦、乌兹别克斯坦、哈萨克斯坦和吉尔吉斯斯坦。无论是在政治层面、还是在公众舆论层面，土耳其的第一反应都是欣喜的。土耳其总统图尔古特·厄扎尔（Turgut Özal）在谈及未来的“突厥世纪”时称，“突厥世界将从亚得里亚海延伸到中国的长城。”事实上，“突厥的”（Turkic）也可换成“土耳其的”（Turkish），因为土耳其语并未对两者做出区分。土耳其在政治上率先承认这些中亚国家。1991 年和 1992 年，中亚和高加索地区的代表团陆续来访，被土耳其媒体广泛报道。与此同时，西方国家支持土耳其发展积极的中亚政策，在美国看来，一个拥有多党政治体制和市场经济的世俗国家可以为中亚国家树立榜样，防止伊朗在该地区的宗教渗透。[②]

在短时间里，土耳其与中亚突厥语共和国缔结了 300 多项各种各样的协定，涉及不同的主题，如民用航空和防止双重征税。此外，土耳其还出台了一系列具体措施，如在外交部设立突厥国家合作与发展特别机构（TİKA）、组建银行和金融合资企业、招

① 昝涛著：《现代国家与民族建构》，北京：三联书店，2011 年版，第 380 页。

② Erik J. Zürcher, *Turkey: A Modern History*, pp. 328 – 329.

收大量中亚留学生、组织“突厥语国家首脑会议”（Summit of Turkic - speaking countries）等。数以百计的土耳其公司在这些新成立的国家中做生意，与此同时，经过长时间的非宗教化统治，中亚国家在清真寺、伊玛目、宗教出版物上资源匮乏。在这种背景下，土耳其的宗教团体与来自沙特、伊朗和巴基斯坦的传教组织展开了竞争，在中亚地区非常活跃。[①]

（二）宗教事务委员会在中亚突厥语国家的宗教活动

厄扎尔是第一位认识到伊斯兰在中亚地区潜在战略意义的土耳其领导人。随着1994年欧亚伊斯兰理事会（Eurasian Islamic Council，土耳其语 Avrasya Islam Şurası）的成立，土耳其政府正式向中亚地区施加宗教影响。欧亚伊斯兰理事会直接向宗教事务委员会负责，它从中亚、巴尔干半岛和俄罗斯境内的自治共和国内召集了32个精神事务委员会（Spiritual Affairs Boards），就各自境内的宗教问题展开合作。欧亚伊斯兰理事会的目的，是就伊斯兰教与国家的“正确关系”以及伊斯兰教在社会中的作用等议题促进宗教对话。在1995年以来举行的9次首脑会议中，与会者就一系列问题达成了广泛共识，其中包括主要伊斯兰节日具体日期的确定、伊斯兰教育的规划，以及伊斯兰遗产和大突厥世界理念的推广。该组织的存在使得土耳其可以向中亚国家传达其独特的“伊斯兰愿景”。

除欧亚伊斯兰理事会之外，宗教事务委员会在中亚复兴土耳其版本的伊斯兰教方面也扮演了重要角色，这在教育领域表现得最为明显。首先，委员会以马尔马拉大学（University of Marmara）著名的神学院为榜样，在除乌兹别克斯坦以外的所有突厥语国家

① Erik J. Zürcher, *Turkey: A Modern History*, pp. 328 - 329.

建立了神学院，旨在培养新的伊斯兰精英；其次，它管辖下的宗教机构接收了大量中亚学生；同时，它也向这些国家派遣伊玛目（往往只限于斋月），与当地宗教领袖合作，在当地的清真寺传教；最后，委员会用中亚语言印刷了大量关于先知生平、伊斯兰道德和历史等题材广泛的宗教文献，在中亚和高加索地区免费发放。此外，在传播土耳其的宗教教义方面，虽然土耳其政府和宗教事务委员会是主要角色，但也有一些民间宗教团体活跃于中亚。这些教团的领袖包括奥斯曼·努里·托普巴什（Osman Nuri Topbaş）、苏莱曼·吐纳汗（Suleyman Tunahan）、赛义德·努尔西（Sait Nursi）和费图拉·居伦（Fethullah Gülen）。[①]

然而，土耳其在中亚所取得的宗教文化成就是非常有限的，这是因为：（1）俄罗斯撤退造成的“真空”可能只是一种幻想，中亚各国的经济、运输和通信网络已经同俄罗斯联邦高度融合在一起，不会过快“松绑”；（2）一些中亚共和国拥有大量的俄罗斯族裔，而且莫斯科培养的国家政治精英更倾向于接近俄罗斯的政治文化；（3）俄罗斯仍然是一个土耳其所不能奢望的大国；（4）中亚各国虽对土耳其有一些感情依恋，但从长远来看，土耳其在中亚的地位和声望显然取决于其经济和政治地位。此外，在经济方面，土耳其并没有实力向中亚投放大规模的经济援助；在政治方面，它既无法阻止亚美尼亚对阿塞拜疆的进攻，也无法帮助巴库埃尔希比（Elchibey）的亲土耳其政府对抗亲莫斯科的反对派。[②]

---

① Bayram Balci, “Turkey’s Religious Outreach in Central Asia and the Caucasus,” Hudson Institute, Jan. 27, 2014, https://carnegieendowment.org/2014/01/27/turkey-s-religious-outreach-in-central-asia-and-caucasus-pub-54357（上网时间：2019年8月2日）。

② Erik J. Zürcher, *Turkey: A Modern History*, p. 330.

（三）宗教事务委员会在巴尔干半岛的宗教活动

土耳其与突厥语国家之间的关系更多的是一种想象，缺乏真正的历史根源。几个世纪以来，中亚在土耳其外交政策制定中从未发挥过重要作用。与之相对，巴尔干穆斯林的困境往往更能激起土耳其人的舆论反响，这是因为奥斯曼帝国曾长期统治于此，在巴尔干国家获得独立时，大量的穆斯林避难于帝国境内，结果是今天许多土耳其人在巴尔干有着家族渊源，这成为土耳其介入巴尔干事务的重要基础。根据宗教事务委员会外语和方言出版部主任卡普兰（Yildiray Kaplan）的说法，委员会的一个重要功能是为他们的“穆斯林兄弟”提供真实和健康的伊斯兰来源，包括《古兰经》和其他相关资料。卡普兰认为，在南斯拉夫和苏联时期，东欧和中亚穆斯林几乎丧失了宗教意识，这是土耳其（作为穆斯林兄弟）认为自己有责任增进东南欧和亚洲穆斯林的宗教知识的根本原因之一。[①] 2017 年上任的宗教事务委员会主席阿里·埃尔巴斯（Ali Erbaş）的说法则更直接：“巴尔干半岛对我们有着特殊的地位，我们的历史关系将一如既往地继续下去。”[②]

土耳其裔在波斯尼亚—黑塞哥维那、保加利亚、克罗地亚、科索沃、马其顿和罗马尼亚被正式承认为少数民族；在希腊，土耳其裔被当作“希腊穆斯林”。近年来，宗教事务委员会在这些国家的活动日益增多，如资助科索沃首都普里什蒂纳（Pristina）和阿尔巴尼亚首都地拉那（Tirana）的穆斯林社区建造宏伟的清

---

① Ahmet Erdi Öztürk, “Delectation or Hegemony: Turkey's Religious Actors in South Eastern Europe and Central Asia,” *Euxeinos*, No. 23 (Jun., 2017), p. 22.

② Alon Ben - Meir and Arbana Xharra, “Diyanet: Erdogan's Islamic Vehicle to the Balkans. Ottoman Symbolism in Kosovo,” *Global Research* (Oct. 19, 2018), https://www.globalresearch.ca/diyanet-erdogans-islamic-vehicle-to-the-balkans-ottoman-symbolism-in-kosovo/5657454（上网时间：2020 年 1 月 4 日）。

真寺，以及推动宗教教育、服务和出版方面的合作等。然而，总体来看，巴尔干国家对土耳其的做法表现出了复杂的心态。一方面，该机构的活动被视为宗教工具化的干预行为，经常被比作“特洛伊木马”；另一方面，巴尔干穆斯林社区领导人在接受土耳其提供的“帮助”时，也不忘提及自己的独立性和对自己国家的忠诚。但不管怎么说，宗教事务委员会一旦以某种方式进入巴尔干国家，它的官员便开始与穆斯林团体建立起联系。在这一过程中，土耳其使用的话语包括奥斯曼帝国的过去、亲缘关系和伊斯兰教的共同基础等。[①]

在巴尔干国家中，保加利亚的土耳其裔人数最多，但他们与土耳其的联系也备受质疑。据 2001 年的人口普查，保加利亚有 74.6 万土耳其人，占人口的 9.4%。[②] 自 1990 年以来，“权利和自由运动”（Movement for Rights and Freedoms）一直是保加利亚土耳其人的政治代表。2013 年，卢特维·梅斯坦（Lyutvi Mestan）担任该党领袖，但于 2015 年被罢免和开除出党，原因是在土耳其空军击落一架俄罗斯战机之后，他采取了过于亲土耳其的立场。梅斯坦随后建立了新的政治组织：责任 - 团结和宽容党（DOST）。对此，保加利亚社会党议员伊沃·赫里斯托夫（Ivo Hristov）称，DOST 是在埃尔多安的要求下成立的，并获得了宗教事务委员会的帮助。2017 年 2 月，宗教事务委员会在保加利亚的官员武乌什·埃米尔奥卢（Uğur Emiroğlu）被宣布为“不受欢迎之人”，据称他在保加利亚的行动与其外交地位不符。[③]

---

① Ahmet Erdi Öztürk, “Delectation or Hegemony,” p. 23.

② http://www.nsi.bg/Census/Ethnos.htm（上网时间：2020 年 1 月 4 日）。

③ Ahmet Erdi Öztürk and Semiha Sözeri, “Diyanet as a Turkish Foreign Policy Tool,” p. 643.

四、“7·15”未遂政变之后宗教事务委员会的间谍指控

2016年7月15日夜，土耳其一群中等规模的军官针对总统埃尔多安和执政的“正发党”政府发动了政变，但很快被挫败。随后，埃尔多安和土耳其政府宣布费图拉·居伦及其领导的居伦运动（Gülen Movement）[1] 是政变的幕后黑手。在瓦解这次政变的过程中，宗教事务委员会发挥了重要作用。首先，在政变期间，委员会主席格尔麦兹通过即时通讯手段，号召全国的伊玛目前往清真寺，这是公众第一次见证全国各地的清真寺几乎整夜诵读传统上仅在战争困难时期和丧礼上宣读的萨拉祈祷（sala prayer）。其次，它号召民众走上街头，阻止政变的推进，由于伊玛目与穆斯林社区的紧密联系，使得其在社会动员上享有极高的效率。再次，在政变之后，它宣布禁止为政变嫌犯提供伊斯兰的丧葬服务，格尔麦兹本人还以安拉和伊斯兰的名义，让人们相信居伦是恐怖组织的头目。[2]

居伦是当代土耳其的伊斯兰思想家，他在继承努尔西思想的基础上，对伊斯兰教进行了全新解读。其追随者形成的“居伦运动”起初属于公民社会的范畴，它在与文官保持良好关系

① “居伦运动”（Gülen Movement）、“居伦社区”（Gülen Community）、“志愿运动”（Voluntary Movement）和“希兹梅特”（Hizmet）是该组织在不同语境下被赋予的名称。该组织本身更倾向于使用“希兹梅特”，土耳其政府称其为“费图拉·居伦恐怖主义组织”（Fethullah Gülenist Terrorist Organisation，土耳其语 Fethullahçı Terör Örgütü，简称 FETÖ）。

② Ahmet Erdi Öztürk，“Turkey's Diyanet under AKP rule，” p. 632.

的同时，也促使伊斯兰主义向纵深方向发展。[①] 然而，“居伦运动”凭借其在教育、宗教对话、慈善事业等方面的广泛活动，逐渐建立起跨国机制，成为一种准政治网络。在“正发党”执政前期，由于“正发党”与“居伦运动”在政治、民主和宗教观念上的相近性，且都面临世俗主义的压力，双方结成盟友关系，大量的居伦追随者得以在政府机构任职。据此，居伦无需直接参与政治便可渗入国家结构，特别是情报、警察和司法领域。[②] 这种联盟关系持续了很长时间，但被不断出现的“越界”行为打破，最终走向破裂。双方紧张关系的升级始于2013年12月涉及埃尔多安和一些内阁部长的腐败调查案。埃尔多安认为，“居伦运动”实际上想要通过这些司法调查实施一场“民事政变”。随后，埃尔多安开始出台针对居伦及其“志愿活动”（包括学校、情报平台和慈善组织）的司法政策。在“7·15”政变后，埃尔多安最终签署了“居伦运动”的“死亡令”。[③]

政变之后，宗教事务委员会开始深度介入“正发党”在国外打击“居伦运动”的行动。据土耳其《共和报》2016年12月7日报道，该机构收集了多国“居伦运动”的情报，涉及的国家包括阿尔巴尼亚、奥地利、阿塞拜疆，波斯尼亚—黑塞哥维那、保加利亚、黑山、哈萨克斯坦、吉尔吉斯斯坦、科索沃、马其顿、罗马尼亚、塔吉克斯坦、土库曼斯坦等，并编制了相应的报告。据称，这些文件还包括一些私人照片和信息。土耳其情报部门收集的关于“居伦运动”的情报，很多来自清真寺

① 李艳枝著：《伊斯兰主义与现代化的博弈》，北京：中国社会科学出版社，2018年版，第136页。

② Ahmet Erdi Öztürk, “Delectation or Hegemony,” p. 16.

③ 关于正发党与居伦运动之间的关系演变，参考王佳尼：“正义与发展党上台以来的土耳其伊斯兰运动”，载徐以骅主编：《宗教与美国社会》（第17辑），北京：时事出版社，2018年版，第222－251页。

的伊玛目、宗教协调者和宗教服务顾问，其内容涵盖与居伦有关的学校、商业、基金会、协会、新闻媒体等。[①] 土耳其的“伊玛目间谍”问题逐渐引起了西欧国家的警觉，并导致土耳其与荷兰、德国和奥地利之间的紧张关系。

2016年12月，宗教事务委员会向议会提交的报告被泄露给媒体后，荷兰首先做出反应。土耳其驻海牙大使馆的宗教事务专员优素福·阿卡尔（Yusuf Acar）被控“指导”当地的伊玛目收集情报，他本人则在媒体上承认了自己参与收集居伦支持者信息并将之传递给安卡拉的活动，随后土耳其政府将其召回。[②] 与此同时，奥地利也开始调查土耳其的间谍活动。2017年2月初，奥地利绿党议员兼安全政策发言人彼得·皮尔兹（Peter Pilz）发布了一份关于土耳其特工通过ATIB开展秘密活动的报告。ATIB是宗教事务委员会的奥地利分支机构，全称为奥地利土耳其伊斯兰基金会（Avusturya Türkiyeİslam Birliği），负责管理全国63座清真寺和其他土耳其组织的宗教事务。根据皮尔兹的报告，土耳其拥有一个由200名告密者组成的秘密网络，其目标是奥地利境内的反对派和居伦支持者。

2016年8月，即未遂政变几周后，德国绿党议员、联邦议院负责监督国家情报机构的委员会成员汉斯-克里斯蒂安·斯特罗布勒（Hans-Christian Stroeble）要求立即就土耳其的秘密活动展开调查。此前，德国媒体报道称，土耳其情报机构

---

① Umut Erdem, “Diyanet gathers intelligence on suspected Gülenists via imams in 38 countries,” *Hürriyet Daily News*, Dec. 7, 2016, http: //www. hurriyetdailynews. com/diyanet - gathers - intelligence - on - suspected - gulenists - via - imams - in - 38 - countries - 107028（上网时间：2020年1月4日）。

② “Turkey recalls religious leader from Netherlands,” *AFP*, Dec. 21, 2016, https: //m. gulf - times. com/story/525481/Turkey - recalls - religious - leader - from - Netherlands（上网时间：2020年1月4日）。

（MIT）在西欧雇佣了800名警官和6000名线人，这一数字甚至超过了冷战高峰期斯塔西（Stasi，前民主德国国家安全局）在西德的间谍网络。土耳其在德国情报网络的核心是上文提到的负责土耳其侨民宗教事务管理的土耳其伊斯兰宗教事务联盟，德国执法部门的突击检查显示，该组织的神职人员参与了针对居伦追随者的间谍活动。[①] 同为绿党代表的伏尔克·贝克（Volker Beck）向联邦检察官提起诉讼，随后土耳其伊斯兰宗教事务联盟和与之有关的900多名伊玛目受到调查。对此，德国内政部长德梅齐埃（Thomas de Maiziere）称他不会容忍土耳其政府与“居伦运动”之间的冲突蔓延到德国。2017年2月2日，德国总理默克尔访问土耳其之后，土耳其召回了6名伊玛目，依格尔麦兹的说法，这么做是为了“以免破坏土德四十年的友谊”。[②]

结语

在20世纪的大部分时间里，土耳其伊斯兰教关涉的不仅仅是信仰本身，更是土耳其身份认同的关键构成要素。因此，作为一个国家行政机关和主要意识形态机构，宗教事务委员会的角色重塑很大程度上是土耳其国家身份转变的一面镜子。在现代土耳其的民族国家建构中，民族主义和伊斯兰长期以来一直

① Luke Rodeheffer, “Turkey's influence network in Europe is leading to tension,” *Global Risk Insights*, Jun. 3, 2017, https://globalriskinsights.com/2017/06/turkey-influence-network-europe/（上网时间：2020年1月4日）。

② Zulfikar Dogan, “Spying imams spark new crisis between Europe, Turkey,” *Al-Monitor*, Feb. 24, 2017, https://www.al-monitor.com/pulse/originals/2017/02/turkey-europe-new-crisis-spying-imams.html（上网时间：2020年1月4日）。

是相互竞争的认同资源。在凯末尔主义的民族国家构想中，民族主义最终将取代伊斯兰，成为国家团结的主要源泉。然而在冷战的环境中，土耳其频繁陷入无政府状态（左右对立和族裔矛盾），伊斯兰的社会整合价值重新受到重视。在 20 世纪 70 年代，土耳其知识界对国家身份的看法发生了明显转变，越来越多的知识分子开始接受“土耳其—伊斯兰融合”（Türk –İslam Sentezı）观念，强调民族文化与伊斯兰文化的“和解”。

“土耳其—伊斯兰融合”理念在军队中有很大影响。作为世俗共和国的捍卫者，土耳其军队习惯于将共产主义和分离主义视为土耳其最致命的敌人，并将民族主义和对国家友好的伊斯兰的混合物视为有效的“解毒剂”。因此，在 20 世纪 80 年代，土耳其出现了世俗力量（军方）与伊斯兰机构（宗教事务委员会）的相互“利用”：宗教事务委员会通过构筑成民族主义的“堡垒”来扩大自己的权力；军方则利用宗教事务委员会为自己的政治干预提供合法性支持。民族主义和伊斯兰的这种联合，使得 1980 年的政变有别于以往的军事干预。与此同时，受益于 20 世纪 80 年代厄扎尔开启的经济自由化改革，一批新兴的穆斯林资产阶级开始崛起，他们通过强调清教徒式的现世价值观，促进了伊斯兰“新教伦理”的出现，这成为伊斯兰政党崛起的经济基础。

土耳其国家认同的转变主要发生在“正发党”执政期间。就外交政策而言，土耳其传统上倾向于现实主义，强调西方化（现代化）和世俗主义的基本立场，世俗精英自诩的欧洲身份构成了土耳其国家利益的基础，并塑造了国家的外交方向。然而在“正发党”时代，土耳其变得更加积极主动，寻求在周边国家发挥更大的影响力。在这方面，土耳其“自信外交”的设计师艾哈迈德·达武特奥卢（Ahmet Davutoğlu）实现了“新土耳其外交”的理论化。在他看来，土耳其是具有多个区域身份的中枢国家，共同的奥斯曼—伊斯兰身份是土耳其发挥影响力的重要资源。

在“正发党”时代，土耳其精英在设计国家战略时，不再亦步亦趋地追随西方盟友的脚步，而是更加倾向于强调伊斯兰价值和民族文化的主体性，重视发展与中东、巴尔干和中亚国家的关系。因此，宗教作为身份工具在土耳其外交中的广泛运用，反映了土耳其政治精英身份观念中的宗教因素的回归。根据国际关系理论中的建构主义理论，主体间共享的思想构成了行为体的身份认同，进而塑造出了他们的政策偏好。随着世俗民族主义向宗教民族主义转变，土耳其在国际社会中也越来越多地将自己定义为伊斯兰国家，并以世界穆斯林的代言人自居，如埃尔多安带头反对美国承认耶路撒冷为以色列首都、宣称要让新西兰清真寺袭击案的恐怖分子“血债血偿”、在印巴冲突中站队巴基斯坦、声援缅甸的罗兴亚人等。正是在这一过程中，宗教事务委员会从国家世俗性质的“保卫者”变成了土耳其新外交的“推动者”。

宗教与社会

维多利亚时期健硕基督教运动的发展历程

• 张静波

[内容提要] 19 世纪中叶，健硕基督教思想在英国逐渐萌芽，并在维多利亚时期的社会和文化中引发了广泛运动。本文梳理了维多利亚时代英国健硕基督教运动的发展简史，包括该运动的兴起原因、历史和神学根源、同时代作家对该运动的传播，及其对于 20－21 世纪欧美国家教育理念的影响。健硕基督教思想和运动对于彼时男子气概的构成、英帝国形象的塑造以及民众运动健身观念的推动，均有深远影响。

[关键词] 健硕基督教　维多利亚时期　男子气概　查尔斯·金斯莱　托马斯·休斯

在国内研究中，“健硕基督教运动”（Muscular Christianity Movement）对很多人来说十分陌生，而此运动在西方文化历史中却占有重要的一席之地。事实上，现代体育运动之兴起，与英国 19 世纪健硕基督教思想和运动的崛起密切相关。

在19世纪工业革命时期的英国社会中，个别基督徒及教会群体开始发起提倡关注体育运动结合基督教信仰元素的社会运动，期望达到改革社会、建立品格、传播福音等目标。同时，由于当时的英国社会受到工业革命机械化的冲击，工人阶级的生活方式逐渐改变。工人长时间在依赖机器、环境恶劣的情况下工作，不仅导致心脏血管及呼吸道疾病的发病率大增，也带来了诸多精神健康问题。与此同时，中产及上层男性因经济能力的提升，获得了更多的休闲时间，对观赏性运动的需求亦随之大增。他们渐渐失去了清教徒的工作伦理观和道德意志，缺乏一种奋发、强壮的生命力。随着大英帝国的扩张，民众逐渐关注起“男性气概”（Masculinity）的定位和培养。若要建设更为强健的帝国，则必须重新关注教育理念、强调男性特质的培训，从而为国家培养优秀领袖和合格公民，这是维多利亚时期民众的关注焦点。基于上述因素，19世纪的英国新教徒，提出以体育运动结合基督教信仰，来培养优质的基督徒领袖和民众。

一、健硕基督教的兴起

维多利亚时期可谓是英国历史上的辉煌时代。在此时期，大英帝国虽由维多利亚女王所统辖，但社会风尚和家庭主权仍由男性主导。换言之，该时期仍就是最为典型的男权社会。19世纪英国男权社会的形成和发展，以及其维多利亚男子的典型特征的彰显，本质上是健硕基督教（Muscular Christianity）概念兴起和盛行的直接体现。到了该世纪中叶，出现了两个促发因素：其一是维多利亚中期宗教浓郁、教派林立，各种宗教思想和教义纷纷涌现；其二是由于工业革命的时代背景，体育运动、强身健体的思想观念被民众广为接受。城市民众逐渐意识到，“农村生活缺乏健康的体育活动，有鉴于此，人们应该广泛推进体育运动……在英国165所公立学校内，体育运动被用来提升领袖和团队品质；而在教会中，则更能体现强健基督教的价值。”[1] 事实上，这种强健基督教是一种“信仰，它萌发于英国的私立学校，体育运动的竞争有助于培育理想性格，因此成为一种合法的教育活动”。[2] 健硕基督教思想的萌芽，以及之后的广泛运动，对基督徒如何理解并看待体育活动、身体健康和人格培养产生了持续影响。

维多利亚时期的健硕基督教的初始理念是——运动可以促进基督徒道德观、身体健康和“男子气概”的发展。19世纪50年代，健硕基督教在英国乃至全世界的广泛传播，得益于英国两位小说家：托马斯·休斯（Thomas Hughes）和查尔斯·金斯莱（Charles Kingsley）。金斯莱和休斯都是运动爱好者，倡导奋斗向上的生活。休斯是一名拳击教练，在自己出任校长的伦敦男子工人学院设立了田径项目和板球队。他创作的两部小说《汤姆·布朗的学生时代》（*Tom Brown's School Days*, 1857）和《汤姆·布朗在牛津》（*Tom Brown at Oxford*, 1861），成功地宣传了强健基督教的理念。在《汤姆·布朗在牛津》一书中，休斯提炼出了健硕基督教的精髓：“拥有强壮且锻炼有素的身体是一件好事……健硕基督徒至少应该秉持传统的侠义心肠和基督教信仰，一个人的身体要训练有素，保护弱者，促进各项正义

① Wray Vamplew, *Pay Up and Play the Game: Professional Sport in Britain, 1875 – 1914* (Cambridge: Cambridge University Press, 1988), pp. 165 – 166.

② Michael Mandelbaum, *The Meaning of Sports: Why Americans Watch Baseball, Football, and Basketball and What They See When They Do* (New York: Public Affairs, 2004), p. 148.

事业，征服上帝赐予人类的土地。”[①] 金斯莱则在休闲之余喜欢钓鱼、打猎和露营，并视之为“教育与研究”的平衡。金斯莱和休斯两位不仅是作家，也是社会评论家，他们积极参与基督徒社会主义运动（Christian Socialist Movement），认为英国国教渐渐被女性文化所削弱。金斯莱支持神性与男子气概的融合，认为男子气概是“女性化腐蚀的解毒剂，而女性化是牛津运动者最阴险的武器，削弱了英国国教的活力”。因此，人们认为健硕基督教的教义是因反抗“牛津运动”（Oxford Movement）而萌生的。

除了宗教动机，维多利亚民众对于健康的关注是另一个重要原因。“在维多利亚时期，没有什么话题比健康更让人着迷……他们发明、复兴或从国外引进了许多体育娱乐项目，用查尔斯·丁尼生（Charles Tennyson）爵士的话说，英国成为世界上的运动大国。”[②] 黑利（Haley）认为，19 世纪中期的社会和民众开始重视健康概念，有三个主要原因：一是工业革命在工人阶级中引发了一场健康革命，民众们愈发关注身体健康。工业自动化造成了久坐不动的生活方式，导致心血管和呼吸系统疾病发病率呈指数级增长。此外，恶劣的工作环境和长时间工作使得许多工人患上了职业病；二是 19 世纪的医学研究取得了重大发展，生理心理学作为一门独立学科，从生物学中分离出来，使人们对身心健康有了全面理解；三是维多利亚时期的英国人意识到，来自欧洲和美国的战争威胁是真实存在的，必须提升保卫大英帝国的意识，培养出受过良好教育、具有男子气概的领袖。金斯莱、休斯和其他新教精英认为，健硕基督教

① Thomas Hughes, *Tom Brown at Oxford* (London: Macmillan, 1895), p. 113.

② Bruce Haley, *The Healthy Body and Victorian Culture* (Cambridge: Harvard University Press, 1978), p. 3.

是推动英国帝国主义和增进国家健康福祉的动力。通过运动，金斯莱看到了个人道德提升和身体发展的潜力：“在操场上，男孩们获得了书本无法给予他们的美德——不仅仅是勇气和耐力，还有性情、自我克制、公平、荣誉、认可他人的成功而不嫉妒，这些生活的“给予和获得”，对于一个踏入社会的人是非常有用的。如果没有这些品质，他的成功是残缺不完整的。”①

此后，两位作家的影响漂洋过海，传播到了美国。美国总统西奥多·罗斯福（Theodore Roosevelt）极力推荐托马斯·休斯的两部小说，认为其主人公汤姆·布朗在拉格比公学（Rugbys）中践行的强健基督教精神和求学经历，值得每个美国人认真学习借鉴。20世纪下半叶，新型健硕基督教团体在欧美国家的兴起，和健硕基督教运动在天主教大学的兴盛，实则皆为维多利亚时期健硕基督教思潮的影响所致。之后诸多的现代福音新教组织，如英国福音派机构“基督徒体育运动”（Christians in Sport）和美国“基督徒运动员团契”（The Fellowship of Christian Athletes）复兴了诸多神圣教条，进而将运动和健康的理念推广至全世界。

本文旨在梳理维多利亚时期英国健硕基督教的发展简史，以及健硕基督教和运动之间的关系，重点探讨健硕基督教发展的历史和神学根源，及其在20-21世纪的发展轨迹。

二、健硕基督教的历史和神学根源

事实上，健硕基督教的根源可以追溯到《新约》。圣保罗和

① Bruce Haley, *The Healthy Body and Victorian Culture*, p. 119.

其他人以运动为喻，描述基督徒在生活中遇到的挑战，例如："岂不知你们的身子就是圣灵的殿吗？这圣灵是从神而来，住在你们里头的；并且你们不是自己的人"以及"岂不知在场上赛跑的都跑，但得奖赏的只有一人？你们也当这样跑，好叫你们得着奖赏。"[①] 直到19世纪中期，英国社会以健硕基督教为指导，逐步推广体育运动和锻炼，同时，"健硕"这一词语的由来也是学者们的争论焦点。牧师桑达斯（T. C. Sandars）在《周六评论》（*Saturday Review*）中，针对金斯莱的《两年之前》（*Two Years Ago*, 1857）发表了一篇评论，首次使用这一术语。[②] 讽刺的是，金斯莱对这一定义深恶痛绝，尖刻地回应道，"如果不是冒犯的话，这个痛苦的'健硕基督教'。"[③] 托马斯·休斯是金斯莱的朋友和支持者，他在《汤姆·布朗的学生时代》的续篇《汤姆·布朗在牛津》中运用了这一概念。金斯莱担心"健硕"这一世俗词语带有负面含义，而休斯却用这个术语宣传小说中无处不在的运动精神。罗森（Rosen）指出，休斯对"健硕基督徒"和"健硕男子"（没有基督教信仰的运动员）这两个概念进行了区分："两者之间唯一的共同点是，他们都认为强身健体是好事，这就是他们之间的联系"；基督教的信仰是"人们被赐予身体来接受训练，使身体为之所用，保护弱者，推进各项正义事业。"[④]

雷德蒙（Redmond）在对儿童文学的研究中，注意到早在金斯莱和休斯的"健硕基督教"概念诞生之前，在英国于1762－

---

① 《哥林多前书》6：19；9：24－25。

② Brian Simon and Ian Bradley, *The Victorian Public School* (Dublin: Gill and Macmillan, 1975), p. 58.

③ Bruce Haley, *The Healthy Body and Victorian Culture*, p. 109.

④ Thomas Hughes, *Tom Brown at Oxford* (London: Macmillan, 1861), p. 99.

1857 年间出版的作品中，健硕基督教的概念较为含蓄。在卢梭（J. J. Rousseau）、威廉·克拉克（William Clarke）、多萝西·基尔纳（Dorothy Kilner）、威廉·休伊特（William Howitt）和古德里奇（S. G. Goodrich）等作家的作品中，健硕基督教福音的影子隐约浮现，而这些福音主义则在金斯莱和休斯的作品中开花结果。卢梭在经典著作《爱弥尔》（*Emile*, 1762）中，强调了体育教育对于品德培养的重要性。“不断锻炼，强身健体，能使人善良又明智……学者们在操场上学习到的，要比教室里胜过百倍。”[①] 雷德蒙认为，无论是金斯莱还是休斯，他们都尚未完全认可最初的“运动福音”，但他们都“收获了硕果”，引导了维多利亚时期健硕基督教运动的诞生。

这些作家们的个人生活、教育、政治和神学倾向，都对金斯莱和休斯的思想产生了重大影响。1850 - 1900 年间，英国社会和政治动荡，工人阶级的工作不稳定以及公共卫生问题恶劣，工人阶级因社会不公而发起了“宪章运动”（Chartism），休斯和金斯莱都支持这场政治运动。金斯莱因为创作《酵母》（*Yeast*, 1848）、《向西方!》（*Westward Ho*! 1855）与《阿尔顿·洛克》（*Alton Locke*, 1850）等社会小说，成为了众所周知的“宪章牧师作家”。1848 年，下议院驳回了“宪章运动”的请愿，运动也随之消亡。而金斯莱和休斯作为基督教社会主义的主要支持者，继续支持工人阶级的抗议运动，并与莫利斯（F. D. Maurice）、勒德洛（J. M. Ludlow）和托马斯·阿诺德（Thomas Arnold）等基督教社会主义思想家展开合作。勒德洛使金斯莱和莫利斯相信，基督教可以与社会主义结合，为宪章主

① Gerald Redmond, “The First Tom Brown's Schooldays: Origins and Evolution of ‘Muscular Christianity’ in Children's Literature,” *Quest*, No. 30 (Summer 1978), p. 9.

义的政治学说提供一份“良药”。①

尽管基督教社会主义运动的目的与宪章运动相似，但前者的主要焦点是通过教育和道德变革解决社会弊端，而不是通过政治立法。在当时，这也是一个激进的想法。在19世纪40年代之前，英国国教对社会变革态度保守，福音教派强调等级制度，忽视穷人和底层人民，把贫穷看作自我放纵和过度纵欲等各种罪恶造成的恶果。19世纪末期，社会达尔文主义等流行的社会思潮也强化了阶级制度。简而言之，19世纪中叶以前，英国维多利亚教会最关心的是“拯救迷失的人”（即“赢得皈依者”），对社会福利的关心往往排在第二位。

这种传统导致19世纪初期的工人阶级待遇较低、缺乏权利保障，而此时的基督教社会主义者，则开始批评教会倡导的保守政治经济和社会等级结构。金斯莱倡导的健硕基督教，强调参加体育活动所带来的社会福利，特别是在消除阶级分化方面。由学者和新教神职人员组成的基督教社会主义运动，作为颇有影响力的小型团体，主要通过两种期刊传播其思想：一是《人民政治》（*Politics of the People*, 1848 - 1849）；二是《基督教社会主义者》（*The Christian Socialist*, 1850 - 1851）。莫利斯被认为是这场运动最具影响力和领导力的思想家。他于1854年在伦敦创立了工人学院（Working Men's College），开设夜校给工人阶级授课。宗教思想巩固了基督教社会主义理论，补充了健硕基督教思想，这主要归功于莫利斯。他深受柯勒律治理想主义的影响，认为“上帝的王国”应该对社会所有成员开放，这是一

① Anne Bloomfield, “Muscular Christian or Mystic? Charles Kingsley Reappraised,” *The International Journal of the History of Sport*, Vol. 11, No. 2 (1994), pp. 172 - 190.

种博爱的神学。[1] 在莫利斯的著作《上帝的王国》（*The Kingdom of God*, 1838）和后来出版的颇具争议的《神学随笔》（*Theological Essays*, 1852）中，他支持道成肉身，强调教育众生的重要性，并使民众认识到自己在“上帝的王国”的位置，从而提升了对人性的关注。

19 世纪上半叶，基督教神学思想一直强调赎罪。然而，在莫利斯的作品里，基督教社会主义运动意味着一种转变。有学者认为，耶稣的教导（马可福音 3：20－30；路加福音 4）为金斯莱的神学地位奠定了基础。金斯莱认识到灵魂的重要性，进而判断出运动和体能对人格形成的益处。唐纳德·霍尔（Donald Hall）指出，“身体”一词在《人民政治》和其他基督教社会主义文学作品中经常被提及，这说明“基督教社会主义者和健硕基督徒的联系和教育目标是密不可分的。”[2] 金斯莱发表了更多关于健硕基督教伦理的文章，为健硕基督教的发展做出了贡献。

其后，金斯莱借鉴基督教福音思想和社会主义运动，在作品中发展出最重要的思想——“基督教男子气概”。他的男子气概学说最初建立在“直觉告诉他，牧师生活与婚后生活和运动员生活是相容的。”[3] 他试图为个人感受追寻哲学和神学缘由，并借鉴了不同思想家的观点。金斯莱男子气概的哲学思考源自柏拉图的“激情”（thumos）概念，金斯莱将其解释为有关性、道德和战斗的原始男性力量。布洛姆菲尔（Bloomfield）认为，

---

① Edward Norman, “Victorian Values: Stewart Headlam and the Christian Socialists,” *History Today* (Apr. 1987), pp. 27－32。

② Donald E. Hall, “On the Making and Unmasking of Monsters: Christian Socialism, Muscular Christianity, and the Metaphorization of Class Conflict,” in Donald E. Hall, ed., *Muscular Christianity: Embodying the Victorian Age* (Cambridge: Cambridge University Press, 1994), p. 48.

③ Bruce Haley, *The Healthy Body and Victorian Culture*, p. 111.

金斯莱的作品可能受到了伊曼纽尔·斯维登堡（Emanuel Swedenborg）的神秘、超自然哲学的影响。由于金斯莱受到柏拉图身心二元论和斯维登堡自由哲学的影响，同时代持有正统信仰的学者经常指责金斯莱，称他是新柏拉图主义和泛神论的代表人物，金斯莱对此进行了愤怒的驳斥。这些哲学根源是他在剑桥大学读经典著作的时候形成的。他在剑桥大学获得了一等学位，随后，他通过阅读散文家兼社会历史学家托马斯·卡莱尔（Thomas Carlyle）和神学家莫利斯的著作，并与之融合，将个人思想发展运用于英国的社会行动和变革之中。

卡莱尔则受到了德国浪漫主义作家赫尔德（Johan Gottfried von Herder）和歌德（Goethe）的影响。赫尔德综合了康德的本体论和现象学，提出“将身体尊崇为自然、生命和活力的美丽表现，通过体态和灵魂展示”。[①] 因此，在金斯莱的思想中可以找到德国浪漫主义的某些元素。黑利提出，金斯莱关于健硕基督徒或“健康英雄”的概念，主要基于卡莱尔的三个观点：（1）身体是精神的体现，保持健康是身体协调的标志；（2）健康意味着承认自然规律并遵守这些规律；（3）遵守健康准则，英雄主义才能成功。[②]

奥尔德森（Alderson）分析了金斯莱《奥尔顿·洛克》（*Alton Locke*, 1850）中的基督教男子气概，他认为“反对革命和新教思想的必要性，使得金斯莱关于理想男性的概念，对于定义英国统治者男子气概变得极为重要”。[③] 除了新教精英对维多利

① Anne Bloomfield, “Muscular Christian or Mystic? Charles Kingsley Reappraised,” p. 180.

② Bruce Haley, *The Healthy Body and Victorian Culture*, pp. 111 – 112.

③ David Alderson, “An Anatomy of the British olity: *Alton Locke* and Christian Manliness,” in Ruth Robins and Julian Wolfreys, eds., *Victorian Identities: Social and Cultural Formations in Nineteenth – Century Literature* (New York: St. Martin, 1996), pp. 43 – 44.

亚教会女性化的恐惧，进化论的兴起以及19世纪后期弗洛伊德和荣格心理学的兴起，也强化了金斯莱的男子气概概念。“男子气概学说”已被社会的“深层结构”接纳并吸收，并继续在现代英美文化的体育、宗教和男性运动中产生了广泛影响。

虽然金斯莱的健硕基督徒概念对于维多利亚社会产生了广泛且持久的影响，可是维多利亚的著名作家如霍普金斯（Gerard Manley Hopkins）和福斯特（E. M. Forster），却都曾强烈反对金斯莱的观点。福斯特认为，那些健硕男士只拥有“强壮的身体和未曾发育的心智”。[①] 同时，格雷斯（Grace）在对当代价值观、体育和教育的分析中指出，“具有讽刺意味的是，健硕基督教对体育的推崇超过了福音书”。[②]

天主教神学家约翰·亨利·纽曼（John Henry Newman）是“牛津运动”的领袖，他也曾公开批评金斯莱的哲学思想。金斯莱经常批评英国国教和天主教的高级神职人员，在小说《向西方!》中，金斯莱抨击了天主教会，特别是天主教的禁欲主义和对肉体的鄙视。他认为，天主教对“圣母崇拜”（Mariolatry）的强调，正是维多利亚文化偏重女性化的主要原因。金斯莱倡导“男子气概的神性”，认同“一个人不需要上大学，就能拥有男子气概”的教育理念。[③] 纽曼同意金斯莱对男子气概的理解，却反对金斯莱的反智主义和对肉体的强调。法西克（Fasick）则反对金斯莱的“超男子气概”观点，认为“尽管他尊重温柔和耐心，然而金斯莱的重点是他在小说中所描述的力量

① Edward M. Forster, *Abinger Harvest* (New York: Harcourt, Brace and Co., 1936), p. 5.

② Damian J. Grace, "Values, Sport and Education," *Journal of Christian Education*, Vol. 43, No. 2 (Jun. 2000), p. 17.

③ Bruce Haley, *The Healthy Body and Victorian Culture*, p. 119.

和侵略”。①

三、健硕基督教运动的社会文化成果

19世纪50年代，查尔斯·金斯莱通过小说，在英国成功塑造了一种关注领土扩张的男性帝国主义形象。这种形象是对英国以海洋文化和重商主义为指导的自由贸易的进一步拓展。金斯莱对这种男子形象的推崇，推动了维多利亚末期新帝国主义的崛起。金斯莱在小说中宣扬一种根深蒂固的原始男子气概和民族文化，充满活力和激情。显然，金斯莱希望把英国重新塑造成一个粗犷的勇士国度。

事实上，金斯莱作为儿童作家和国教牧师，在政治上颇具影响力，且备受国民的尊敬。他是女王的牧师，同时也是一位直言不讳的社会学家和科学思想的普及者。金斯莱的小说极其畅销，截至1897年，《裁缝和诗人》（*Tailor and Poet*, 1850）和《向西去!》已再版38次。这两部小说是金斯莱最著名的作品，它们通过所谓的“文化民族主义”（cultural nationalism），构成了国家形象，因为这种思想彰显出种族、文化史以及与基督教的关系。事实上，金斯莱利用英国传统的民族和宗教遗产，通过重新构建男子气概——充满魅力、富有权威、坚强笃信的盎格鲁－撒克逊（Anglo－Saxon）新教徒形象——构筑了英国的帝国形象和身份。

金斯莱在小说中，试图解决维多利亚社会中的教派矛盾，如深受罗马天主教影响的牛津运动、专注于个人虔诚的福音主

① Laura Fasick, “The Failure of Fatherhood: Maleness and its Discontents in Charles Kingsley,” *Children's Literature Association Quarterly*, Vol. 18, No. 3 (1993), p. 109.

义，以及自由的英国国教之间的矛盾。金斯莱认为，基督徒应该将思想付诸行动。他提出的健硕基督教概念，即原始活力和基督教的结合，为英国摆脱衰败和分裂提供了灵丹妙药。金斯莱将原始活力的源泉定位至伊丽莎白一世治下的英格兰。在此期间，充满活力的盎格鲁—撒克逊精神与民族特征的新教主义结合，形成了一种必胜的民族认同。

毫无疑问，金斯莱对维多利亚时代的知识分子和文化生活产生了重大影响——从 19 世纪 50 年代起，他提出的男性气概基督教和基督徒责任的观念，在英国的公立学校和传统大学中传播甚广，并被教育界广泛接受。金斯莱的理念和著作在维多利亚社会中广泛流行，休斯很快成为金斯莱的支持者和代言人。同时，他们很快意识到，帝国的缔造者需要斯巴达式的纪律和品质来提升男子品质。《汤姆·布朗的学生时代》和《向西去!》的风靡则进一步助长、鼓励了英国各阶层的帝国主义情绪。埃德蒙·斯宾塞（Edmund Spenser）笔下英国文学和基督教的传统影响，塑造了浪漫的男子冒险家和敬虔的基督徒的完美结合体，进而将国家和帝国紧密联系在一起。在丹尼尔·笛福（Daniel Defoe）的《鲁滨逊漂流记》（*Robinson Crusoe*）等一系列 18 世纪的英国文学作品中，展示了本国文明开化的传教士和技师类英雄人物，代表着务实和奋进的“自助”男性形象。在工业革命时代，金斯莱则提出了新型的男子形象，意在宣扬对外扩张的国家形象。维多利亚末期的国家帝国主义实则是在金斯莱作品的影响下发展起来的。他试图缓解由本国城市工业环境、以及美国和德国日益增长的竞争力所带来的焦虑。正是这种充满活力的男子气概，能够统一和拯救一个工业化和商业化的英国。

随着宪章派和基督教社会主义的兴起，加之维多利亚中期神学观点的转变，以金斯莱和休斯为代表的新教精英们倡导运动锻炼，从而促进思想、身体和精神的和谐发展。[①] 19 世纪末期，詹姆斯·A·马蒂森（James A. Mathisen）提出了健硕基督教的四种模式。这些模式是在休斯和金斯莱的思想基础上发展起来的，分别是经典模式、福音模式、基督教青年会（YMCA）模式和奥林匹克模式。拉格比公学（Rugby）、伊顿公学（Eton）和阿宾汉姆学校（Uppingham）等英国公立贵族学校，则采纳了运动和体育的观念，彰显出了健硕基督教对社会文化的重大影响。

19 世纪 50 年代后期，健硕基督教教义成为英国公立学校教育体系中不可或缺的核心思想，意在宣扬基督教道德、培养企业家和政治领袖的品格，进而加强大英帝国的实力。[②] 1853 - 1857 年间，出任阿宾汉姆学校校长的爱德华·施林（Edward Thring）总结道："学校应该全力培养男孩们的男子气概，以及认真和诚实的性格。"[③] 托马斯·休斯的《汤姆·布朗的学生时代》一书，是推动健硕基督教道德融入公立学校的主要动力。这本书讲述了拉格比公学的一个男孩进行体育锻炼、进而重塑性格的故事。休斯深受 19 世纪 30 年代拉格比公学的校长托马斯·阿诺德博士（Thomas Arnold）的影响。阿诺德强调："要对基督教保持高度的信仰和忠诚。"[④] 在英国公立学校普及体育运

① Donald E. Hall, "On the Making and Unmasking of Monsters: Christian Socialism, Muscular Christianity, and the Metaphorization of Class Conflict," p. 194.

② Rupert Wilkinson, *Gentlemanly Power - British Leadership and Public Schools Tradition* (London: Oxford University Press, 1964), p. 58.

③ Hardwicke D. Rawnsley, *Edward Thring, Teacher and Poet* (London: T Fisher Unwin, 1889), p. 12.

④ Emma Brown, *True Manliness: From the Writings of Thomas Hughes* (Boston: D. Lothrop and Co., 1880), p. X.

动的过程中，阿诺德的思想发挥了最为强大、广泛的影响力。

健硕基督教运动在公立学校中的开展，主要依仗金斯莱的“男子气概”概念。值得注意的是，橄榄球运动尤其受欢迎，因它鼓励人们“进行无恶意的进攻”，[①] 而这正是未来工业和军队领袖的一种理想特质。多布斯（Dobbs）认为，橄榄球几乎是传播健硕基督教的完美运动。如果当时健硕基督教运动没有领袖，橄榄球运动就不会诞生。“如果健硕基督徒及其公立学校的信徒被赋予了充足的智慧，要求他们发明一种运动，在人们变成恶习和懒惰的受害者之前，这种运动使男童精力耗尽，同时灌输的美德与造成的疼痛约占相等比例；这种运动使得团队高于个人，孕育了勇气、忠诚和纪律、以及完美的职业精神；还有一个额外的好处，需要 30 个男童参加，而不只是 22 个，这正是橄榄球运动的设计理念。”[②]

多布斯提及的橄榄球是一项让男孩们远离恶习和懒惰的运动，这与维多利亚时期两个难以启齿的话题密切相关：手淫和同性恋。人们希望“运动和宗教崇拜”“能替代性欲的满足”，否则，这种满足就可能体现在手淫的恶习上。[③] 同性恋也是公立学校校长们关注的一个主要问题。霍尔特（Holt）评论道：“正当新型男性标准开始生效之时，‘男子气概’的对立面化身为同性恋。1885 年，人们首次把同性恋普遍认定为犯罪。”[④] 因此，在维多利亚时期，金斯莱的男子气概是同性恋和美学的对立面。

在维多利亚时期，健硕基督教也被一些个人和团体当作福

---

① Bryan Mason, *Association Football and English Society 1863 – 1915* (Brighton: Harvester, 1981).

② Brian Dobbs, *Edwardians at Play: 1890 – 1914* (London: Pelham, 1973), p. 89.

③ Henry R. Harrington, Muscular Christianity: The Study of the Development of a Victorian Idea, Unpublished Doctoral Dissertation, University of Stanford, 1971, p. 50.

④ Richard Holt, *Sport and the British: A Modern History* (Oxford: Clarendon, 1990), p. 90.

音传播工具。施达德（C. T. Studd）是世界著名的板球运动员，也是“剑桥七杰”（Cambridge Seven）的领袖，他和美洲的布道者德怀特·莱曼·穆迪（Dwight L. Moody）都认识到运动和基督教的相容性。然而，作为自由的福音派高派教会教徒，他们的神学思想与金斯莱的健硕基督教并不完全一致。他们认为，运动虽然是一种有效的娱乐活动，但与福音神职相比并不重要。奥斯卡获奖影片《烈火战车》（*Chariots of Fire*, 1981）再现了苏格兰人埃里克·里德尔（Eric Liddell）的故事。里德尔是20世纪20年代的奥林匹克运动员、国际橄榄球运动员兼基督教传教士，该故事与斯塔德和穆迪所倡导的健硕基督教有着密切共鸣。因为基督教信仰（“当记念安息日，守为圣日”），[1] 里德尔放弃了周日比赛，最终错过了1924年奥运会的100米决赛。后来，他放弃一度极其成功的体育事业，转而成为一名远赴中国的传教士，这正好应和了健硕基督教的伦理教义。万斯（Vance）认为，里德尔代表了“维多利亚时期的基督教男子气概延续到20世纪中叶后所产生的新福音版本”。[2]

健硕基督教对英国基督教青年会的创立影响深厚。该协会由乔治·威廉（George Williams）于1844年在伦敦创立。然而，基督教青年会在创立之初，过度强调“学习《圣经》、祈祷和教育”，并不赞成运动和体育活动，认为这是对福音的干扰。但由于要与世俗诱惑竞争，其思想也逐渐融入了更多的自由主义观点。19世纪末，金斯莱的男子气概成为福音派文学的普遍主题，健硕基督教的概念被彻底制度化，成为维多利亚时代的主流文化之一。其结果是，在大西洋两岸的青年会中，体育馆与

① 《出埃及记》20：8。

② Norman Vance, *The Sinews of the Spirit*: *The Ideal of Christian Manliness in Victorian Literature and Religious Thought* (Cambridge: Cambridge University Press, 1985), p. 172.

健身活动的数量激增。

基督教青年会创立的主要动因，是由工业革命导致的恶劣社会环境。在农村工作的年轻人，被迫在条件恶劣的工厂里每天工作 10 ~ 12 小时，每周工作 6 天。英国基督教青年会应运而生，同时鼓励了美国的新教牧师以英国模式为基础，创建类似宗教团体。截至 1860 年，全美各州共有 250 个基督教青年会。

1883 年，威廉·亚历山大·史密斯爵士（William Alexander Smith）在格拉斯哥建立了"基督少年军"（Boys' Brigade），进一步加强了维多利亚体育和基督教的融合。除演习之外，运动等活动也被用来培养基督徒的男子气概。史密斯发现了户外冒险和侦查在塑造性格和男子气概方面的作用，并鼓励战争英雄巴登·鲍威尔爵士（S. S. Baden Powell）为基督少年军重写《童军警探》（*Scouting for Boys*, 1907）一书，这同时促成了英国童子军（the Boy Scouts）在 1897 年的成立。美国人很快效仿，于 1910 年创立了美国童子军。在过去的 150 年里，基督教青年会已发展成为一个世界性的基督教组织机构，为促进基督教引导下的运动和体能训练做出了重要贡献。

1896 年，法国人皮埃尔·德·顾拜旦（Pierre de Coubertin）男爵召开了现代奥林匹克运动会，与健硕基督教的意识形态联系密切。顾拜旦在罗马天主教传统中长大，受教于耶稣会学校，早年曾考虑过当神父。然而，他难以接受教会内的苛刻教条，主张"人性宗教"（the religion of humanity）。[①] 顾拜旦在回忆录中写道："体育是教会、教条、祭仪的宗教，尤其带有宗教色

① William J. Baker, "To Play or to Pray? The YMCA Question in the United Kingdom and the United States, 1850 - 1900," *The International Journal of the History of Sport*, Vol. 11, No. 1 (1994), p. 15.

彩”；顾拜旦在国际奥委会成员致词时表示，“奥运会重要的不是胜利，而是参与。人生中重要的不是凯旋，而是奋斗。生活的本质不在于征服，而是奋力拼搏。”[①] 这种理念作为现代奥林匹克运动的核心，源自顾拜旦对健硕基督教理想的信奉。

顾拜旦在读了休斯的《汤姆·布朗的学生时代》法译本后，又参观了拉格比公学。他将英国公立学校的体育传统，作为普法战争（Franco - Prussian war）后重振法国士气的动力，以及复兴古代奥运会（公元前776年）的完美典范。他认为，运动竞技场是“男子气概的实验室……无与伦比的教学工具，这一切都是托马斯·阿诺德牧师创造的。他认为拉格比公学的实践，孕育了‘健硕基督教’……正是盎格鲁—撒克逊文明完善的希腊模式。”[②] 同时，顾拜旦认为，金斯莱和阿诺德完全改变了非职业运动的方向和定义。总而言之，现当代体育赛事宣扬的强身健体的理念，以及对于上帝的虔诚祈祷，显然是健硕基督教持久影响的成果。

结语

总而言之，纵观健硕基督教运动的发展历史，及其对维多利亚社会的影响可以看出，此运动是19世纪中期重要的宗教、文学和社会运动。此思想和运动对于维多利亚时期的小说家如

① Ture Widund, “Ethelbert Talbot His Life and Place in Olympic History,” *Citius, Altius, Fortius: The International Society of Olympic History Journal*, Vol. 2, No. 2 (1994), p. 11.

② John A. Lucas, “Victorian ‘Muscular Christianity’: Prologue to the Olympic Games,” *Olympic Review*, Vol. 99/100 (1976), p. 51.

金斯莱、休斯、狄更斯、爱默生和佩特等著名作家，有着深刻的影响。他们皆以男子气概的理念构建理想的男性形象。健硕基督教思想和运动被证明是维多利亚时代男子气概、阶级划分和民族特征的文化核心，值得人们关注与研究。

论施莱尔马赫的《论宗教》中的政教关系观*

●黄　毅

[内容提要]施莱尔马赫在《论宗教》中,从两个完全不同的视角论证了教会与国家相分离的必要性。首先,他之所以反对教会与国家的密切联系,是因为在这种情形下,教会将不得不履行国家交付给它的,本应该由国家自身来完成的各项任务,从而使自己变成国家的仆人。其结果是,教会放弃了自身真正的精神品质,沦为一种世俗机构。通过把教会与国家相分离,教会就能够免受国家世俗事物的影响,从而专注于提升德国人民的精神生活。其次,施莱尔马赫还表达了一种更为独特的国家主义观点。他认为,唯有教会专注其自身的精神事务,国家才能重新掌控诸如教育、文化等资源以便培育爱国主义热情。因此,在施莱尔马赫看来,主张政教分离不仅是为了维护教会职能,也是为了保障国家

* 本文系国家社科基金项目“施莱尔马赫的宗教共同体理论研究(20BZJ002)”的阶段性成果。

利益。

[关键词]施莱尔马赫 《论宗教》 政教关系

一、导论

作为19世纪的新教神学之父和自由主义神学创始人,施莱尔马赫(F. Schleiermacher, 1768–1834)的宗教神学思想对现当代神学产生了巨大影响,甚至连施莱尔马赫的对头——20世纪神学巨头卡尔·巴特,也不得不承认:"最近时代的神学史的首要位置,归于并将永远归于施莱尔马赫,无人能与他竞争……他没有开创一个学派,却开创了一个时代。"[①]不过,虽然人们普遍承认施莱尔马赫在神学上的巨大成就,但是对于他在其他方面的贡献,特别是政治贡献却甚少关注。

由于长期以来对施莱尔马赫神学存在一种"主体主义"的诠释偏见,人们往往认为,施莱尔马赫神学鼓励一种主张无为的寂静主义和与世界分离的观点。[②] 本文并不拟从神学层面澄清、反驳对施莱尔马赫神学的"主体主义"的诠释。[③] 事实上,凡是对施莱尔马赫生平有所了解的人,都知道他是一个极其活跃的政治改革家和活动家,而且"在塑造现代普鲁士和现代德国的过程中发

① K. Barth, *Protestant Theology in the Nineteenth Century: Its Background and History*, translated by Brian Cozens and John Bowden (Cambridge: Wm. B. Eerdamns Publishing Co., 2001), p. 425.

② Theodore Vial, *Schleiermacher: A Guide for the Perplexed* (London: Bloomsbury T and T Clark, 2013), p. 101.

③ 关于这点可参见黄毅:"施赖尔马赫教义学观辨析:汉语神学语境中的西方争论",载《汉语基督教学术论评》,2017年第2期,第123页。

挥了重要作用。”[1]施莱尔马赫通过反抗拿破仑对普鲁士的侵略，成为近代德意志民族主义的主要塑造者之一。不幸的是，施莱尔马赫显著的神学声望远远盖过了其政治贡献。关于施莱尔马赫神学的研究可以说卷帙浩繁，然而，针对其政治活动和思想，特别是其政治与宗教思想之间关联的深入研究则较少。本文当然不可能详述施莱尔马赫一生丰富而多样的政治活动——他曾密谋组织推翻拿破仑的统治，担任政治色彩浓厚的《普鲁士通信》的编辑，甚至多次与普鲁士国王就诸多政治、宗教问题发生争论等等。[2] 本文探讨的重点在于青年施莱尔马赫对政教关系的看法。

在施莱尔马赫诸多重要的革命性思想中，较少为人讨论的是其关于政教分离的观点。人们往往只注意到施莱尔马赫在 1817 年普鲁士两大新教教会（即路德宗和改革宗）的联合中扮演的领导角色，[3]却时常忽视他多次在讲道、信件和著作中对普鲁士政府与新教教会之间的密切关系提出尖锐批评。虽然在施莱尔马赫漫长的学术生涯中，有关他的国家和民族主义的理念经历了一定的变化和发展，不过他于 1799 年写作的《论宗教：对蔑视宗教的

① Theodore Vial, "Schleiermacher and the State," in Jacqueline Marina, ed., *The Cambridge Companion to Friedrich Schleiermacher* (Cambridge: Cambridge University Press, 2005), p. 269. 施莱尔马赫是神圣罗马帝国瓦解之后，最早以联邦制来构想一个统一德国的思想家之一。他在 1813 年写给弗·施莱格尔的信中，发表了他的“政治宣言”：“解放后我的最大愿望就是拥有一个真正的德意志帝国，它对外代表了整个德国人民和领土，而对内则赋予不同地区及其领导人极大自由，以便根据他们自己的特殊需求来发展和统治。”转引自 Ibid., p. 284。

② 关于这点可参见 Theodore Vial, *Schleiermacher: A Guide for the Perplexed*, pp. 269 – 285。

③ 施莱尔马赫早在 1808 年就曾给当时的德国首相弗里德里希·卡尔·斯泰因起草了一份关于德国新教联合教会的文件，不过该文件随着斯泰因的很快被迫离职而被弃用。施莱尔马赫在 1812 年又写了另一份名为“关于普鲁士国家中新教教会的新构成方案”文件来阐发其组建联合教会的思想。

有教养者讲话》(后面简记为《论宗教》)[①]中阐发的政教分离的立场却始终没有改变。本文即是对该著作中阐发的政教分离立场的重构。

二、对教会之世俗功用的批评

1796 年,施莱尔马赫来到柏林夏洛特慈善医院担任牧师。在那里,他进入了柏林浪漫派的圈子,其核心成员主要有施莱格尔兄弟、蒂克和诺瓦利斯等。[②] 他的浪漫派朋友们一方面鼓励施莱尔马赫自由发展其艺术和智力才能,另一方面又总是以怀疑的目光看待施莱尔马赫的传统牧师身份。在施莱尔马赫 30 岁生日那天,他的朋友赫兹和弗·施莱格尔向其提出挑战:在一年内完成一本关于宗教的著作。施莱尔马赫接受了挑战,并于 1799 年出版了奠定其现代神学之父地位的《论宗教》。

施莱尔马赫在许多方面确实受到了其浪漫主义朋友们的影响,特别是后者对于古典学术的兴趣以及对于民俗和民族语言的研究。施莱尔马赫对柏拉图著作的翻译和研究及其解释学理论,

① [德]施莱尔马赫著、邓安庆译:《论宗教:对蔑视宗教的有教养者讲话》,北京:人民出版社,2011 年版。该中译本是根据第一版(1799)译出。实际上在施莱尔马赫生前,该著作共出了四版(1799 年、1806 年、1821 年和 1831 年)。除了第四版为重印外,作者在每次的新版本中都对旧版作了增补。本文的分析主要是以第一版为依据,同时也参考了第三版的英译本。原版与后面版本的最大差异在于,在原版中施莱尔马赫把宗教的本质定义为"直观与情感",而在后面的版本中则只定义为"情感"。据潘能博格考察,施莱尔马赫之所以做出这种改变主要是对谢林批评的反应。谢林对原版《论宗教》提出了批评:谢林认为唯有哲学而不是宗教才拥有直观宇宙的能力。施莱尔马赫有条件地接受了这个批评,于是把直观让渡给哲学,而仅仅把情感保留给宗教。参见[德]潘能博格著、李秋零译:《神学与哲学》,北京:商务印书馆,2013 年版,第 284 - 295 页。

② 关于青年施莱尔马赫的生平,可参见 W. Dilthey, *Leben Schleiermachers* (Berlin und Leipzig: Vereinigung wissenschaftlicher Verlege, Walter de Gruyter und Co., 1922)。

在很大程度上归功于后者的激励。然而,施莱尔马赫却并不赞同浪漫主义者们对宗教的敌对态度。正如该著作的副标题所表明的那样,施莱尔马赫撰写该著作的动机就在于,澄清自己的宗教立场并纠正浪漫主义者对宗教的错误观念。正是在这种澄清和批评的过程中,施氏阐发了他对于政教关系的理解。

在施莱尔马赫看来,浪漫主义者之所以蔑视、批评宗教,只是因为他们并不理解什么是真正的宗教。施莱尔马赫承认,浪漫主义者对缺乏内在精神的、过于注重外在仪式和教义体系的宗教的批评是完全正确的。然而,他又立即指出,宗教的本质并不是这些外在的仪式和宗教观念(上帝观念也不例外),也并非建立在宗教观念之上的教义体系。他甚至说:"一种无上帝的宗教可能比另一种有上帝的宗教更好。"[①]不过,施莱尔马赫发现,浪漫主义者与那些死抱着外在仪式和教义体系不放的传统观点之间,有一个共同之处,即:他们都肯定宗教和教会对于国家的功用,并试图从这种功用性角度出发,为宗教和教会的合法性辩护。

施莱尔马赫坚决反对那种认为"宗教和教会的合法性源于它们为国家提供了某种功用"的观点。他就此反问道:"你们难道是有了一个合法的处境,才使你们的生存立足于虔敬心吗? 一旦你们以虔敬心为出发点,你们抓住不放,却也视作如此神圣的整个概念,不就消失了吗?"[②]一方面,施莱尔马赫认为,国家并不需要宗教为其提供所谓的帮助,相反,国家应该通过自身机构解决世俗问题。"你们切不可把诸如改良法律这样的事情推给别人,否则你们就根本无法治理国家……如果事实对你们显得是如此恶劣的话,那还是直接面对事实吧。把法律加以改良,撼动其整个

① [德]施莱尔马赫著、邓安庆译:《论宗教:对蔑视宗教的有教养者讲话》,北京:人民出版社,2011年版,第73页。

② 同上,第20页。

制度，给予国家一只铁腕，百双明眼，如果它还没有这些的话，只是不要让它所拥有的东西，在对一种骗人的陈词滥调的厌倦中昏睡过去。”[①]另一方面，施莱尔马赫认为，教会若为国家所用，就会蜕变为一种世俗性的社会力量。教会的真正价值在于其精神性，教会的价值必须根据其精神影响来衡量。这是教会的独特贡献。如果用其他标准衡量教会，那么教会就会立即失去自身在社会中的独特地位。

施莱尔马赫指出，如果教会只被理解为通过制定法律和伦理规范来促进社会进步的机构，那么国家实际上并不需要这种机构。因为就本质而言，一个民族的伦理法规是经由国家认可并编撰成文的传统的产物。[②] 这里体现了施莱尔马赫对国家职能和价值的高度重视。他认为，法律的制定是通过国家而非教会来完成的，国家接受并认可其民族的语言和文化传统，并在这个过程中产生了相应的法律。当然，教会也在塑造德国人民的传统过程中发挥了重要作用。不过，施莱尔马赫认为，只有当教会能够在人民的心中点燃真正的宗教精神时，它才能发挥有效作用。反过来，如果教会不再具有精神激励的作用，并完全退化为国家的仆人，那么它根本就无法为国家提供真正的帮助。

三、对政教分离的论证

《论宗教》的第一篇讲话已经通过对宗教功用性的批评，初步

---

① ［德］施莱尔马赫著、邓安庆译：《论宗教：对蔑视宗教的有教养者讲话》，北京：人民出版社，2011 年版，第 20 页。

② 同上。

指出了政教分离的必要性，而更详尽的阐述则出现在第四篇讲话中。[①]

施莱尔马赫曾在第一篇讲话中指出，真宗教不仅是德国传统中一个可有可无的要素，而且是其显著标志。与法国和英国相比，德国人民是“唯一的，有能力，因此也配得上，让你们的感官为圣洁和神圣的事物所激动。”[②]由于只有德国民族具有真正的宗教品质，因而施莱尔马赫问道：“我除了应该求助你们之外还能求助于谁呢？哪里还有别的听众在聆听我的讲演呢？”[③]施莱尔马赫还认为，他之所以赞赏德国的宗教品质，并“不是对祖国的土地或者对具有相同制度和语言的同胞的盲目偏爱。”[④]在他看来，唯有在德国，才能找到适合精神成长的恰当环境。“在祖国这里才有完全拒绝不结果实的气候，只在这里你们才找得到那四处飘散，为人性增光添彩的一切，这一切发育茂盛，无论在何处都自我塑造，至少个别地发达出最美的形态；在这里既不缺乏明智的中道，也不缺少沉静的观察。所以宗教必定只在这里才找到一个自由城堡，以避开这个时代的粗俗野蛮和冷酷势利。”[⑤]

尽管施莱尔马赫对于德国宗教的民族自豪感的描述，本质上是针对整个德国民族的理想化，但这并不意味着他无视德意志邦联（特别是普鲁士）的宗教状况所存在的缺点。事实上，施莱尔马赫对普鲁士新教教会当时的现状颇有微词。他承认，自己在这点上无法责备浪漫主义者，因为他与后者一样，发现普鲁士的宗教

① 《论宗教》由5篇讲话构成，其标题分别是：申辩、论宗教的本质、论宗教的培育、论宗教的社会性或者论教会和教牧、论诸宗教。

② ［德］施莱尔马赫著、邓安庆译：《论宗教：对蔑视宗教的有教养者讲话》，北京：人民出版社，2011年版，第10页。

③ 同上。

④ 同上。

⑤ 同上，第11页。

生活是可悲的,"你们对于贫乏、无力的宗教敬拜者的蔑视,对于那些宗教尚未出生随即消灭的悲叹,使我确信你们对于宗教有一种真正的欣赏。"[①]也就是说,施莱尔马赫分享了浪漫主义者们对德国宗教与政治领袖的不满。

由于这种理想与现实之间的巨大差异,施莱尔马赫试图找到能够解释造成德国宗教窘境的原因。他给出的诊断是:阻碍普鲁士以及其他德意志邦联中宗教健康发展的根本原因,在于教会与国家之间过于密切的关联。值得注意的是,施莱尔马赫认为这种密切关联不仅削弱了教会的力量,也对国家利益造成了损害。因而,唯有实施政教分离,才能够同时恢复教会和国家的正常功能。

施莱尔马赫并不认为,德意志教会与国家之间的密切关联是历史传统的必然产物。对于施莱尔马赫而言,这种关联只是在历史的某个偶然节点才开启,并且很容易加以中止。即使把教会与国家密切结合起来的原初动机是可以理解的,[②]但这并不会改变一个事实,即国家对于教会的"法律保护"是有害的。通过为教会建立一个制度基础并赋予其各种特权,国家也就将各种难以胜任的工作和职责委任给了宗教机构,从而吸引了大批关注世俗事物远甚于精神事务的人混入教会中。"如果这些曾经只是对所有自负的人、贪心的人,野心家和阴谋家才感兴趣的事,现在挤进了教会……那么那些真正教会的成员,怎该受他们的支配呢?"[③]在给予教会机构各种特权和官方职责后,国家自然就会要求教会服务于国家利益以表达其感恩之情。[④] 同样地,由于国家给神学家委

① Friedrich Schleiermacher, *On Religion: Speeches to Its Cultured Despisers*, translated by John Oman (New York: Harper and Row, 1958), p. 297.

② 施莱尔马赫在此显然意指路德发动的宗教改革。

③ [德]施莱尔马赫著、邓安庆译:《论宗教:对蔑视宗教的有教养者讲话》,北京:人民出版社,2011 年版,第 126 页。

④ 同上,第 127 页。

派了一系列世俗职责,国家便拥有了规范这些职责的权力。施莱尔马赫认为,这样一种教会与国家之间的密切关联,将不可避免地使教会成为国家的仆人。这意味着,神学家们设计的各种宗教方案在本质上都是为了满足国家需求。洗礼、葬礼以及婚礼都失去了宗教意义和精神价值,它们虽然仍然由教会代表实施,但在本质上已经蜕变为世俗事务:

"国家把它的利益渗透到宗教社会的最内在秘密之中,从而玷污了宗教社会的纯洁。当教会庄严穆地将新生的婴儿奉献给神,追求至高无上者时,国家马上想乘势从教会手中接过来,放入它命令保护的名册中;当教会给予成长中的青少年以兄弟般的第一吻时,这里他们才第一次将目光投向宗教圣地,而对国家而言,也把这作为他们达到了公民独立性最初程度的证据。当教会本着团契的虔诚愿望,为两个人的结合举办圣礼,借此将他们变成宇宙造化的工具,而这同时要得到国家的批准,以为了他们的公民联盟……现在在国家的所有建制中,没有任何东西是仅仅与宗教相关的……一切都充满着道德的和政治的关系,背离了它们本来的目的和概念。"①

当然,施莱尔马赫并非认为,国家完全不应依靠宗教情感的力量。因为对于任何其公民主要由基督徒构成的国家而言,宗教情感显然在国家事务中发挥着重要作用。他所反对的,只是国家操纵公民的宗教情感以达到自身目的。他认为,国家应该让国民的宗教情感自然发展,而不应用政治权势加以控制。事实上,施莱尔马赫之所以要求宗教不受国家干预,并不仅仅出于宗教目的,同时也是为了国家考虑。他同国家主义者一样,持有一个重要信念:即宗教经验类似于一种能够激发人民群体的国家意识的

① [德]施莱尔马赫著、邓安庆译:《论宗教:对蔑视宗教的有教养者讲话》,第127-128页。

精神。[①] 因此,任何限制德意志真正的精神宗教之自由发展的行为,也就是损害德意志人民国家意识之培育的行为。

在国家委派给教会的诸多事务当中,施莱尔马赫特别关心教育。他建议,德意志教会应该放弃长期承担的教育职责,将其让渡给国家。[②] 他之所以反对传统上由教会负责的教育事务,是因为只有这样,才能帮助教会保持一种纯粹的精神特质,同时又使国家拥有更多机会培育人们的爱国主义热情。[③] 因此,如果国家控制了公共教育,那么教会与国家都将获益,但如果不马上做出改变,那么双方都将遭受无法弥补的伤害。唯有国家控制教育,教会才能摆脱作为国家仆人的身份,从而专注于使人们朝向上帝的精神事务。

施莱尔马赫坦言,普鲁士政府现在应该行动起来,不能再藏身于教会机构背后,而应该直接主动地为公民的世俗生活承担更大责任。施莱尔马赫认为,如果国家希望其公民表达对德意志民族的忠诚和热爱,那么国家应该由自己而非教会来灌输爱国主义热情。正如他所说:"如果国家需要一种特别的训练,以便在其公民中产生一定的反应,那么这必定不能由教会来完成。如果对其存在一种普遍的需要感,那么国家可以依赖家庭,但那不是作为教会要素,而是作为市民社会要素的家庭。"[④]

由此不难看出,施莱尔马赫接受了许多国家主义者关于教育及其他交流方式应由国家控制的观点。只有当国家直接控制和管理与爱国主义相关的理念的传播时,政治领袖才能更有效地开展爱国主义教育。相反,一旦国家把这种教育让渡给其他机构,

① Carlton J. H. Hayes, *Nationalism: A Religion* (New York: Macmillan, 1960), p. 11.

② Ibid., p. 302.

③ Ibid.

④ Ibid., p. 303.

那么这种教育的效果将不可避免地受到这个机构自身的目标和观念的影响。施莱尔马赫观察到，教会的教师在调和德意志传统、战争史与基督教关于爱的教义时时常会感到困难，其结果是年轻人无法获得必要的背景来激发他们爱国。只要教育仍然保持为教会的特权，那么这种可悲的状况就仍然不会改变。[①] 不仅如此，而且教会由于承担了过多国家的职责，因而其作为纯粹精神的机构的身份必然受到损害。正是为了同时捍卫教会的精神特质以及国家的教育职能，施莱尔马赫大声疾呼："废除教会和国家之间所有的这种关系吧！——这是我至死不渝的加图式警世格言，或者我要一直活到亲眼见到这种关系被摧毁为止。"[②]

施莱尔马赫还认为，如果不立即中止普鲁士教会与国家之间的密切关系，那么普鲁士就很可能爆发类似于法国的革命。他写道："是否也只是像在邻国那样经历一次翻天覆地的动荡？或者，国家是否通过一种平和的协议，就把它同教会的错误联姻解除，而避免把两者置于死地而重生？"[③]法国革命在普鲁士可能重演的威胁表明，施莱尔马赫并不只是把政教关系看作纯粹学术的问题，而是关乎现实生存的问题。

此外施莱尔马赫认为，可以通过有效运用德意志语言文化传统的方式，激发人们的爱国情感，从而避免类似于法国大革命的灾难。当然，在施莱尔马赫的时代，他并非第一个主张由国家控制教育系统以发展爱国主义的人，他也不是第一个阐述学习本国语言在培养国家忠诚中所发挥的重要作用的人。像约翰·赫尔德这样的国家主义者比施莱尔马赫更早就意识到，语言作为传递

① Friedrich Schleiermacher, *On Religion: Speeches to Its Cultured Despisers*, translated by John Oman, p. 303.

② [德]施莱尔马赫著、邓安庆译：《论宗教：对蔑视宗教的有教养者讲话》，第132页。

③ 同上，第134页。

民族文化的工具的极端重要性。海耶斯(Carlton J. H. Hayes)也表达了关于语言的国家主义立场,他说:“一个国家不仅只是偶然从地理或生物人种方面,而且更是从文化和历史力量方面获得其印象和个性。在这些要素当中,我会首先选择语言。”[①]尽管在施莱尔马赫之前,已经有许多学者谈到,由国家纯化语言并将其用作激发爱国主义的工具,但施莱尔马赫却是第一个表达了下述思想的人,即:在通过语言激励唤醒爱国主义热情之前,教育改革是必要的。他也充分意识到这样一个事实:在国家危机到来时,由教会管理的教育系统的缺陷将引发整个系统的坍塌。为此,国家必须从教会那里接管教育职责。

教育之所以应由国家而不是教会来管理,是因为它不仅对于培育爱国主义具有重要意义,同时它也是科学文化发展的必要条件。随着越来越多的世俗科学摆脱了宗教和神学的束缚,由教会控制的教育机构越来越不适合从事专门的世俗科学研究。因此,国家必须创建更多隶属于自身的学校来满足世俗科学的要求。把教会排除在教育领域之外,并非降低教会的权威,反而是对教会职能的加强,因为教会从此将从对国家的种种义务中解脱出来,进而摆脱国家控制。[②]

最后,需要注意的是,施莱尔马赫虽然批评了德意志邦联与教会之间的密切关联,但是他并没有完全割裂二者的关系,并未将它们视为永远不会相交的两条平行线。事实上,在稍晚几年的关于教会合一的一篇文章(《关于新教教会事务的两个公正判

① Carlton J. H. Hayes, *Nationalism: A Religion* (New York: Macmillan, 1960), p. 3.

② [德]施莱尔马赫著、邓安庆译:《论宗教:对蔑视宗教的有教养者讲话》,第127页。

断》,1803)中,[1]施莱尔马赫第一次严肃地提出了教会对于国家所应承担的职责的问题。这当然不是说施莱尔马赫改变了之前的立场,因为他并没有把诸如教育等职责重新归于教会。在这篇文章中,他的基本观点是:如果普鲁士的两大新教教会(即路德宗和改革宗)仍处于分裂状态的话,那么它们都无法履行一个宗教机构所应该承担的神圣职责。换句话说,在教会分裂的情况下,其神圣职责——即把人们引向上帝的任务——将永远无法实现。不过更为重要的是,施莱尔马赫进一步指出,如果教会无法履行其神圣职责,那么国家也将因此受到伤害。这是因为,构成国家的公民在这种情形下必然缺乏精神品质。也就是说,教会并不单单只是为了传播福音而存在,它也是为了国家的需求而存在。不过吊诡的是,只有当教会与国家保持分离状态时,教会才能够更有效地为国家服务。[2]

结 语

综上所述,施莱尔马赫从两个完全不同的视角来探讨政教分离问题。首先,他之所以反对教会与国家的密切关联,是因为在这种情形下,教会将被迫履行国家交付给它的,本该由国家自身完成的各项任务,从而使自己变成国家的仆人。其结果将是,教会放弃自身真正的精神品质,并沦为一种世俗机构。只有将教会与国家分离开,教会能够免受国家世俗事物的影响,专注于提升

① Friedrich Schleiermacher, "Zwei unvorgreifliche Gutachten in Sachen des protestantischen Kirchwesens zunächst in Beziehung auf den Preussischen Staat," in Friedrich Schleiermacher, *Sämmtliche Werke* (*Bd. V*) (Berlin: Reimer, 1893), S. 41 – 156.

② Ibid., S. 46 – 49.

德国人民的精神生活。这种论证思路早已成为当代关于政教分离的标准观点。然而,我们应该注意到,施莱尔马赫是在19世纪初而不是20世纪阐述了此观点。其次,施莱尔马赫还表达了一种更独特的国家主义观点。他认为,唯有当教会专注于自身的精神事务,国家才能重新掌控诸如教育、文化等资源,以便培育公民的爱国主义热情。因此,政教分离在施莱尔马赫眼中,符合教会与国家的利益。

耶稣会与解放神学

● 叶健辉

［内容提要］耶稣会与拉丁美洲解放神学的关联，可以从耶稣会在拉丁美洲历史上曾经发挥的作用中找到踪迹。在殖民地时期，一方面由于训练有素，另一方面由于久经考验且深得教宗信任，耶稣会成为推进天主教本土化的主要角色。其中一个例子，便是耶稣会对瓜达卢佩圣母崇拜的推广。但由于与教宗的紧密关系，耶稣会在18世纪遭到世俗权力的怀疑，被驱逐出拉丁美洲。流亡欧洲的耶稣会士通过撰写拉丁美洲历史等方式，激发了拉丁美洲的独立意识，为拉丁美洲的政治解放做出了独特贡献。19世纪回到拉丁美洲的耶稣会则开始与世俗权力脱钩，逐步深入民间。通过与民间社会的接近，耶稣会在20世纪再次成为引人注目的力量，与注重底层民众的解放神学产生了一种有所选择的亲和性。

［关键词］耶稣会　解放神学　天主教　拉丁美洲　马克思主义

“拉丁美洲解放神学之父”秘鲁神学家古斯塔沃·古铁雷斯（Gustavo Gutiérrez，1928－）是一位教区神父，他后来加入的也是道明会，却常常被视为耶稣会士。1984年，他在梵蒂冈教廷信理部（Congregation for the Doctrine of the Faith）发布了《关于解放神学若干方面的训示》（*Instruction on Certain Aspects of the "Theology of Liberation"*）之后，专门为此作长篇辩护的乌拉圭解放神学家胡安·路易斯·塞贡多（Juan Luis Segundo，1925－1996）是一位耶稣会士。1989年11月16日，在柏林墙倒塌、“历史终结”之后的第7天，被接受美国训练的萨尔瓦多军事组织阿特拉卡特尔营（Atlacatl Battalion）在萨尔瓦多中美洲大学残忍杀害的6人都是耶稣会士，其中包括知名解放神学家伊格纳西奥·埃利亚库里亚（Ignacio Ellacuría，1930－1989）。[①] 1994年1月1日是《北美自由贸易协定》正式生效的日子，以玛雅人为主体的萨帕塔民族解放军揭竿而起，武装占据了墨西哥恰帕斯州的几个市镇，引起全世界关注，其发言人“副总司令马科斯”一度也被认为是一位耶稣会士。[②] 2001年“9·11”事件之后，认为更需要纪念在阿富汗死去的穷人、更需要建立“反贫穷联盟”而非“反恐联盟”的，仍旧是一位耶稣会士——萨尔瓦多解放神学家洪·索夫里诺（Jon Sobrino，1938－）。[③] 为什么一个致力于穷人解放的神父，会被理所当然地视为一个耶稣会士？为什么耶稣会会跟解放神学发生如此深切的关联，以

---

① Stan Granot Duncan, "Introduction: The Crime," in Jon Sobrino, Ignacio Ellacuría, etc., *Companions of Jesus* (Maryknoll, NY: Orbis Books, 1990), pp. xi－xxviii.

② Jeffrey Klaiber, *Los jesuitas en América Latina, 1549－2000: 450 años de inculturación, defensa de los derechos humanos y testimonio profético* (Lima: Fondo Editorial de la Universidad Antonio Ruiz de Montoya, 2007), p. 364.

③ Jon Sobrino, *Terremoto, terrorismo, barbarie y utopía* (San Salvador, El Salvador: UCA Editores, 2003), p. 12.

至于柏林墙的倒塌，甚至对纽约和华盛顿的恐怖袭击都不能改变耶稣会的立场？这是一个引人深思的问题。本文将尝试通过回顾耶稣会在拉丁美洲的历史来回答这个问题。

一、耶稣会与殖民地时期的拉丁美洲

关于耶稣会在殖民地时期的拉丁美洲的状况，一度流亡巴西的奥地利作家斯蒂芬·茨威格（Stefan Zweig）写下的《巴西：未来之国》一书是一个很好的向导。茨威格在该书中盛赞1549年来到巴西的6个衣着朴素、身穿黑袍的耶稣会士是巴西真正的缔造者，胜过之前所有的殖民者。[①] 茨威格以略显煽情的笔触写道：这6个耶稣会士“创造了历史。在他们之前，所有来到巴西的人，或是为了完成使命，或是为了躲避灾祸；每一个登陆巴西海岸的人，无论他们的目标是木材干果还是飞禽走兽，又或是人类矿石，都对这里有所图谋。从没有人想过要回馈这片土地。只有耶稣会士无欲无求、全心全意地为新世界服务。他们带来了作物牲畜，用以耕种土地；带来了常用药品，用以治疗病痛；带来了书籍工具，用以教化他人；带来了信仰戒律，用以传播教义、移风易俗。”[②] 但对巴西适用的，对整个拉丁美洲则未必适用，因为在拉丁美洲的印第安人时期，巴西几乎荒芜人烟，只是拉丁美洲大陆一片广阔的“边缘地带”，并不能代表整个拉丁美洲。耶稣会之所以选择来到巴西这个拉丁美洲的“边缘地带”，是因为方济各会、道明会和奥古斯丁会等修会捷

① ［奥］茨威格著、樊星译：《巴西：未来之国》，上海：上海译文出版社，2013年版，第22－23页。

② 同上，第23－24页。

足先登，在耶稣会到来之前就占据了墨西哥和秘鲁所代表的“核心美洲”（América nuclear）。[①] 当然，最根本的原因还是耶稣会成立时间较晚。耶稣会在1540年才获得批准正式成立，因而无法像方济各会等修会那样，登上哥伦布等人的帆船早早地抵达今天的墨西哥、秘鲁等地。耶稣会只能考虑避开方济各会等修会的光芒，在巴西这样的“边缘美洲”开拓教会事业。在“核心美洲”，耶稣会是迟来者。耶稣会最初抵达秘鲁的时间是1568年，最初抵达墨西哥的时间是1572年。这个时候，令人眼花缭乱的征服与战争已经结束。在美洲的核心地带，耶稣会看来已经无法成就传教大业，只能看着大放光芒的方济各会等修会留下的巨大身影而叹息。

但与方济各会等修会不同的是，耶稣会不是一个传统修会，修道院不是耶稣会生活的绝对中心。耶稣会随遇而安，从外表上看，耶稣会士与常人无异，不像是一个专务于修道事业的修士。但耶稣会在训练上比其他修会更加严格，更接近于精英修会。要成为一个完全的耶稣会士或耶稣会神父，需要接受为期10年甚至更长时间的修道训练。除了神学训练之外，耶稣会士还必须接受科学和哲学训练。这种训练使耶稣会士在思想上全副武装，在任何情况下都能有效地推动传教大业。耶稣会在教育方面的成就尤其令人瞩目，其在世界各地建立了为数众多的耶稣会学校，其教学质量至今为世人所称道，甚至出现了信仰坚定的新教徒把自己的孩子送入耶稣会学校接受教育的现象。[②] 整个世界都是信仰的道场，在人间的任何角落都可以找到信仰

---

① Enrique Dussel, *Historia general de la Iglesia en América Latina*, Tomo I/1 (Salamanca: Ediciones Sígueme, 1983), p. 105.

② Benjamin J. Kaplan, *Divided by Faith: Religious Conflict and the Practice of Toleration in Early Modern Europe* (Cambridge: Belknap Press of Harvard University Press, 2007), p. 255.

的踪迹。简言之，如果说修道院是传统修士的生活中心，而世俗世界只是传统修士出于各种机缘偶尔探访的地方，那么，整个世界都是耶稣会士的修道院，而修道院只是耶稣会士通向世界这个更大的修道院的前厅。这种将整个世界视为修道院的特点，使耶稣会能够走出修道院的门墙，步入更广阔的世界。另一方面，耶稣会又是久经考验的天主教正统信仰的战士。在耶稣会正式成立的1540年，欧洲自1517年开始的一波又一波新教改革浪潮已经持续了20多年，天主教会处于危难之中。耶稣会成立之后，迅即成为天主教对抗新教的强大武器，成为天主教会夺回新教领地，使之重归天主信仰的尖兵。耶稣会由此而被誉为“教宗的轻骑士”（caballería ligera del Papa），[①] 是天主教会忠实而强有力的捍卫者，深得教会信任。此外，耶稣会还实行军事化管理、耶稣会士纪律严明，是随时准备奔赴教会边疆的战士，在这方面他们素以“僵尸般的服从”而著称于世。20世纪的墨西哥大文豪奥克塔维奥·帕斯（Octavio Paz, 1914 - 1998）称耶稣会为“天主教的布尔什维克”（bolcheviques del catolicismo）。[②] 除了贞洁、贫穷、服从这三项传统誓愿之外，所有耶稣会士都要遵守“绝对服从教宗”这项迥然区别于其他修会的“第四誓愿”。可以说，耶稣会是教宗的“御林军”。对于那些反对天主教的人而言，耶稣会士就是“教皇的鹰犬”。由此，耶稣会成为了天主教正统无可置疑的标志。

一方面，由于独特的训练，耶稣会享有通常修会享有的相对于主教体制的独立性；另一方面，由于对教宗的绝对忠诚和

① Ricardo de la Cierva, *Jesuitas, iglesia y marxismo*, 1965 - 1985: *la teología de la liberación desenmascarada* (Barcelona: Plaza & Janes Editores, 1986), p. 402.

② Octavio Paz, *El laberinto de la soledad* (México: Fondo de Cultura Económica, 2009), p. 398.

在抵御新教浪潮中的重要作用，耶稣会更容易获得主教的信任。由于这种独有的优势，耶稣会得以在两个方向上卓有建树：一方面，耶稣会可以像方济各会等修会那样，走进印第安人的深山老林，深入边缘地区，为教会开疆拓土；另一方面，由于耶稣会更能获得主教的信任，耶稣会开拓的区域往往不会被教区神父接管，甚至有机会反过来接管已经稳定的教区。这使耶稣会一来成为了巴西这样的美洲边缘地区的开拓者，二来成为了墨西哥、秘鲁这样的美洲核心地区的教育者和管理者。在第一个方面，耶稣会的代表性成就体现在现在的巴西、巴拉圭、阿根廷交界地带、瓜拉尼人聚居区建立起的“耶稣会国”（1609－1767）——“耶稣会归化区”（reducciones jesuitas）。[①] 在“归化区”里，耶稣会士按照修会的规则组织生活，瓜拉尼人在耶稣会士的领导下过着共同劳动、共同消费、没有私有财产的“共产主义”生活。这种“修院共产主义”维持了一个半世纪之久，成为了拉丁美洲历史上一道别样的景观。第二个方面的代表性成就，则体现在遍布整个拉丁美洲的耶稣会学校中。在殖民地时期，具体而言，是自1568年抵达秘鲁起，至1767年耶稣会被驱逐出拉丁美洲的整整200年间，耶稣会作为整个拉丁美洲的教育者，对拉丁美洲的历史与文化产生了不可磨灭的影响。这200年可以说是拉丁美洲文化的“耶稣会时期”。[②] 对出生于美洲的欧洲人——主要是西班牙人——而言，耶稣会通过教育，促进了“我是一个美洲人而非欧洲人”的意识。这可能跟耶稣会的运作模式有关：耶稣会不要求统一的着装和生活方

---

① Jeffrey Klaiber, *Los jesuitas en América Latina*, 1549－2000: 450 *años de inculturación, defensa de los derechos humanos y testimonio profético* (Lima: Fondo Editorial de la Universidad Antonio Ruiz de Montoya, 2007), p. 137.

② 刘文龙著：《拉丁美洲文化概论》，上海：复旦大学出版社，1996年版，第140页。

式，他们随遇而安、尽力融入当地社会，将自己所到的任何地方都视为天主的安排，视为自己的家园。耶稣会教育所促进的意识就是后来在拉丁美洲引起广泛讨论的“克里奥尔人意识”：来到美洲的欧洲人不再视自己为欧洲人，不再将美洲视为临时落脚之地，而是将其视为自己的家园。① 就印第安人而言，耶稣会通过教育使印第安人拥抱天主教信仰，因为耶稣会教育在方法上并不是建立在“白板说”的假设之上，并不要求印第安人从零开始接受天主教，而是在其传统信仰的基础上接受天主教。这产生了同样在日后引起广泛关注的“宗教调和”现象：天主教圣徒取代了印第安人传统上信奉的诸神，但印第安人传统的风俗习惯并没有发生根本变化。于是，天主教成为所有拉丁美洲人的共同纽带——既是欧洲人的信仰，也是印第安人的宗教，而耶稣会由于其独有的特点而同时成为天主教修道传统和主教传统的传人，成为天主教的一般象征。

其中一个可以勾连起修道士、主教、西班牙人、印第安人和耶稣会士的文化现象是瓜达卢佩圣母（Nuestra Señora de Guadalupe）崇拜。② 简单地说，这是一个关于圣母显灵的故事。传说圣母显灵发生在1531年，一个皈依了天主教的印第安人胡安·迭戈（Juan Diego）走到特佩亚克（Tepeyac）山附近时，被神秘的歌声所吸引而走到山上。圣母在山上显灵，要求胡安向墨西哥城主教报信：在这座山上建造一座用来崇拜自己的庙宇。胡安用耐心克服了人们对他的轻蔑之后，最终得以觐见墨

① Jeffrey Klaiber, *Los jesuitas en América Latina*, 1549 – 2000: 450 *años de inculturación, defensa de los derechos humanos y testimonio profético*, (Lima: Fondo Editorial de la Universidad Antonio Ruiz de Montoya, 2007), pp. 14 – 15.

② 关于瓜达卢佩圣母，参见 Miguel León – Portilla, *Tonantzin – Guadalupe* (México: El Colegio Nacional; Fondo de Cultura Económica, 2000), pp. 91 – 159。

西哥城主教胡安·德·苏马拉加（Juan de Zumárraga）。最后最关键的一幕是主教的下跪和忏悔：在胡安打开胸前的斗篷，装在斗篷里的鲜花散落之际，圣母化在了斗篷里，这就是瓜达卢佩圣母画像。主教跪在圣母像前忏悔自己之前对印第安人胡安的不信，并下令建造庙宇。建造起来的庙宇就是瓜达卢佩圣母教堂。教堂位于墨西哥城北郊，瓜达卢佩圣母像至今仍挂在这个教堂里供人瞻仰祈祷。每逢 12 月 12 日瓜达卢佩圣母节庆，难以数计的来自拉丁美洲乃至全世界的信徒会像被磁石吸引一般来到这里。

尽管圣母显灵是一个无法证实的传说，但却有一些可以证实的史迹与之息息相关。首先，瓜达卢佩圣母与方济各会有关。1524 年，以马丁·德巴伦西亚（Martín de Valencia）为首的 12 个方济各会修道士，带着在新世界实现基督教千年王国的乌托邦梦想，登陆墨西哥维拉克鲁斯。这些方济各会修道士深入印第安人的生活，学习印第安人的语言，留下了许多珍贵的关于印第安文化的文献，其中影响最为深远的，要数贝尔纳迪诺·德·萨阿贡（Bernardino de Sahagún，1499－1590）的《新西班牙风物通史》（*Historia general de las cosas de la Nueva España*）。今天我们所知的关于古代墨西哥印第安文化的知识，几乎都可以追溯到这本书。从萨阿贡那里，我们得知，瓜达卢佩圣母显灵的特佩亚克山是印第安人祭拜众神之母托南辛（Tonantzin）的一处圣地。[①] 为了传教，方济各会在特佩亚克放置了圣母像。长期以来，方济各会掌管着特佩亚克的宗教事务。随着形势的稳定，主教想要接管方济各会修道士的领导权，这不可避免地导致了方济各会与主教的冲突，这种冲突在 1555 年召开的墨西

① Luis Weckmann, *La herencia medieval de México* (México: El Colegio de México; FCE, 1996), p. 196.

哥教省会议上爆发。墨西哥城新任主教阿隆索·德蒙图法（Alonso de Montúfar, 1489－1572）要推广对瓜达卢佩圣母的崇拜，而方济各会墨西哥省省长弗朗西斯科·德布斯塔曼特（Francisco de Bustamante, 1539－1599）则认为，这么做有损天主教正统信仰，因为印第安人对圣母的崇拜暗含对异教神的崇拜，必须在清除异教信仰之后才能使天主教信仰真正生根。[①] 更有意思的是，瓜达卢佩圣母像是一个叫“马科斯”（Marcos）的印第安人画的，这个印第安人画师自1523年便来到墨西哥的方济各会士佩德罗·德·甘特（Pedro de Gante）开设的学校。[②] 墨西哥城主教想要通过方济各会训练的印第安画师的画像推广瓜达卢佩圣母崇拜，而方济各会则表示反对。

主教为什么要推广瓜达卢佩圣母崇拜呢？其中一个原因可能是：西班牙也有瓜达卢佩圣母崇拜。西班牙的瓜达卢佩圣母是在埃斯特雷马杜拉（Extremadura）。据说，西班牙的瓜达卢佩圣母像出自《路加福音》的作者圣路加本人，后几经辗转来到西班牙。[③] 也就是说，西班牙的瓜达卢佩圣母像可以直接跟圣母本人挂钩。但圣母像在711年穆斯林入侵西班牙半岛之后神秘地消失了，直到几百年后被一个叫西尔·科尔德罗（Gil Cordero）的人在放牛时在一个山洞里偶然发现。之后，瓜达卢佩圣母像在西班牙收复穆斯林地区的历史中发挥了重要作用。瓜达卢佩圣母像所在的瓜达卢佩修道院长期以来跟西班牙王室密切

① Francisco Miranda Godínez, *Dos cultos fundantes: Los Remedios y Guadalupe (1521－1649): historia documental* (Zamora, Mich.: El Colegio de Michacán, 2001), pp. 241－266.

② Luis Weckmann, *La herencia medieval de México* (México: El Colegio de México; FCE, 1996), p. 197.

③ Jeanette Favrot Peterson, *Visualizing Guadalupe: from Black Madonna to Queen of the Americas* (Austin, TX: University of Texas Press, 2014), p. 21.

相关，西班牙王室就是在这个修道院里两次接见哥伦布的。[①] 可以说，瓜达卢佩圣母是西班牙的一个象征，因而墨西哥城主教推广瓜达卢佩圣母崇拜便显得理所当然。但西班牙的瓜达卢佩圣母像和墨西哥的瓜达卢佩圣母像有诸多不同：西班牙的瓜达卢佩圣母像是雕像，而墨西哥的瓜达卢佩圣母像则是画像；西班牙的圣母像是圣母一只手抱着小耶稣的像，而墨西哥的圣母像里则没有耶稣；西班牙的圣母像身披华贵的礼服，头戴皇冠，而墨西哥的圣母像穿的则是具有印第安文化特点的服饰。由此可见，瓜达卢佩圣母可以说是天主教印第安化的一个标志。为什么墨西哥城主教能坚持推广瓜达卢佩圣母崇拜？其中一个可能的原因是：主教出自西班牙格拉纳达。[②] 格拉纳达是西班牙在 1492 年才收复的穆斯林地区，穆斯林和基督徒已经在这片土地上共同相处了将近 800 年，伊斯兰教与基督教在这里已经水乳交融、难分彼此。1492 年之后的西班牙基督教已经不可能在完全清除伊斯兰教影响的前提下继续存在。出自格拉纳达的蒙图法很可能自然而然地将格拉纳达的文化、宗教融合经验带到了墨西哥城。而 1572 年抵达墨西哥的耶稣会士则站在主教一边，坚持不懈地组织和推广对瓜达卢佩圣母的崇拜，[③] 使天主教扎根于拉丁美洲。起初，瓜达卢佩圣母是方济各会和印第安人对话

---

① Jeanette Favrot Peterson, *Visualizing Guadalupe: from Black Madonna to Queen of the Americas* (Austin, TX: University of Texas Press, 2014), p. 23.

② Francisco Miranda Godínez, *Dos cultos fundantes: Los Remedios y Guadalupe (1521 – 1649): historia documental* (Zamora, Mich.: El Colegio de Michacán, 2001), p. 261.

③ Solange Alberro, *El águila y la cruz: Orígenes religiosos de la conciencia criolla. México, siglos XVI – XVII* (México: Fideicomiso*alizing Guadalupe: from Black Madonna to Queen of the Americas* (Austin, TX: University of Texas Press, 2014), pp. 21, 23; Francisco Miranda Godínez, *Dos cultos fundantes: Los Remedios y Guadalupe (1521 – 1649): historia documental* (Zamora, Mich.: El Colegio de Michacán, 2001), p. 261; Solange Alberro, *El águila y la cruz: Orígenes re* Historia de las Américas; El Colegio de México; Fondo de Cultura Económica, 1999), p. 165.

的结果，之后，主教接过了方济各会对印第安人的管理权，使瓜达卢佩圣母成为天主教征服新世界的荣光，而耶稣会则作为主教的得力助手，将瓜达卢佩圣母崇拜发扬光大，使之成为拉丁美洲天主教信仰的一般象征。

可以看到，作为一个修会的耶稣会继承了方济各会的衣钵，继续深入与印第安世界的对话；作为正统标志的耶稣会则继承了主教的事业，使西班牙天主教的旗帜高高飘扬在新世界；而作为一个知识上全副武装的教育者，耶稣会则成为包括西班牙移民和印第安人在内的所有拉丁美洲人的老师。天主教修道传统、天主教主教传统、西班牙传统和印第安传统，全都汇聚在耶稣会这里，耶稣会由此成为了殖民地时期拉丁美洲的一般象征。基本上，在拉丁美洲历史上“无事发生”、默默无闻的17世纪属于耶稣会的世纪。可以说，耶稣会在西班牙王室、天主教主教体制的双重支持下，接过了16世纪前期方济各会等修会在拉丁美洲留下的文化成果，塑造了拉丁美洲的“耶稣会时代”。因此，茨威格就耶稣会在巴西所做的描述也适合于整个拉丁美洲。耶稣会在拉丁美洲拥有“光荣的过去”，具有强大的社会感召力。需要指出的是，耶稣会之所以能够在17世纪大放光芒，跟西班牙王国的衰落有着密不可分的关系，罗马在1623年建立负责传教事务的传信部就是这种衰落的重要征兆。这意味着，天主教会希望自己直接处理教务，而不像以前那样交由西班牙王室这个中间人代理，而西班牙王室则由于自身的衰落而无力统揽拉丁美洲教务，因而顺水推舟，对以服从著称的耶稣会委以重任。

二、耶稣会与拉丁美洲的政治解放

进入18世纪之后，耶稣会借以发挥重大作用的基本格局发生了巨大变化：西班牙哈布斯堡王朝绝嗣，引发王位继承危机，在十多年的战乱之后，确立了法国波旁家族对西班牙王国的统治。波旁王朝对天主教会没有像哈布斯堡王朝那么友好。随着时间的推移，体制上接受罗马教宗领导的天主教会成为西班牙波旁王室的眼中钉，训练有素的耶稣会尤其树大招风，被视为国中之国。另一方面，18世纪是启蒙思潮盛行的时代，宗教被视为理性和进步的障碍，天主教会是启蒙思潮攻击的主要目标，而作为成立之日起便以攻击新教、捍卫天主教而著称于世的耶稣会更是无所逃遁。也就是说，耶稣会一方面被视为权倾天下，有颠覆王权之危险；另一方面则被视为中世纪的遗物，不合进步之潮流。简单地说，"一切都是耶稣会的错"，甚至连1755年发生的里斯本大地震也被认为跟耶稣会有关。[①] 最终导致耶稣会被驱逐出整个拉丁美洲的触发点，是1750年的《马德里条约》。[②]《马德里条约》是西班牙和葡萄牙为了解决边界争端而签订的，而耶稣会的印第安人"归化区"恰好处在争议边界上。根据条约，7个"归化区"所在地划给了葡萄牙，耶稣会必须撤出已经耕耘了100多年的"归化区"。对于西班牙王室的决定，耶稣会表示服从，但印第安人不愿离开，他们于1754年揭

① Ricardo de la Cierva, *Jesuitas, iglesia y marxismo*, 1965 - 1985: *la teología de la liberación desenmascarada* (Barcelona: Plaza & Janes Editores, 1986), p. 413.

② Jeffrey Klaiber, *Los jesuitas en América Latina, 1549 - 2000: 450 años de inculturación, defensa de los derechos humanos y testimonio profético*, p. 137.

竿而起反抗葡萄牙人。于是，耶稣会被指控煽动叛乱。葡萄牙王室于1759年勒令耶稣会士离开巴西。没过几年，西班牙国王卡洛斯三世也于1767年下令驱逐耶稣会士。至此，耶稣会士不得不离开整个拉丁美洲。耶稣会士只被允许携带极少的私人物品、像罪犯一般被推上驶往西班牙加的斯的船，几经辗转最终来到了今天的意大利。1549年，6个耶稣会士衣着朴素、几乎一无所有地来到巴西，为教会开拓新世界。210年后的1759年，在教会已经根深叶茂之时，在巴西已经有近600个成员的耶稣会是与最初的还一样几乎一无所有地离开巴西，回到旧世界。1568年，耶稣会士同秘鲁总督一起初次踏上印卡人的土地，200年后的1767年，他们却被当成囚犯运往罗马。历史令人唏嘘，但此时的耶稣会却没有时间叹息，因为在仅仅几年之后的1773年，教宗克莱蒙特十四世迫于欧洲世俗王权的压力，弃卒保车、以一纸简短的文告解散了耶稣会。

解散之后的耶稣会不仅失去了世俗王权的庇护，也失去了罗马教权的庇护，只能待在罗马凄凄惶惶。但200多年的历史没有白白过去，这些前耶稣会士还能书写过去的拉丁美洲历史，还能将自己对拉丁美洲的热情传递给他人。意大利毕竟是天主教文献的聚集地，足以支撑起最严苛的历史编纂。前墨西哥耶稣会士弗朗西斯科·哈维尔·克拉维赫罗（Francisco Javier Clavijero，1731－1787）主要依托方济各会士胡安·德托尔克马达（Juan de Torquemada，1557－1624）的《印第安君主国》（*Monarquía Indiana*，1614）和16世纪道明会士巴托洛梅·德·拉斯卡萨斯（Bartolomé de las Casas，1474/84－1566）的著作，写下了《墨西哥古代史》（1781）一书，[①] 礼赞了古代墨西哥印

① Jeffrey Klaiber, *Los jesuitas en América Latina, 1549－2000: 450 años de inculturación, defensa de los derechos humanos y testimonio profético*, p.166.

第安人的文化成就，驳斥了种种对拉丁美洲的偏见，将印第安人时期称为墨西哥的古代时期。而胡安·德托尔克马达的《印第安君主国》则基本来自将新世界视为“新耶路撒冷”的方济各会士赫罗尼莫·德·门迭塔（Jerónimo de Mendieta，1525－1604）于1596年完成的《印第安教会史》（*Historia eclesiástica indiana*）和萨阿贡的著作。[①] 门迭塔是1524年抵达墨西哥的那12个方济各会士之一的托里维奥·德贝纳文特（Toribio de Benavente，1490－1569）的弟子，亲炙这位方济各会圣徒的生活。[②]《印第安教会史》一书集中反映了16世纪方济各会光芒四射时期的经验。可以看到，方济各会士贝纳文特、萨阿贡、道明会士拉斯卡萨斯等在16世纪的拉丁美洲留下深刻印迹的文化巨人的遗产，再次汇聚在回到欧洲的耶稣会士手中。耶稣会士写于18世纪后期的著作，成为拉丁美洲300年修会传统的集大成者。克拉维赫罗为印第安文化传统的辩护，成为天主教在拉丁美洲本土化的历史见证。这种辩护最终成为拉丁美洲独立运动的意识基础。按照方济各会士的看法，拉丁美洲是新的耶路撒冷，是基督教回到其纯净状态的地方，但欧洲殖民者使这个建立“印第安教会”或“印第安王国”的事业遭受挫折。按照拉斯卡萨斯的看法，欧洲殖民者对印第安人的战争和征服是不正当的，只有将殖民者占有的土地还给印第安人，正义才能真正实现。耶稣会士则使印第安人的历史成为墨西哥的古代，从而为现代墨西哥人摆脱欧洲殖民统治的政治解放运动提供了意识基础：现代墨西哥人有必要继续古代墨西哥人未竟的事业，建立独立于欧洲的国家，从而恢复正义。可以说，耶稣会士克

① John Leddy Phelan, *The millennial kingdom of the Franciscans in the New World* (Berkeley and Los Angeles: University of California Press, 1970), p. 112.

② Ibid., p. 42.

拉维赫罗是墨西哥政治解放事业的奠基人之一，墨西哥最终也以民族英雄的身份，将克拉维赫罗的遗骨迎回其祖国。[①]

前秘鲁耶稣会士胡安·巴勃罗·比斯卡多·伊·古斯曼（Juan Pablo Viscardo y Guzmán，1748 - 1798）则直接跟拉丁美洲的政治解放运动有关联。[②] 1780 年，秘鲁爆发了规模很大的印第安人起义，其领袖自称图帕克·阿马鲁二世（Túpac Amaru II，1742 - 1781）。在意大利听闻起义消息的比斯卡多极为关心，曾写信给英国政府驻意大利的外交官，请求英国支持起义，反对西班牙的不义统治，助力秘鲁的解放事业。但那个时候消息传递很慢，其实，在比斯卡多写信的时候，起义已经失败，图帕克·阿马鲁二世已经在库斯科广场被四马分尸。之后，比斯卡多辗转英国和欧洲大陆之间，最后在英国结识了美国驻英国的外交官鲁弗斯·金（Rufus King），并在临终前将自己的手稿交给了这个美国人，其中包括用法语写于 1792 年前后的《致美洲西班牙人的信》（*Carta a los españoles americanos*），该信痛斥西班牙对拉丁美洲 300 年的不义统治。后来，鲁弗斯·金又将这些手稿交给了来到英国的委内瑞拉人弗兰西斯科·德·米兰达（Francisco de Miranda，1750 - 1816）。米兰达对比斯卡多的手稿非常感兴趣，于 1801 年将《致美洲西班牙人的信》译为西班牙文出版。这封信成了点燃拉丁美洲独立运动的火炬，拉开了拉丁美洲独立运动的大幕。其时，比斯卡多已经去世 3 年，没能见到其一生活动的果实，但这位前耶稣会士已经尽到了职

① Jeffrey Klaiber, *Los jesuitas en América Latina, 1549 - 2000: 450 años de inculturación, defensa de los derechos humanos y testimonio profético*, (Lima: Fondo Editorial de la Universidad Antonio Ruiz de Montoya, 2007), p. 167.

② Jeffrey Klaiber, *Los jesuitas en América Latina, 1549 - 2000: 450 años de inculturación, defensa de los derechos humanos y testimonio profético*, pp. 190 - 193.

责，将历史的薪火传到了新一代手中。特别值得一提的是，图帕克·阿马鲁二世出自耶稣会学校，曾经在耶稣会士那里学习长达8年时间。有些人认为，图帕克·阿马鲁二世在就读于耶稣会学校期间，受到了西班牙萨拉曼卡学派耶稣会思想家弗朗西斯科·苏亚雷斯（Francisco Suárez，1548－1617）和胡安·德·马里亚纳（Juan de Mariana，1536－1624）的影响。[①] 苏亚雷斯认为，神将权力赋予了人民而非国王。而马里亚纳则进一步认为，人民可以正当地弑杀暴君。[②] 虽然耶稣会士已经被逐出拉丁美洲多年，但在一定意义上，仍然可以说，拉丁美洲独立运动是耶稣会结出的果实。跟殖民地时期与世俗权力紧紧相连不同的是，此时的耶稣会一无所有，只能通过虚弱的文字在旧世界为拉丁美洲的政治解放呐喊。

三、耶稣会与拉丁美洲的社会解放

1814年，耶稣会在解散41年后复会，之后逐渐回到拉丁美洲。但颇为反讽的是，耶稣会士普遍被独立后的拉丁美洲各国政府视为罗马教宗的爪牙，有颠覆共和国的危险，因而在很多国家再次遭到驱逐。于是，19世纪回到拉丁美洲的耶稣会再也不像16世纪初来时那样与总督们同行，而是回到了一个普通修会常规的位置——修道院。耶稣会在19世纪基本远离了政治领域，而专注于宗教事务。耶稣会的命运也是整个天主教会命运

① Jeffrey Klaiber, *Los jesuitas en América Latina, 1549－2000: 450 años de inculturación, defensa de los derechos humanos y testimonio profético*, p. 60.

② André Azevedo Alves and José Manuel Moreira, *The Salamanca School* (New York/London: Continuum, 2010), p. 21.

的缩影。从大约1850年开始，自由派在拉丁美洲逐渐稳定地占据优势。自由派推行政教分离政策，反对教会干预政治，要求宗教私人化。天主教会与自由派政府的关系一度剑拔弩张，教会的活动受到很大限制，教会的许多地产被政府没收。教会无可挽回地失去了在殖民地时期曾经享有的一系列教士特权（fueros clericales）。[①] 有意思的是，与政治权力某种程度上的脱钩，反而解放了教会尤其是耶稣会，使之能够找到另一片用武之地：即民间社会或市民社会。由于拉丁美洲大部分普通民众的生活与宗教息息相关，因而耶稣会于19世纪再次深入底层社会。可以说，底层民众取代了殖民地时期的印第安人，成为耶稣会修道生活的同行者。这实际上是殖民地时期天主教本土化进程的延续——天主教的民间化。1891年的教宗通谕《新事》的发布则推动了整个天主教会深入到底层劳工之中，在相当程度上改变了教会总是与权贵站在一起的刻板形象，天主教由此开始了从“国家宗教”向“市民社会宗教”的转变。这是一个巨大的转折，正是这个转折使天主教会能够与底层民众的社会解放发生关联，而更早被权力驱逐、更早经历民间化的耶稣会，则开始组织工会、参与此时刚刚在拉丁美洲兴起的工人运动，再次成为了天主教的先锋队。

墨西哥耶稣会士米格尔·普罗（Miguel Pro，1891－1927）是20世纪前期耶稣会民间化的一个象征。普罗死于“基督战争”（guerra cristera，1926－1929）期间，墨西哥政府于1917年颁布宪法是这场战争的起点。墨西哥1917年宪法承袭了19世纪中期自由派强烈的反教权立场，强力推进了天主教会的世俗化，推动了修士、修女的还俗。宪法规定，天主教神职人员

① Justo L. González y Olinda E. González, *Historia del cristianismo en América Latina*, p. 199.

不得从事教育活动，教会的公共礼拜活动必须在政府的监督下在指定地点进行，所有宗教机构不得拥有不动产。宪法还规定，1917 年宪法生效后建立的任何修道院、女修道院、宗教学校等开展宗教教育的场所归国家所有。宪法还禁止教会开展公共慈善活动，不允许教士出任公职，不允许教士批评政府，教士还必须在政府相关部门注册才能合法开展宗教活动。[1] 按照这样的规定，天主教会既不能从事教育，也不能开展慈善活动，从事宗教活动本身也必须在政府的严格控制之下才能进行。这差不多是对教会的死刑宣判。1924 年当选的卡列斯总统要求严格施行 1917 年宪法的这些反教权条款。1926 年 7 月，何塞·莫拉·伊·德尔里奥（José Mora y del Río, 1854 - 1928）主教宣布墨西哥城神职人员停止神职活动，墨西哥很多其他地方的教士跟进，此后 3 年，整个墨西哥基本处于没有弥撒、没有婚礼、没有洗礼的状态。有些信众在此时揭竿而起反对政府，他们被称为“基督军”（cristeros），由此开始了“基督战争”。“基督军”焚烧政府大楼、谋杀国家雇佣的教师、破坏铁路等。政府军方面同样还以“颜色”：劫掠教堂，杀死同样数量的教士等。[2] 就在这期间，发生了刺杀继任总统候选人阿尔瓦罗·奥夫雷贡（Álvaro Obregón, 1880 - 1928）事件。行刺者计划在奥夫雷贡的车经过查普尔特佩克公园时用炸弹炸死他。结果刺杀失败，行刺者成功脱逃。警察找到了行刺者用过的车辆，车辆登记在罗伯托·普罗（Roberto Pro）名下，于是所有姓“普罗”的人都遭到逮捕，其中就有年轻的耶稣会士米格尔·普罗。卡列斯总统下令处决所有嫌疑人。1927 年 11 月 23 日，米格尔·普罗在

---

① Justo L. González y Olinda E. González, *Historia del cristianismo en América Latina*, pp. 202 - 203.

② Ibid., pp. 204 - 205.

未经审判、没有切实证据的情况下被处决。耶稣会士的先锋队色彩在最后时刻鲜明地显现出来：米格尔·普罗在临死时没有怨天尤人，而是平静地接受，仿佛这是天主的旨意一般，在向天主祈祷之后，像基督被钉十字架那样双脚并立、伸开双臂，高喊着“君王基督万岁（Viva Cristo Rey）!”而死去。[①]“基督战争”及其所引发的民众与政府之间的冲突跟米格尔·普罗本人并没有深切关联，但由于站在民众中间这个简单而基本的事实，米格尔·普罗不得不付出生命的代价。这也正是后来许多解放神学家们的命运，可以说，米格尔·普罗是解放神学家的预像。

同时期，另一个推进天主教民间化的标志性人物是智利的耶稣会士阿尔韦托·乌尔塔多（Alberto Hurtado，1901 – 1952）。如果说米格尔·普罗接近修会传统的话，那么乌尔塔多则接近体制教会传统。乌尔塔多曾是智利“公教进行会”（Acción Católica，直译为“天主教行动”）的顾问。“天主教行动”是落实 1891 年教宗通谕《新事》精神——关注劳工问题——的具体方式，在 20 世纪 20 年代获得教会官方正式认可。“天主教行动”不是一个传统的修会或宗教组织，而是一个获得教会支持的平信徒组织。教会希望通过“天主教行动”贯彻自己的理念，影响整个社会。神职人员本身不参与公共领域，但平信徒则不受这个限制。因此，“天主教行动”实际上是天主教会间接参与公共领域的一种方式。乌尔塔多以接近青年和穷人而著称，于 1944 年创建了“基督之家”以体现教会的社会关怀。由于其为穷人伸张权利的立场，乌尔塔多经常被视为“红色神父”“共产主义神父”。著名智利诗人、1945 年诺贝尔文学奖获得者加布里埃尔·米斯特拉尔（Gabriel Mistral，1889 – 1957）对乌尔

① Jeffrey Klaiber, *Los jesuitas en América Latina, 1549 – 2000: 450 años de inculturación, defensa de los derechos humanos y testimonio profético*, pp. 227 – 228.

塔多推崇备至，将其与天主教圣徒圣方济各相提并论。[①] 可以说，乌尔塔多是拉丁美洲天主教体制教会走进民间的象征。曾与乌尔塔多一同在耶稣会学校就学的智利塔尔卡（Talca）教区主教马努埃尔·拉腊因（Manuel Larraín，1900－1966）则是解放神学运动的直接推手。同乌尔塔多一样，拉腊因主教也是智利“天主教行动”的顾问，也坚持教会接近底层民众的必要性。不过，使拉腊因主教能够跟解放神学运动直接挂钩的重要标志是：拉腊因主教参与了对整个天主教影响至深的梵蒂冈第二届大公会议（1962－1965），由此见证了整个天主教会的转变。1963－1966 年，拉腊因主教担任“拉丁美洲主教理事会”（Consejo Episcopal Latinoamericano，简称 CELAM）主席，是在拉丁美洲教会贯彻“梵二会议”精神、推动拉丁美洲教会改革的主要人物之一。[②] 拉腊因主教在筹备以贯彻“梵二会议”精神为主题的第二届“拉丁美洲主教大会”（Conferencia General Episcopal Latinoamericano，同样简称 CELAM）期间因车祸去世，而这个于 1968 年在哥伦比亚麦德林召开的“拉二会议”，正是宣告解放神学正式诞生的里程碑。拉腊因主教同 18 世纪推动拉丁美洲政治解放的秘鲁耶稣会士比斯卡多一样，虽没有能够见到自己活动的果实，但同样也将历史的薪火传递到了下一代手中。

在拉丁美洲解放神学家之前，在理论上严肃对待马克思主义这一社会解放思潮的代表人物是法国耶稣会士让－伊夫·卡尔维（Jean－Yves Calvez，1927－2010）。卡尔维认为，马克思

---

① Jeffrey Klaiber, *Los jesuitas en América Latina*, 1549－2000: 450 *años de inculturación, defensa de los derechos humanos y testimonio profético*, p. 281.

② Silvia Scatena, “El CELAM en la época del obispo Manuel Larraín Secretaría General”, en Secretaría General, ed., *CELAM, 50 años de servicio a la comunión* (Bogotá, Colombia: CELAM, 2007), p. 195.

思想的原创性首先在于马克思所提出的问题：人如何在其文化、文明、社会中自我实现的问题。[①] 这其实是黑格尔早就提出过的“异化”问题：主体如何在客体中肯定自我而又不受限于客体，或者说，理性如何与历史和解这个问题。按照卡尔维的看法，马克思对黑格尔的批判在于，马克思坚持认为有些制度虽然是人的客体化，但仍然是对人的虚幻表达。而且，这不是一个抽象的、纯粹哲学的问题，而是与产业工人的基本生活状况息息相关。以此为基础，马克思的哲学提出了工人阶级从异化中获得自我解放的任务。在谈及如何克服异化、实现自我解放这一问题之前，卡尔维讨论了马克思对异化起源问题的解释。在马克思对异化起源的解释中展示了马克思对辩证法的第一种理解：异化根植于人和自然界本身的二重性或辩证性。[②] 按照这个辩证逻辑，二重性或辩证性是人类生活的基本特征，克服异化、实现人的自我解放意味着克服这个基本的二重性，也意味着人与自然之间一切形式的对立的消解，还意味着人与其社会之间的完满同一、人与人之间的关系将是一个完满的圆圈。[③] 这是一个非常高的要求，最终达到的将是一个“自由人的联合体”，一个“每个人的自由发展是一切人的自由发展的条件”的联合体。卡尔维认为，马克思的共产主义绝不仅仅意味着财产关系的单纯改变，而是自然完满地人化、人完满地自然化。这不仅意味着解决特殊历史条件下“资本主义异化”或剥削问题，而且意味着铲除任何异化的可能性。[④] 怎么实现共产主义这个没有异化的

① Jean - Yves Calvez, “El marxismo, Teoría y Acción,” en Jean - Yves Calvez, etc., *El marxismo, teoría y acción* (Santiago de Chile: Editorial del Pacífico, 1964), p. 10.

② Ibid., pp. 15 - 16.

③ Ibid., p. 18.

④ Jean - Yves Calvez, “El marxismo, Teoría y Acción”, en Jean - Yves Calvez, etc., *El marxismo, teoría y acción*, p. 19.

联合体呢？卡尔维在此提出了马克思对辩证法的第二种理解：辩证法意味着预设人与自然之间根本的统一性。[①] 这个对辩证法的理解和之前的理解恰好相反。这就是对历史的唯物主义理解——人与自然本来就是一回事，因而在经过“历史”这个“事故”之后，将重回统一。卡尔维特别指出，马克思的这个对异化问题的解决方案太简单、太轻巧了，实际上根本就不是在解决问题，而是在取消问题本身。[②] 这是马克思思想中一个相当蹊跷的问题，即问题和对问题的解决不相称。为什么马克思坚持共产主义取代资本主义的“必然性”，而不认为这是一个通过义愤就能解决的道德问题？实际上，马克思本人也承认“原始积累”不是“必然”的。马克思之所以坚持历史的必然性，原因在于仅仅通过人与人的联合这样的力量，也许能够解决资本主义条件下的异化或剥削问题，但无法铲除异化的可能性，只有诉诸“必然性”才行。按照卡尔维的看法，马克思的共产主义非人力所能实现，[③] 实际上暗含着某种基督教式的信仰。[④] 而这正是后来解放神学努力的方向：马克思对解放的承诺暗含着对神的信仰，因而马克思其实是一个隐蔽的神学家。[⑤]

接近底层、接近马克思主义这样的社会解放思潮，是萨尔瓦多耶稣会士、解放神学家索夫里诺所说的教会的“麦德林转折”（giro medelliniano）[⑥] 这一尚未完成的历史进程的一部分。

---

① Jean – Yves Calvez, “El marxismo, Teoría y Acción,” en Jean – Yves Calvez, etc. , *El marxismo, teoría y acción*, p. 20.

② Ibid. , p. 25.

③ Ibid. , p. 52.

④ Ibid. , p. 56.

⑤ Enrique Dussel, *Las metáforas teológicas de Marx* (Estella, Navarra: Editorial Verbo Divino, 1993), p. 158.

⑥ Jon Sobrino, *Terremoto, terrorismo, barbarie y utopía* (San Salvador, El Salvador: UCA Editores, 2003), p. 220.

解放神学就在这个转折中诞生。“选择穷人”或者说抱紧底层是解放神学的一面旗帜，以至于索夫里诺能够提出“穷人之外无拯救”[①] 的命题。由于有过18 世纪遭到权贵驱逐的经历，耶稣会早就经历了民间化进程，因而在耶稣会与解放神学之间可以说有某种“选择性的亲和性”。所以，能够在解放神学运动中见到那么多耶稣会士的身影也就毫不奇怪了。就像在18 世纪一样，今日拉丁美洲一部分坚持穷人解放立场的耶稣会士也被指控“煽动叛乱”。[②] 但与18 世纪不同的是，今天的耶稣会士已经基本实现了与权贵的脱钩，因而不会像在18 世纪那样被彻底逐出拉丁美洲。与总督同行的人会遭到总督的驱逐，但与穷人同行的人则会留在穷人的世界里。也许，只是在今天，耶稣会士才真正实现了奥地利作家茨威格的描述——献身于拉丁美洲这个新世界。

结　语

2013 年，意大利裔阿根廷耶稣会士豪尔赫·马里奥·贝戈利奥（Jorge Mario Bergoglio，1936 – ）当选为第266 任教宗，称“方济各”，成为天主教历史上第一个来自拉丁美洲的教宗。这也是耶稣会470 多年历史上第一次有会士成为教宗。原则上讲，一旦成为教宗，就自动失去了耶稣会士身份，因为耶稣会士要守“绝对服从教宗”的誓愿，而一个人是无法绝对服从自己的。

① Jon Sobrino, *No salvation outside the poor*, translated by Margaret Wilde, etc. (Maryknoll, NY: Orbis Books, 2008).

② Ricardo de la Cierva, *Jesuitas, iglesia y marxismo, 1965 – 1985: la teología de la liberación desenmascarada* (Barcelona: Plaza & Janes Editores, 1986), p. 19.

方济各这个名字也是天主教会接近穷人的一个象征，这也是这个名字第一次为教宗所用，所以，当今教宗还不能叫“方济各一世”，只有当有新的教宗也用这个名字的时候，这个来自拉丁美洲的教宗才能被称为“方济各一世”。由于其耶稣会士的身份，教宗方济各曾经自然而然地跟阿根廷的解放神学结下了不解之缘。解放神学之所以能够成为世界性的现象，则要回溯到另一个教宗：若望二十三世。这位“红色教宗”在1959年宣布召开梵蒂冈第二届大公会议，决定性地改变了天主教会的面貌。在之后的20世纪60年代，天主教伸出双手与马克思主义展开对话，在天主教历史上留下了浓墨重彩的一笔。60年后的今天，面对正在回到世界舞台中央、致力于人民解放事业的社会主义中国，耶稣会士出身的教宗方济各，也许也会在天主教的历史上留下一个不一样的印迹。在400多年前，来到中国的意大利耶稣会士利玛窦曾经决定性地穿上儒服，但之后，因为“礼仪之争”问题，天主教错失了与中华文化交融的机会。今天，我们第一次见到一个耶稣会士教宗，尘封数百年的对话也许能够再次开启。

政治神学：施米特"宪法守护者"问题的实质

——以凯尔森为参照

• 尹晓兵

［**内容提要**］目前，学界对于施米特的"宪法守护者"问题的指向和内涵的理解，并没有超出"纳粹经历"这一满含偏见的标签。还原或再现"宪法守护者"的实质，成为施米特研究领域中的关键问题。以施米特与凯尔森的论战（"谁应该成为宪法的守护者"）为轴心，围绕"守护者"这一概念，可以把这次论战转化为三个具有内在逻辑关系的主题：宪法需要守护者吗？宪法需要什么样的守护者？在应然与实然层面，谁能够成为这样的守护者？本文通过分析施米特与凯尔森的宪法观念的差异，指出施米特孜孜以求的"守护者"不但要具有宪法法律层面上的实际功能，亦要承担起决断政治、维护"信仰共同体"的使命。施米特对"宪法守护者"的讨论，远远超出了实证主义法学的范围，而进入到政治神学的领域。通过唤回"宪

法”（politeia / Verfassung / constitution）一词所带有的古典含义，施米特拓展了现代宪法学的讨论范围，并指出了“宪法守护者”（帝国总统、罗马天主教）这一政治教义的实质：政治是人类的命运，守护宪法就是守护政治，守护政治就是守护人类，而“隐秘”是一切重大政治的组成要素。

[关键词] 宪法　守护者　罗马天主教

卡尔·施米特（Carl Schmitt）与汉斯·凯尔森（Hans Kelsen）之间的论战，被吴庚大法官称之为“一次历史性论战”、“两人实际出现正面议论冲突，则主要仅有的一次”。[①] 这一次指的是：1931 年，施米特出版了一本由论文发展而来的专著《宪法的守护者》（*der Hüter der Verfassung*）。随后不久，凯尔森针锋相对，发表了长篇论文《谁应该是宪法的守护者？》（*Wer soll der Hüter der Verfassung sein*？）。从标题来看，双方争论的核心问题应该是：究竟是“谁”（Wer）“应当”（sollen）成为宪法的“守护者”（Hüter）？

辩论唯有“立题共许”，方能取得“辩难析疑”的成效。若非如此，则虽长枪大戟，终属一场“混战”。[②] 从争议的前提来看，在施米特和凯尔森眼里，宪法本身需要守护者应当是不争的事实，争议的焦点仅在于：是“谁”“应当”成为宪法的“守护者”？因此，要想揭示两人论战的意义和争论的实质，至少有三个层面的问题需要解决：其一，宪法需要守护者，这种“需要”对于双方而言似乎是不争的事实，但是否需要对此论证

① 吴庚著：《政法理论与法学方法》，北京：中国人民大学出版社，2007 年版，第 267 页。

② 罗志希著：《科学与玄学》，北京：商务印书馆，1999 年版，第 10 页。

说明？其二，凯尔森的回应性论文的关键词“谁”是指一个人，施米特著作篇名中的“der Hüter”也是指一个人。对这一关键词的解读，关系到双方对于法、政治和国家的不同理解，这是否需要详细说明？其三，“应当”一词是否意味着，凯尔森试图在“应然”的规范层面，而非“实然”的制度层面来回应施米特？双方的视域是否存在交错？这一交错的实质意义是什么？

上述三个层面的问题可以围绕“守护者”，转化为三个主题：宪法需要守护者吗？宪法需要什么样的守护者？在应然与实然层面，谁能够成为这样的守护者？本文拟对这三个问题进行探讨，以凯尔森为参照系，以求展现施米特宪法守护者问题的实质性内涵。

一、宪法需要守护者吗？

宪法需要守护者吗？这一问题包含的两个子问题是：其一，宪法需要守护者，这种“需要”从何而来，为什么会产生这种需要？其二，守护者是什么意思？施米特在什么意义上使用“守护者”一词？

针对第一个子问题，施米特的回答是：“对于宪法守护者或维护者的呼声经常是宪法状态危急的一种表征。”这种宪法状态危急指的是，“1658 年克伦威尔（Oliver Cromwell）过世之后、成文宪法制定之后，或者说是国会没有能力做出实质决议、而君主复辟又尚未发生的共和国政府内政垮台的年代。”[①] 这段话给人以这样的印象：在施米特眼里，当国会没有能力作出实质

① Carl Schmitt, *Der Hüter der Verfassung* (Berlin: Duncker und Humblot, 1996), S. 1.

决议、君主复辟未发生、共和国政府内政垮台之时，人们迫切需要宪法的守护者。我们不妨顺着施米特指引的思路继续往前走。上述引文中的宪法危机状态，为什么必须跟宪法的守护者有关联？倘若内政垮台、实质决议难以做出，那么重组内政、果断做出决议不就万事大吉了？施米特有什么隐含的想说而未说，或者不便说出的东西吗？质言之，这种必要而非充要条件的设想，究竟意味着什么？又需要什么条件来补足？

近代以来，普遍的宪法观念认为，宪法是人为法，人定法，以区别于神法和自然法。如果，宪法这种人定法需要守护者，那么神法与自然法需要守护者吗？如果后者不需要，而前者需要，这种区别又蕴含着什么样的价值和秘密？在一般的观念当中，神法与自然法的制定者超出了人类能够掌控的范围，是“神—自然”自己制定的。“神—自然”神通广大、能力无限，根本就不需要守护者。[①] 相反，人类却是有限的存在，是一种“有限性的智灵”。为了弥补人类这种天生有的限性给制定宪法带来的缺陷，人们认为宪法需要守护者。而且，人这种“有限性”在孟德斯鸠的眼里再清楚不过了：“人类能够随时把他的创造者忘记”“随时把自己忘记”“随时把其他人忘记”。[②] 换言

① 在 Cary J. Nederman 看来，新托马斯主义者坚持：神居于自然法之后并保护自然法。这意味着，自然法最终也要汇流到神法之中。因此，自然法、神法的守护者都是神。对法律实证主义者而言，制定法的根基是怀疑主义的价值中立立场。在神法与制定法的比较中，神法刚好弥补了制定法（法律实证主义）道德破产的境况。从这个意义上，制定法已经在功能与价值上，稍逊了神法一筹。参见 Cary J. Nederman 为登特列夫一书所做的导论，转引自［意］登特列夫著，李日章等译：《自然法——法律哲学导论》，北京：新星出版社，2008 年版，第 11－12 页。另见［古希腊］泰勒斯：“神就是宇宙的心灵或理智（nous）”，载［古希腊］艾修斯著：《名言录》，第 1、7、11 页，转引自苗力田主编：《古希腊哲学》，北京：中国人民大学出版社，1989 年版，第 23 页。

② ［法］孟德斯鸠著、张雁深译：《论法的精神》，北京：商务印书馆，2005 年版，第 4 页。

之，在孟德斯鸠看来，作为政治存在的人是有限的，而且人的有限性在很大程度上表现为人会“遗忘”或“忘却”（forget）。因此，人类制定的宪法之所以需要守护，源于人类会不断遗忘当初制定的宪法条文或精神。从这个意义上来说，如果人类无法把“遗忘”从人类身上摒除，那么宪法就必然需要守护者，[①] 以此时刻提醒人们务必遵守曾经“说过的话”（words）。[②]

沿着施米特的指引，除了由人性缺陷催生出的对宪法守护者的需要外，肯定还有其他未被阐明的东西。众所周知，近代宪法发生的危机出现在英国。然而，现代法制史及法律思想史基本将英国视作不成文宪法国家。[③] 由此可见，“宪法守护者究竟是守护宪法条文，还是宪法精神”这一疑问，被“历史”回答了。不过，令人好奇的是，在英国宪法危机的背后，到底隐藏着何种关于人类社会的机密，以至于施米特从中获得了灵感，而去追寻宪法守护者的踪迹？正如上述引文所表明的那样，在施米特眼里，英国宪法是“成文”的，[④] 而英国宪法没有形成

① 柏拉图提醒我们：“敏于学习，强于记忆、勇敢、大度是哲学家的天赋”。只有哲学王才能博闻强记。而且，“必须确定哲学家为最完善的护卫者”。参见［古希腊］柏拉图著，张竹明译：《理想国》，北京：商务印书馆，1986 年版，第 244、257 页。

② 人类除了遗忘这个特性之外，古希腊先民早就对人这个物种看的透彻无比：“不论在地上，天空或海洋，没有一件东西比此物更变化无常。”《俄狄浦斯王》导言，参见《希腊十大戏剧集》，美国 1957 年版，第 115 页，转自苗力田主编：《古希腊哲学》，北京：中国人民大学出版社，1989 年版，第 6 页。

③ 英国并没有制定一部作为根本法的宪法，有关宪法事项都是以普通法律来规定的。参见龚祥瑞著：《比较宪法与行政法》，北京：法律出版社，2003 年版，第 29 页。

④ 施米特怎么会忘记格劳秀斯的这一睿见卓识：成文法，也是制定法，它的背后是“意志法”，是“命令”。——参见［荷］格劳秀斯著、何勤华等译：《战争与和平法》，上海：上海人民出版社，2005 年版，第 32 页。同样的，施米特怎么会对佩特森（Erik Peterson）的话置若罔闻？后者于 1921 – 1922 年冬季学期，在哥廷根大学的“古代教会史”课程的结尾部分曾说：“当上皇帝后，孔士坦丁破天荒让其发至元老院、行省和官员的谕令从形式上获得了立法文件的性质，这样他的意志便成为直接的法律来源。”——参见［德］佩特森著，谷裕译：《此世的君王》，上海：华东师范大学出版社，2014 年版，第 273 页。

文本，那么是什么刻在了施米特的脑海里？[①] 这种“绝不能以人力强为，只由自然生长”的宪法，[②] 其实质内容究竟是什么？

在施米特看来，宪法需要守护者，除了上述政治方面的原因之外，还有一个法哲学方面的原因，即：“宪法概念被相对化了，变成了个别的宪法律。”[③] 也就是说，“作为一个完整统一体的宪法变成了大量具有外在标记、被称为‘宪法律’的法律规定”，“真正的根本规定被强行降低到宪法律细则的水平上。”[④] 实质意义上的宪法被繁文缛节的程序性规定肢解得破败不堪，保证宪法律并且维持宪法律统一性的那个保证者，被形而上地瓦解了。造成这一结果的原因在于，德国法学遵从犹太人这一“存在于法律中的民族”（im Gesetz existieren）的指引，走上了“抽象规范论”之路，把德国内在问题的具体现实抽离得干干净净。宪法律成了一种遍布全球的机械性外壳，使得德国法学丧失了一种眼界。“政治生活的型塑，与法律生活的特定思考和论证形式有着直接的相互关联。”[⑤] 换言之，宪法律各个规范之间的融洽性与统一性，并非是由规范论者所认为的一种理性设计、逻辑自洽的体系加以保证的，而是仰仗一种“政治意志”（politischer Wille）。[⑥] 这是为什么？

---

① 此处很容易让人想起施米特常引用的一个思想家迈斯特（Joseph de Maistre）的话语：“法国人时常把这样的提问当作一句玩笑，萨利克法写在哪一本经卷中？可是杰罗姆·比格农答道，它就写在法国人的心中。”参见［法］迈斯特著、冯克利等译：《信仰与传统——迈斯特文集》，北京：商务印书馆，2010 年版，第 73 页。

② ［英］戴雪著、雷宾南译，《英宪精义》，北京：中国法制出版社，2001 年版，第 86 页。

③ Carl Schmitt, *Verfassungslehre* (Berlin: Duncker und Humblot, 1993), S. 11.

④ Ibid., S. 13、17.

⑤ Carl Schmitt, *Über die drei Arten des rechtswissenschaftlichen Denkens* (Berlin: Dunker und Humblot, 1993), S. 9.

⑥ Carl Schmitt, *Verfassungslehre* (Berlin: Duncker und Humblot, 1993), S. 15.

让我们回到开头施米特认为需要宪法守护者的那句话："1658年克伦威尔过世之后、成文宪法制定之后，或者说是国会没有能力作出实质决议、而君主复辟又尚未发生的共和国政府内政垮台的年代。"注意"1658年克伦威尔过世之后"一语，施米特在这里，已经非常清楚地告诉他的读者，国会与共和政府之所以难以做出实质决议，起因全在于"护国公"克伦威尔的去世。或者说，以反问的方式，可能更有利于揭示施米特的宪法学理论：是不是克伦威尔不死，就不会发生"宪法守护者"的追问了呢？是不是说，克伦威尔就是施米特心目中的"宪法守护者"呢？不论哪一种情况都足以表明，克伦威尔对施米特而言绝非可以轻易放过的人物。在施米特眼里，宪法守护者的使命，在于守护一种政治意志。他根本就不在意英国宪法是否成文。英国宪法印刻在施米特脑海中的核心与精神实质，正是这种政治意志。① 这才是宪法精神的实质。

至于如何寻找这一政治意志，根据施米特的暗示，应当从克伦威尔入手。② 施米特说道："克伦威尔自己面对议会变动不居的多数决议，必须要有一个持久的、不可侵犯的准则；一切政府都必须要有某种根本性的东西，某种像久经不变的大宪章

① "不管羊皮纸上的法律如何，上帝的法律就在这里，"转引自［英］卡莱尔著、张峰等译：《英雄和英雄崇拜》，上海：上海三联书店，1988年版，第323页。

② "英国对西班牙的海战是一场日耳曼民族与罗马民族、新教与天主教、加尔文主义与耶稣会精神的世界性斗争，人们从克伦威尔对西班牙人的态度中所看到的勃然爆发出来的那种最深刻的和无以复加的敌意，是很少有先例的。"参见 Carl Schmitt, *Positionen und Begriffe im Kampf mit Weinar – Genf – Versailles 1923 – 1939* (Berlin: Duncker und Humblot, 1994), S. 271。在迈尔看来，克伦威尔之所以重要，是因为后者能够识别敌意，发现"注定"的敌人。参见：［德］迈尔著、林国基译：《施米特的学说》，北京：华夏出版社，2004年版，第65页，脚注1.

那样的东西（绝对不容侵犯）。”[①] 大宪章的实质难道不就是分权制衡，并且保有一种真正的“民主式平等精神”吗？施米特提醒自己的读者，正是克伦威尔于1653年颁布的《政府约法》（*Instrument of Government*）做出了权力分立的第一次实际尝试之后，哈林顿（James Harrington）、洛克、孟德斯鸠等人才受到启发，[②] 才会出现当今自由主义世界的三权分立理论与实践。近代直接民主制的思想首先出现在平均派运动中，实非偶然。[③] 一个被历史定性为军事独裁专政的“护国公”，却是自由世界精神与制度设计的开创者与守护者，“自由”奠基于“专政”，“专政”是“自由”可能的条件，这才是施米特未能言明的近代宪法起源的历史秘密所在。[④] 接下来，我们就可以审视宪法为什么需要守护者这一问题的第二个子问题：守护者是什么意思？施米特在《宪法的守护者》的开篇第一句话中说道：“Der Ruf nach einem Hüter und Wahrer der Verfassung ist meistens ein Zeichen kritischer Verfassungszustände（对于宪法守护者或维护者的呼声经常是宪法状态危急的一种表征）。”[⑤] Hüter 和 Wahrer 这两个词，苏

---

① Carl Schmitt, *Positionen und Begriffe im Kampf mit Weinar - Genf - Versailles* 1923 - 1939 (Berlin: Duncker und Humblot, 1994), S. 40.

② Ibid., S. 183.

③ Ibid., S. 230.

④ 如果我们非常清楚克伦威尔的名头是“护国公”（Perotektor / Lord Protector），也许就会对施米特为何如此看重克伦威尔有一个更清楚的认识。应该注意的是，施米特在《论专政》（*Die Diktatur*）一书中提到，克伦威尔接纳自己是“护国公”，却拒绝接受“国王”（König / king）的称号。护国公与国王之间的差异，成为施米特痴迷于克伦威尔的一个原因。质言之，所谓军事独裁的克伦威尔，绝对不是旧意义上的“王”，而是新世界的开拓者与保护者（Protektor / protector）。参见 Carl Shmitt, *Die Diktatur* (Berlin: Duncker und Humblot, 2006), S. 130。英文版参见 Carl Schmitt, *Dictatorship*, translated by Michael Hoelzl and Graham Ward (Cambridge: Polity Press, 2014), p. 115。

⑤ Carl Schmitt, *Der Hüter der Verfassung* (Berlin: Duncker und Humblot, 1996), S. 1.

慧婕分别翻译为“守护者”和“维护者”。[①] 它们有什么区别呢？如果两个词是一个意思，那施米特为何还要重复使用呢？难道他真的只是为了强调？

Hüter 的意思是：看守者、守护者、护卫者。Wahrer 的意思是：维护者、保持者。如不细究，两个词甚至可以互换使用，因为在解释 Hüter 一词的含义时，甚至会用到 wahren 一词（Wahrer 的动词形态）。但如果细查就会发现，Hüter 还有一个意思：牧羊人。这个意思是 Wahrer 所不具有的。那么，施米特把这两个词并列放在这里，是不是在提醒我们注意两词之间的差异呢？是不是在提醒我们注意“牧羊人”这个含义呢？

Hüter 一词在德文版《圣经》当中一共出现过 6 次。首次出现是在《创世纪 4：9》中，上帝问该隐：“你弟弟亚伯在哪里？”该隐回答“不知道，难道我应该是我弟弟的守护者吗？”“守护者”在这里有三层意思：首先，守护者是指看护、守护、维护别人的人。其次，守护者意味着被看护、被守护、被维护的那个人是自己的兄弟，至少与自己属于同一个“族群”，于是，守护便具有一种伦理道德责任的要求。最后，守护者与被守护者之间存在等级秩序。这就意味着，即便被守护的人是自己的亲兄弟，两个人之间也要有主次、高下之分。保护与被保护、统治与被统治的结构就存在于守护者与被守护者之间。在面向人世的时候，双方是平等的。唯有在面向上帝的时候，守护者与被守护者之间的等级秩序才会显现出来，而且这样的等级秩序，是一种“应然”状态，是注定了的，是上帝意欲的。

施米特引导我们关注 Hüter 一词的“牧羊人”含义，正如

---

① ［德］施米特著、李君韬等译：《宪法的守护者》，北京：商务印书馆，2008 年版，第 1 页。

施特劳斯一再提醒我们的关于施米特思想的实质：“政治就是命运”。[1] 而“政治之所以是命定的，乃因为无论人们愿意与否，政治都使得人们处于历史和最终审判的情境；乃因为政治带领人们超越了其私人意图而进入到精神与精神作战、生命与生命搏斗的伟大事件；乃因为不管人们是否意识到，争执导致人们参与到永恒对时间之流的突入——这种突入在种种伟大的见证中狂飙突进，在强有力的造物中茁壮成长。”[2] 很清楚，政治命运是上帝安排好的，一种带领与被带领、统治被统治、照顾与被照顾的关系是上帝所恩许的。宪法是牧羊人牧养羊群的皮鞭，用以划定羊群活动的范围，给出羊群生存的意义与价值，让羊群可以自由自在地在宪法允许的范围内活动，进而保障羊群安全，以便更高者来统治。在实施宪法的国度里，谁是羊群，谁是牧羊人（守护者），这样的问题与宪法需要什么样的守护者密切相关。

简言之，宪法之所以需要守护者，原因有三：其一，人类善于“遗忘”的天性。其二，宪法被相对化了，成了宪法律。其三，近代宪法（以自由为价值取向）的历史表明，“自由”以“专政”为前提，独裁在历史逻辑上优先于“自由”。“自由”需要“专政”守护，由此衍生出一个新问题：宪法究竟需要什么样的守护者？

① 列奥·施特劳斯《〈政治的概念〉评注》脚注14，转引自［德］迈尔著、朱雁冰等译：《隐匿的对话——施米特与施特劳斯》，北京：华夏出版社，2008年版，第21页。

② 同上，第58页。

二、宪法需要什么样的守护者？

前文述及，在施米特眼里，宪法的实质与精神乃是一种“政治意志”，而这种意志又为宪法律的环环相扣与体系融洽提供了统一性基础。否则，宪法律各个条文之间根本无法做到逻辑自洽。例如：在一项宪法律的规定与另一项有所出入时，这类冲突也无法籍由构建一个“规范的位阶”（Hierarchie der Normen）来解决。况且，即便是宪法法律条文本身也有含混与矛盾之处。[①]

在施米特看来，人类理性的有限性决定了宪法压根就不是理性设计的结果，即便是作为宪法表征的宪法律，也并不完全依靠立法机关的理性设计。正如迈斯特所言：“在一个愚蠢的时代，最大的蠢行莫过于相信根本大法能够事先写下，因为它们显然是一种高于人的力量所为。把它们写成文字的努力，终归是其无效性的最可靠的标志。”[②] 迈斯特口中的“根本大法”即为宪法。因此，为了探查和表述这种“政治意志”，根据施米特的策略，应当区分绝对意义的宪法和相对意义的宪法，即宪法与宪法律，进而才能弄清楚，宪法需要什么样的守护者。

绝对意义上的宪法（Verfassung im absoluten Sinne）是每个政治统一体被自动给定的具体生活方式。[③] 它有三层含义：其

---

① Carl Schmitt, *Der Hüter der Verfassung* (Berlin: Duncker und Humblot, 1996), S. 44.

② ［法］迈斯特著、冯克利等译：《信仰与传统——迈斯特文集》，北京：商务印书馆，2010 年版，第 83 页。

③ 这里不得不再次提醒读者注意迈斯特的话语：“一个时代犯下的最严重的错误之一，便是相信宪法可以事先制定或创立。宪法之建立，虽然包含着理性与经验，却是神的产品，一国法律中最根本、最要害的宪法成分，肯定不是成文的东西。”参见同上，第 73 页。

一，宪法等于一个特定国家的政治统一性和社会秩序的具体的整体状态；其二，宪法等于一种特殊类型的政治和社会秩序，即具体的统治与服从的关系；其三，宪法等于政治统一体的动态生成原则。[①] 这种意义上的宪法，就是施米特认为的真正的宪法。从施米特把古希腊人通常使用的politeia（“政体”“政制”）一词翻译为“宪法”，以及上述绝对意义上的宪法概念，可以看出，施米特心目中的宪法是一个“秩序性”概念，其最大特征是“根本性”“被自动给定”“秩序”和“动态生成”。

相对意义上的宪法概念（Relativer Verfassungsbegriff）是作为众多个别法律的宪法（die Verfassung als eine Vielheit einzelner Gesetze）。相对意义上的宪法即为宪法律。它有三个特点：其一，宪法律条文之间效力相同，彼此相对化；其二，宪法律一般是成文的；其三，宪法律的形式标记是繁难的修改程序。[②] 在施米特眼中，相对意义上的宪法无法作为一个元概念加以阐释，而是对照绝对意义上的宪法概念所做出的临时性应答。通过相对意义上的宪法即宪法律，施米特指出，宪法律的存在肢解了宪法的整体性与统一性。从表面上看，成文化表现了宪法精神，其实质却损害了宪法精神的权威性。即便是通过设计繁难的修改程序也无济于事，因为其背后所维持和保护的，并非一种整体的政治意志，而是一种妥协、拖延和退让结果的表现。

通过区分绝对意义上的宪法和相对意义上的宪法，施米特获得了一个实定的宪法概念（der positive Verfassungsbegriff）——制宪权主体。政治统一体自己为自己做出这一决断，自己为自己制定了这部宪法。[③] 施米特再三强调制宪主体的政治

---

① Carl Schmitt, *Verfassungslehre* (Berlin: Duncker und Humblot, 1993), S. 4 – 5.

② Ibid, S. 12 – 20.

③ Ibid, S. 21.

属性和功能。制宪权的存在以政治统一体为前提，暗含的则是施米特对于国家和宪法的真实看法：只有一个同一性、同质性的民族，才有可能形成一个政治意志，做出一个政治决断，即国家的存在样态是什么、国家采取何种政治类型、实行何种样式的政制。也就是说，只有同质性的人民大众才能决定过一种什么样的政治生活。而这种政治意志和决断，在逻辑上先于"法律"，正是前者使后者成为可能。

如果说，绝对意义上的宪法是施米特欲要强调的宪法的真正实质，实定的宪法则是施米特与相对意义上的宪法所达成的一个妥协，那么，这一妥协的原因并不在于施米特的宪法理论本身，也不在于施米特所要追求的宪法理想，而在于魏玛共和国宪法所表现出来的妥协性特征。所以，在构建的意义上，施米特是绝对意义上宪法的创建者；在阐释的意义上，施米特是实定宪法的解释者。这一冲突贯穿于施米特政治法哲学思想的始终。

绝对意义上的宪法由于其内在属性，所欲求的守护者必须具备三项功能：其一，能够保持民族的同一性、同质性；其二，能够形成自己独特的政治意志，做出政治决断，保持独特的政治秩序；其三，能够处理和适应宪法—政治统一体的动态生成原则。[①] 而相对意义上的宪法所欲求的宪法守护者，仅仅是宪法法律的适用机器。司法机关只要能够把宪法法律按照一定的逻辑规范付诸实施即可，此外并无其他特别的功能要求。由此可以看出，在施米特看来，宪法所需要的守护者，其职能必定远远超出司法机关的职能。这也正是施米特与凯尔森争执的一个

---

① 在这里，国家不是被理解成某个现存的东西，某个静止的东西，而是被理解成某个不断生成、不断被重新创造的东西。参见 Carl Schmitt, *Verfassungslehre* (Berlin: Duncker und Humblot, 1993), S. 5。

错位点。后者一直在宪法法律的框架和概念系统之中，追问谁应当是宪法的守护者，与施米特的论题存在视域上的错位。施米特在1933年为《政治的神学》第二版所写的序言中，称“涉及与自由主义规范论及其法治国家学说的论争，只字未动（ist Wort für Wort geblieben），几处删节只涉及某些无关紧要的段落。”[①] 这是他对凯尔森的直接回应。

从绝对意义上的宪法概念、实定的宪法概念和对宪法守护者的要求可以看出，施米特的宪法观念与当代流行的规范论意义上的宪法概念差别很大。这一差别并非源于对“宪法”一词的不同理解，而是因为，施米特唤醒了宪法的古典含义，并将其重新纳入宪法哲学问题的当代讨论中，恢复了本属于“宪法”一词的旨趣和含义。他指出，当代宪法学的研究对象，即宪法本身，应该重新得到反思和重塑。那么，宪法的古典含义究竟是什么？它又透露出针对宪法守护者的何种要求？

“宪法”（constitution）一词来源于拉丁文“constitutio”，本意为“组织”“确立”。古罗马帝国用它来表示皇帝的“诏令”和“谕旨”，以区别于市民议会通过的法律文件。[②] 如果说“施米特秉承了古罗马帝国的宪法观念”有些牵强，那么为什么他在《宪法学说》第六章中谈到近代欧洲宪法起源的历史概况时（施米特分9个方面来进行），9个方面中的7个方面都提到“君主”呢？不仅如此，在9个方面的中间位置——第5个方面，他又谈及王朝复辟，难道施米特仅仅是要指出，“宪法不是君主与人民之间的协议，甚至不是某些等级组织之间的协议，

① ［德］施米特著、刘宗坤等译：“《政治的神学》第二版序言”，载［德］施米特著，刘宗坤、吴增定等译：《政治的神学》，上海：上海人民出版社，2003年版，第3页。

② 中国大百科全书出版社编辑部编：《中国大百科全书·大学卷》，北京：中国大百科全书出版社，1984年版，第638页。

而是一个统一的、不可分割的民族做出的决定其自身命运的政治决断"① 吗？显然，有种比"政治意志""政治决断"更有内涵的东西，游离在施米特的字里行间。

正如施米特自己说的，"如果宪法是指一种等同于国家整体状态，它显然就与国家本身一道产生出来。"② 这表明，在施米特眼里，宪法是自然生长的结果，不是人为理性设计的结果。③ 这与迈斯特的观点又何其相似，后者曾说道："英国的政治家从未聚在一起说，'让我们来创建三种权力，以如此这般的方式让它们互相制衡'。他们谁也没有想过这种事。英国的宪法是诸多环境因素的产物，而这些因素多得数不胜数。罗马法、教会法、封建法；萨克森人、诺曼人和丹麦人的习俗，所有等级中的特权、偏见和主张；战争、叛乱和革命；诺曼人对英国的征服和十字军东征；种种的善与恶，种种的知识、谬误和欲望——总之，所有这些因素共同发挥作用，它们相互影响，千千万万种因素的汇集辐辏，经过悠悠千载的漫长运作，才形成了这个复杂的统一体，这种世人所看到的政治权力的平衡。"④ 换句话说，施米特眼中之宪法的背后的那个力量，才是宪法得以成为宪法的原因。这种力量是一种人类理性之外的力量，是历史的力量、自然的力量。它使得宪法成为朝气蓬勃的"活法"。那么，这种力量究竟是什么？

---

① Carl Schmitt, *Verfassungslehre* (Berlin: Dunker und Humblot, 1993), S. 51.

② Ibid., S. 44.

③ 施米特关于宪法有机生成的思想，据说来自莫里斯·奥里乌（Maurice Hauriou），后者花费40年功夫，以一种"有机体"的方式，从行政事务的观察中发展出这项制度理论，从而与其理论对象的本质极为贴近。参见 Carl Schmitt, *Über die drei Arten des rechtswissenschaftlichen Denkens* (Berlin: Dunker und Humblot, 1993), S. 45。

④ ［法］迈斯特、冯克利等译：《信仰与传统——迈斯特文集》，北京：商务印书馆，2010年版，第82页。

那是凝聚的力量，是把散落在一定区域的人重新凝聚起来的力量。它用“启示”的强力之手，把在地球上漫无目的地流浪的个体，重新凝聚成一个团体、一个民族、一个“大我”、一个“信仰者共同体”。[①] 这种力量在施米特的宪法观念里体现得尤为明显。施米特眼中的宪法的实质，在于一种政治意志、政治决断。更准确地说，是依靠民族同质性所做出的“民族决断”。同质性、同一性的“人民”在意识到自己的政治存在之时，立刻摇身一变而成为“民族”。[②] 之所以能够完成这一转变，乃是因为“天职”“天命”在召唤。[③] 正是“天职”和“命运”使得民族有了方向、有了历史，有了集体行动与超越生死界限的勇气追求。换句话说，人民变成民族，有了“崇高”的维度切入，历史就此诞生，“使命”由此诞生。肉体生存（往往以人道主义面目出现）施加给人的“好死不如赖活着”“活着就好”“自保是第一要务”等一系列自然本能的限制，在民族使命面前被击得粉碎。人竟然能冲破自然求生欲的限制，可以为追求“义”（正义）而将生死置之度外，政治由此重生，政治性的民族随之诞生，也“只有如此，一个民族才会成为世界历史的动力”。[④] 1992 年，迈尔（Heinrich Meier）在《隐匿的

① 在迈尔眼里，施米特最关心的是“神学与政治”之间的一致性的东西究竟是什么？施米特用“本体论－生存论”的词语来描绘这种关系，其目的就是把这种一致性的东西逼问出来，它就是“信仰者共同体”。参见［德］迈尔著、朱雁冰等译：《隐匿的对话——施米特与施特劳斯》，北京：华夏出版社，2002 年版，第 48－49 页。

② Carl Schmitt, *Verfassungslehre* (Berlin: Duncker und Humblot, 1993), S. 50－51.

③ 看看施米特 1931 年在自己著作前言当中用拉丁文写下的警句：Res dura et regni novitas me talia cogunt Moliri（“我的残酷命运和疑虑降于一基础未固之欧国家，我必须挺身而战”）。参见 Carl Schmitt, *Der Hüter der Verfassung* (Berlin: Duncker und Humblot, 1996), S. 1。中译参见［德］施米特著、李君韬等译：《宪法的守护者》，北京：商务印书馆，2008 年版，前言第 2 页。

④ Carl Schmitt, *Positionen und Begriffe im Kampf mit Weinar－Genf－Versailles 1923－1939* (Berlin: Duncker und Humblot, 1994), S. 14.

对话》一书中，把这种力量通过施米特的“政治神学”（Politische Theologie）概念表达得异常清楚，使世人第一次看清楚了施米特思想的全貌。由此可见，在施米特宪法概念的背后，混含着“神—人”“启示—理性”“历史—使命”的维度。[①] 施米特的宪法观念或者宪法概念，蕴含着丰富的含义，使得他在寻找宪法守护者时所要考虑的东西更多。因此，施米特意义上的宪法所需要的守护者及其功能和作用，要远远超出规范论宪法所要求的。

简言之，宪法需要一个守护者告诉人民他们属于哪个民族。如果没有民族，宪法的守护者也需要塑造一个民族，让这个民族把自己曾经做出的承诺和誓言牢牢记在心里，不论成文与否。借助绝对宪法、相对宪法、实定宪法的含义与指向，宪法守护者需要用绝对宪法与实定宪法，把趋于碎片化的宪法律重新整合为一个共同的“政治意志”与“政治决断”；将“天职”“天命”“使命”注入到宪法之中，使之获得“启示性”指引；让“义”能够冲破“自保”“自持”“自怜”的自然法阻碍；让人民自己决断成为一个民族和“信仰共同体”，进而切入到“历史”当中。试问，什么样的守护者能够守护一个民族、一段历史、一个使命、一种生活方式？不仅如此，他还要能够感召神的呼唤。这样的守护者去哪里寻找？

① 参见［德］尼希黛丝著、朱雁冰译：“启示录的宪法学说——从彼得森神学看施米特”，载刘小枫主编：《施米特与政治法学》（修订本），上海：华东师范大学出版社，2008年版，第169－206页。国内有学者看到了这一点，可惜论文只写了一半，参见林来梵、郑琪：“有神论的政治宪法学”，载《同济大学学报（社会科学版）》，2006年第2期，第39－47页。

三、去哪里寻找宪法的守护者？

如前所述，人类天生的缺陷造成了人类对自己的不信任。要克服这种不信任，有两条路径摆在人类面前：其一，寻找那个让人类自己意识到自身缺陷的“整全”知识。如果没有这个整全的存在，人类的缺陷也就成为了子虚乌有的问题。这条道路通向寻找全知全能的人类守护者；其二，在人类的理性与能力范围内，设计、创造守护者。这条道路通向理性的边界。两条道路几乎都是无止境的，是动态生成的过程。第一条最终归入宗教的行列，第二条则形成了政治哲学与法哲学探索的历史。

在西方法律思想史中，关于守护者的讨论最早可以追溯到柏拉图。后者在《理想国》中说道：“护卫者的工作是重大的，他需要比别人更多的空闲，需要有更多的知识和最多的训练。”①这是在《理想国》中第一次提到守护者。“看来我们正在考虑的不单是一个城邦的成长，而且是一个繁华城邦的成长。”守护者的职责是要让城邦变得更加好、更加善、更加正义、更加繁荣。换言之，守护者考虑的并非是城邦“自然生命”的存续，而是“有质量的”生活。这就意味着，守护者给城邦带来了价值判断。在关于“什么是好的、什么是善的、什么是繁荣的”等问题上，守护者带领城邦并拥有对城邦的评判权。

这样的守护者何以识别善恶？柏拉图对其做了规定：“他应该对自己人温和，对敌人凶狠”，“既温和，又刚烈”。更为重要的是，狗能够区分敌友，而区分敌友的方式和标准非常简单易

① ［古希腊］柏拉图著、张斌和等译：《理想国》，北京：商务印书馆，1986年版，第66页。

懂："不认识的是敌，认识的是友。"[①]《理想国》中直接提到了宪法守护者："格劳孔……是不是我们也需要一个常设的监护人呢，如果城邦的宪法要加以监护的话？"其实，对于宪法监护人所要做的，苏格拉底说得很清楚："神谕曾经说过'铜铁当道，国破家亡'，你看你有没有办法使他们相信这个荒唐的故事？"[②]宪法的监护者就是要人们相信这样的"荒唐故事"。而这个高贵的谎言就是要确定"谁是统治者，谁是被统治者"。[③] 宪法的监护者，就是在监护一套等级统治秩序，通过"高贵的谎言"把好坏、善恶观念注入金银铜铁的人群之中。施米特把 Verfassung（constitution）还原为古希腊语 Politeia，力求扩展规范论宪法概念的内涵与外延，恢复"宪法"一词的古典含义。[④] 这不正是延续了柏拉图的宪法监护者观念吗？

让我们遵从施米特的权威，从他一开始提到的克伦威尔身上继续寻找守护者的踪迹。1653 年，由高级军官组成的军官会议提出了一个新的宪法草案，即《政府约法》。根据这个文件，军官会议于 12 月 16 日宣布克伦威尔为终身护国公（Protector）。护国公制（Protectorate）的实质是军事专政。[⑤]

让我们来看看这个护国公。"清教徒共和国是一个愉快的、喜剧性的插曲，但克伦威尔已使英国成为欧洲一支强大的力量。普通的英国人第一次能够自由地表达自己的思想而不受政府和

---

① ［古希腊］柏拉图著、张斌和等译：《理想国》，北京：商务印书馆，1986 年版，第 69 页。

② 同上，第 129 页。

③ 同上，第 124 页。

④ 在徐国栋看来，"施米特对于 Verfassung 的理解融合了其希腊—罗马文化教养"，参见徐国栋："宪法一词的西文起源及其演进考"，载《法学家》，2011 年第 4 期，第 43 页。

⑤ 蒋孟引著：《英国史》，北京：中国社会科学出版社，1988 年版，第 382 页。

宗教的干涉了。私有财产永远得到保护。”① “克伦威尔是一个虔诚的清教徒，为清教徒事业奋战了一生。他的个人品质也许是高尚的，也没有权力欲。但革命的狂风巨浪把他冲到权力的顶峰，而这个权力却似乎正是革命试图要遏制的那个权力。克伦威尔于是成了一个复杂的人物，他一方面反对专制，一方面又实行集权。”② 巴尔（Hugo Ball）认为：“更为关键的是，克伦威尔的专政几乎不能用理性范畴来把握，它虽然违抗了所有理性主义体系，在施米特看来却似乎是更高的、本来的理性。”③ 克伦威尔评价自己曾经的兄弟——平等派时说道：“你没有别的办法对付这些人，只有去粉碎他们。如果你不把他们粉碎，他们就要粉碎你。”④

正是这个残杀自己兄弟的人，⑤ 比英格兰历史上任何一位独裁君主都要专制的人，成就了英国历史上第一个、也许是仅有的一个共和政体。1658 年他的逝世清楚地表明，英国共和制的延续依赖于克伦威尔的存在，而且必须是他本人。⑥ 他是品格高尚的清教徒、明辨敌友的政治家、维护共和的护国公。这样的一个人，使英国成为欧洲最为强大的力量之一。施米特提醒我

① ［英］霍利迪著、洪永珊译：《简明英国史》，南昌：江西人民出版社，1985 年版，第 69 页。

② 钱乘旦、许洁明著：《英国通史》，上海：上海社会科学院出版社，2002 年版，第 168 页。

③ ［德］巴尔著、张宪译：“施米特的‘政治的神学’”，载刘小枫主编：《施米特与政治法学》（增订版），上海：华东师范大学出版社，2008 年版，第 96 页。

④ 蒋孟引著：《英国史》，北京：中国社会科学出版社，1988 年版，第 375 页。

⑤ 兄弟互相残杀的引申义被迈尔教授阐释为《创世纪》第 3 章 15 节的真理信仰：吾将仇恨播撒在你的后代和她的后代中，这才是施米特政治神学的根基，参见 Heinrich Meier, *Die Lehre Carl Schmitts*：*Vier Kaptitel zur Unterscheidung Politischer Theologie und Politischer Philosophie*（Stuttgart：J. B. Metzler，2009），S. 30。

⑥ ［英］刘易斯著、荣予等译：《君主制的历史》，上海：三联书店，2007 年版，第 136 页。

们要注意这样一个人，并把他作为宪法守护者问题的开端，其用意非常清楚。

概言之，施米特遵循两个路径来寻找宪法的守护者，其一是理想主义路径，其二是现实主义路径。理想主义路径导向一种真正宪法意义上的守护者，且由于宪法概念的丰富性，守护者的功能和作用也随之增加，最后导向对全知全能守护者的呼唤。不受法律拘束、能够悬置法律、代表民族精神、可以把整个民族凝聚成“信仰共同体”、奠定法律秩序基础的那个主权者，[①] 是施米特沿着该路径所能寻找到的最理想的宪法守护者。现实主义路径则导向施米特不得面对的妥协。他在宪法学或者宪法制度的现有框架之下，与凯尔森、特里普（Heinrich Triepel）、格尔哈特·莱布霍茨（Gelhart Leibholz）等论战，[②] 分别将立法机关（议会）、司法机关（高等法院、帝国法院、宪法法院）与帝国总统相并列，解析各自的优缺点。

在施米特看来，司法机关和立法机关都有不可弥补的缺陷：一方面，就司法者而言，宪法的守护者这项议题，所涉及的已经不仅仅是“如何防止最强的规范受到较弱规范的侵害，”[③] 而是司法者本身就存在问题。“只要司法权本质上仍然是司法权，那么就无法避免它在政治上永远会来得太迟的结果，而且司法程序规定得愈彻底、愈缜密、愈符合法治国的要求、愈符合司

① 这里特别提醒注意的是，施米特《政治神学》一书的第一句话是：“Souverän ist, wer über den Ausnahmezustand entscheidet（主权者决断例外状态）。”施米特一直强调的是“主权者”的概念，而非“主权”概念。如果理解成后者，就完全把“人”的维度从施米特的政治神学论述中剔除了，进而把政治神学变成了政治科学（政治哲学），这显然不是施米特的本意，参见 Carl Schmitt, *Politische Theologie: Vier Kapital zur Lehre von der Souveränität* (Berlin: Duncker und Humblot, 1993), S. 13。

② 骆正言：“凯尔森宪法保障思想的逻辑———兼评施密特及中国的政治宪法学”，载《重庆工商大学学报（社会科学版）》，2012 年第 29 卷第 4 期，第 41 页。

③ Carl Schmitt, *Der Hüter der Verfassung* (Berlin: Duncker und Humblot, 1996), S. 41.

法权的形式，司法者来得就会愈迟。"[①] 另一方面，就议会来说，"议会由于其内在的多元主义而无法形成多数或不具行动力；另一种可能的结果则是，在各个不同情况中形成的多数力量，会把所有法律上的可能途径当成其把持权力状态的工具与确保手段，并且机关算尽地利用其掌握的国家权力的期间，也试图限制最强大与最危险的对手寻求同样可能性的机会。"[②] 与之相对应，施米特认为，帝国总统却能够成为宪法的守护者，因为帝国总统背后的理论基础在于贡斯当教授提出的"中立性权力"学说，即帝国总统可以在多元主义势力之间保持中立，为现有的宪法框架提供最合适宜的保障。因而他认为，"在魏玛宪法的现行内容中，已经存在着一个宪法守护者，也就是帝国总统。"[③]

凯尔森针对施米特的主张，提出了三点反驳：第一，法院在处理案件事实问题时，并非只是机械性地套用法律。解释法律同样是法院的重要职能。尽管存在延迟问题，但是这并不能否认法院作为宪法守护者所具有的作用；第二，司法活动并非仅仅是法律适用问题，它也包含政治决断，有政治行为的属性。比如，判决就具有决断与权力运用的要素；第三，帝国总统的中立性只是一种理想性的幻觉，他要依靠各个部长的工作才能进行，怎么可能不受相关利益人影响。基于上述分析，在寻找宪法守护者问题上，凯尔森认为，宪法的守护者应该是宪法法院而非帝国总统。其实，凯尔森心里也非常清楚，施米特眼中的宪法，并不是规定立法机关和程序以及最高执法机关地位和职权的规范。一般而言，它也不是规范或法。它是一种状态，德意志人民统一的状态。

显然，凯尔森对于施米特的宪法观念了如指掌，但是为什

---

① Carl Schmitt, *Der Hüter der Verfassung* (Berlin: Duncker und Humblot, 1996), S. 32.

② Ibid., S. 89.

③ Ibid., S. 158.

么凯尔森仅仅在宪法法律的范围内回应施米特，一旦超出宪法法律的范围就退回来了呢？这与凯尔森的宪法观念密切相关。其一，在凯尔森看来，宪法应该与道德、政治分离，遑论神学。所以，宪法法律之外的视域或眼界，被凯尔森直接排除掉，在他眼里，实证主义只有在了解自己的推定和局限性的前提下，才能称之为批判实证主义，[①] 而凯尔森绝不允许自己的宪法学不在批判之列。究其实质而言，凯尔森欲要寻求一种方案，这种方案可以令宪法守护者的政治功能仅仅在于：把权力的行使关进法律的柜子里（der Ausübung der Macht rechtliche Schranken zu setzen）。[②] 但是，这种方案必须严格在宪法规范之下，于是就发生了一种悖论：宪法的守护者受宪法法律约束，就意味着宪法守护者本身受宪法法律的守护。[③] 这一悖论在凯尔森的宪法法律理论中不可能得到解决。一旦超出宪法法律的范围，他就不得不追随施米特；其二，凯尔森并非没有看到现代宪法理论背后的神学结构，但是他更担心的，是自然法学说与神学两者力量的合流。[④] 作

---

① ［奥］凯尔森、沈宗灵译：“自然法学说与法律实证主义”，载［奥］凯尔森著、沈宗灵译：《法与国家的一般理论》，北京：中国大百科全书出版社，1996 年版，第 479 页。

② Hans Kelsen, *Wer soll der Hüter der Verfassung sein*?（Herausgegeben von Robert Chr. van Ooyen）（Tubingen: Mohr Siebeck, 2008）, S. 58.

③ 这一悖论被当代政治学者吉奥乔·阿甘本（Giorgio Agamben）阐发为“主权悖论”：主权者既在司法秩序之外，同时又在司法秩序之内。参见［意］阿甘本著、吴冠军译：《神圣人——至高权力与赤裸生命》，北京：中央编译出版社，2016 年版，第 21 页。

④ 凯尔森在《自然法学说与法律实证主义》的一个脚注中，把自己的担忧表述得非常清楚：“当形而上学想离开主观想象范围时，就必定成为天启宗教（revealed religion）独断论；当自然法思辨在某处寻找确定性时，就会流入在教会、即一个权力组织的权威下所构成的实在法律规范之中，这种规范主张有权代表一种具有高于国家法律效力之上的效力的秩序，它在一定方式下限制着国家法律的范围并决定其内容。这些教会规范平常就体现为自然法。”参见［奥］凯尔森著、沈宗灵译：“自然法学说与法律实证主义”，载［奥］凯尔森著、沈宗灵译：《法与国家的一般理论》，北京：中国大百科全书出版社，1996 年版，第 502 页，脚注 12。

为法律实证主义根基的“基础规范”（Grund Norm）本就与自然法学说撇不清关系，如果再加上神学，那么凯尔森的全部学说不但有可能走向自身的对立面，而且有可能会成为神学的一个注脚。[①] 拒绝接受神学的洗礼，或许是凯尔森心目中反对施米特的又一内在缘由。

施米特心目中的理想型宪法守护者（至高无上者）应该是罗马天主教。因为天主教的论证乃是基于一种特殊的思维方式，其证明方法是一种独特的法学家的逻辑（juristische Logik），其关注焦点则规范指导人的社会生活。[②] 读者也不应忽略一个事实：施米特一直推崇的护国公克伦威尔，就出现在施米特写于1923 年的《罗马天主教与政治形式》一文的第 1 页上。这些都是施米特想说而不敢完全说出口的东西。试问，谁能在启蒙之后相对主义盛行的现代政治体制下，重拾神学的思维和资源，为法学提供智力支持？谁能在砍了君王头颅的后现代语境中，重新为教皇招魂？谁又有勇气，在现代语境中重新提醒人类自身的道德、政治、法律压根没有基础，除非上帝做证？一言以蔽之，在施米特的思想里，现代人怎么都不会明白，自己根本就没有走出神学时代。当今以法律、法学为代表的理性思维，根本就没有超出神学的范畴，雅典也根本没有击败耶路撒冷，他们的争论，在当代仍未完成。施米特郑重提醒现代人：别忘

---

① 凯尔森在 1923 年所著《上帝与国家》一文中称：“如果我们将上帝支配个体灵魂的完全规范性权威与社会据以进入个体意识、在个体意识中进一步拓展、要求个体无条件服从的权威加以比较，就看不出什么本质差别，甚至在程度上也没有什么不同。”换言之，正如施米特在《政治的神学》中指出的，恰恰是凯尔森最先发现或者阐明，法学一神学类比论的形式意义，参见［奥］凯尔森著、林国荣译：“上帝与国家”，载刘小枫主编：《施米特与政治法学》（修订版），上海：华东师范大学出版社，2008 年版，第 293 页。

② ［德］施米特著、刘锋译：“罗马天主教与政治形式”，载［德］施米特著，刘宗坤、吴增定等译：《政治的神学》，上海：上海人民出版社，2003 年版，第 68 页。

了，现代国家理论中的所有重要概念都是世俗化了的神学概念。[①]

曾有学者指出，由于施米特与凯尔森对于宪法概念的理解不一样，导致了双方提供的宪法守护者方案也不相同。[②] 如前所述，施米特最后达成的“帝国总统作为宪法守护者”的结论，并非其最为理想的目标，他也在妥协。而凯尔森主张的“宪法法院作为宪法的守护者”，在二战后的德国基本法中体现得非常充分。似乎历史已经对两人提供的方案给出了答案。但是，如果施米特的“帝国总统作为宪法守护者”的思想被兴登堡总统采纳，哪里还有纳粹党什么事呢？魏玛共和国这个被称为“拥有最完美宪法的国度”，岂不成为世界各国竞相效仿的楷模？因此，以“合理即存在，存在即合理”（Was vernünftig ist, das ist wirklich und was wirklich ist, das ist vernünftig）的教条为依凭，无法否认施米特开拓出来的宪法学说的政治性、[③] 启示性与民族性含义，更不能无视由施米特对宪法守护者的追问所引发的关于帝国总统、罗马天主教等主题的讨论。所有这些，无不印证着一种西方文明背后源远流长的神学传统。人类应该过一种什么样的生活？应该怎么过一种集体生活？人类作为一个整体（一个民族、一个国家、一个部族）的存在意义应该去哪里寻找？只要人们还在追问这些问题，政治哲学、政治神学、宪法

---

① ［德］施米特著、刘宗坤译：“政治的神学”，载［德］施米特著，刘宗坤、吴增定等译：《政治的神学》，第 31 页。

② 黎敏：“宪法的多种面孔与守护宪法的不同制度模式——凯尔森与施密特论战的主要问题意识及当代意义”，载《华东政法大学学报》，2018 年第 2 期，第 91 – 92 页。

③ 哈索·霍夫曼（Hasso Hofmann）特别提醒，我们研究施米特的政治概念务必把施米特建构性、体系性的宪法学说作为对应物（Gegenstück）来理解。参见 Hasso Hofmann, *Legitimität gegen Legalität Der Weg der politischen Philosophie Carl Schmitts* (Berlin: Duncker und Humblot, 2010), S. 117。

的守护者问题就不会消失，就会在某个时间和地点，重新被人们提起、思考和争论。

结　语

施米特致力于恢复宪法的古典含义，极大地扩展了今人对宪法的理解。他开拓出来的宪法学研究的新领域，丰富了宪法学的思想宝库。他的法学思想具有浓厚的神学底蕴，让现代知识分子惶惶不安，以至于他们看到施米特宪法思想背后的神学意味时，竟忍不住抽打一番，仿佛施米特思想中的神会再度降临。作为一种知识性的抵抗，被施米特深深吸引的洛维特（Karl Löwith）在精读施米特的作品后，声称施米特神学思想所掩盖着的，是其虚无主义与浪漫主义的小伎俩。① 不过，洛维特对施米特的解读，被迈尔继续深挖。后者颇具说服力地告诉世人，施米特是当之无愧的“政治神学家”，他的所作所为无不是在为复兴天主教信仰而努力。

准确地说，施米特不仅仅是政治神学家，他首先应该是个法学神学家（Theologe der Jurisprudenz）。在他魏玛时期的作品中，我们可以发现一个为民主唱赞歌、为平等出谋划策的法学理论先锋，致力于实现真正的民主。20 世纪的大众民主试图实现被治者与治者的同一，因而他把代议制议会制度当成过时之

① “施米特反浪漫主义的、非神学的、决断论与其政治行为相当一致，因为无论在什么情况下，它们都受到时机和环境支配。”“施米特政治观念中对于政治负载的内容的虚无观，即它的虚无主义基础，在他谈到克伦威尔时再次暴露无遗。”［德］洛维特著、冯克利译：“施米特的政治决断论”，载刘小枫主编：《施米特与政治法学》，上海：上海三联书店，2003 年版，第 28、48 页。

物。如果民主的同一性受到认真对待，那么在紧急情况下，没有其他宪制能够反对人民意志这种唯一标准，不管人民的意志是怎样表达出来的。[①] 人民意志、族群意志、政治决断仍然是施米特全部理论工作的重心。如何守护好民主，守护好民族尊严，仍然是施米特孜孜以求的目标。

最后，应当提醒读者注意的是，施米特所寻找的帝国总统“最好站在他们提名的部长背后，如此一来才不会丧失其权威。毫无疑问，要完整地成就中立权力的角色，必须具有某些人格特质，但是宪法法律不可能就这些做出规定或强制，就好比它无法规定，帝国总统必须是一个伟大的政治领袖，自己决定施政方针一样。”[②] “在一个其宪法规定有一个立法者和法律的国家里，立法和为其所立的法律的责任是，决定由可预计和可操作的规定的中介方式，防止直接和自动的价值实施所产生的恐怖”，而之所以如此，乃在于“理念需要中介，价值则更需要中介。”[③] 施米特之所以强调帝国总统的幕后性与价值僭越产生的危机，是为了告诫人们：其一，“真理”不可直接降临到人们身上，人们无法承受。“真理”必然需要中介，需要代理人，难道现代人还看不出，现代所谓的代议制不就是对罗马天主教会制度的拙劣模仿吗？它承载的使命，难道不是实施“圣言”（不论是作为神圣的立法者，还是作为正当性基础的大众神话）吗？其二，宪法的敌人——多元主义、相对主义，难道不是窃取了“上帝”的宝座，假冒上帝的“不法者”（《帖撒罗尼迦后书 2:

① ［英］莫里森著、李桂林等译：《法理学：从古希腊到后现代》，武汉：武汉大学出版社，2003 年版，第 327 页。

② Carl Schmitt, *Der Hüter der Verfassung* (Berlin: Duncker und Humblot, 1996), S. 137.

③ ［德］施米特著、朱雁冰译：“价值的僭政——一个法学家对价值哲学的思考”，载刘小枫主编：《施米特与政治法学》（增订版），上海：华东师范大学出版社，2008 年版，第 52 页。

3－10》）吗？它们行使各种神迹，窃取上帝的美名，甚至以神的名义坐在神的宝座上。看到如许情形，难道还不能理解施米特字里行间透露出的对“阻挡者”（Katechon）的召唤？[①]

这一切都充分表明了施米特宪法守护者思想的实质：政治是人类的命运。[②] 守护宪法就是守护政治，守护政治就是守护人类，而“隐秘”则是一切重大政治的组成要素。[③]

① Julia Hell，“Katechon：Carl Schmitt's Imperial Theology and the Ruins of the Future，” *The Germanic Review*（2009），pp. 283－326.

② 迈尔提醒我们，别忘记了在施米特眼里，“政治的依赖性一清二楚，政治从属于神学。”参见［德］迈尔著、朱雁冰等译：《隐匿的对话——施米特与施特劳斯》，北京：华夏出版社，2002 年版，第 47 页。

③ ［德］施米特著、刘锋译：“罗马天主教与政治形式”，载［德］施米特著，刘宗坤、吴增定等译：《政治的神学》，第 89 页。

17 世纪早期英国清教运动的兴起及影响

• 邵政达

［内容提要］与英国自上而下的宗教改革运动不同，清教运动走了一条自下而上的道路。斯图亚特王朝建立之初，长老派在千人请愿运动和汉普顿宫会议中积极阐述清教主张，试图赢得新任国王詹姆斯一世的同情与支持，但以失败告终，之后便转向道德改革运动。分离派清教徒秉承 16 世纪以来的分离主义传统，在各地创建独立教会以践行清教理想。17 世纪初的清教运动不仅推动了转型时期英国社会道德的重构，也促成了政治革命的爆发。同时，在国王和国教保守派的迫害下，清教徒对宗教与政治理想的不懈追求还有力推动了英国北美殖民事业的发展。

［关键词］清教运动　17 世纪　英国

16 世纪后期，在清教运动兴起之际，伊丽莎白女王在国教保守派的辅助下，以其强大的君主威望和维护信仰统一的坚定信念，阻遏清教运动的推进。组织和理论尚不成熟的清教徒无法承受国家机器的沉重打击，最终被强行压制下去。特别是在伊丽莎白一世统治的最后 10 年（1593 – 1603），清教运动陷于沉寂。但正如科林森（Collinson）指出的："清教徒的故事并未停止，它将以一种更强大的姿态复兴。"[①] 与英格兰清教运动的遭遇截然相反，同样发端于欧洲大陆加尔文宗的苏格兰长老会运动却取得巨大成功。早在 16 世纪 50 – 60 年代，当英格兰清教运动还处于早期的礼仪斗争阶段时，苏格兰就已建立起加尔文式的长老会制度，成为日内瓦神权共和国建立后，在西欧出现的又一个长老制国家。1557 年，苏格兰女王玛丽·斯图亚特（Mary Stuart）在与长老会贵族的斗争中落败，被迫逊位给未满周岁的儿子詹姆斯，即詹姆斯六世（James VI）。此后，苏格兰王国的政权由长老会贵族长期把持。尽管詹姆斯在 1583 年亲政，但长老会制度已根深蒂固，他不得不小心翼翼地维持与长老会贵族的合作关系。1603 年，在位近半个世纪的英国女王伊丽莎白一世去世，詹姆斯南下继承英格兰王位，即詹姆斯一世（James I，1603 – 1625 年在位）。[②] 詹姆斯自幼生活在长老会贵族的圈子中，因此，当他继承英格兰王位后，伊丽莎白时代蛰伏的清教徒看到了复兴清教运动的希望。这成为 17 世纪初清教运动兴起的政治背景。

作为不彻底的英国宗教改革的延续，清教运动得到了国内外一些学者的关注。国外的研究较为系统，主要有以下几本论

---

① Patrick Collinson, *The Elizabethan Puritan Movement* (New York: Methuen, 1982), p. 432.

② 伊丽莎白一世未婚无嗣，在世时指定都铎家族的远亲、苏格兰国王詹姆斯六世为其继承人。

著：P. 科林森（Patrick Collinson）的《伊丽莎白时代的清教运动》系统讨论了16世纪清教运动的兴衰历程；[①] C. 希尔（Christopher Hill）的《革命前英国的社会与清教徒》揭示了17世纪英国革命前清教主义的发展及清教徒社会影响力的扩大；[②] J. 斯帕尔（J. Spurr）的《英国清教主义（1603－1689）》对清教主义在17世纪的兴衰变化做了比较全面的探讨。[③] 此外，还有一些学者从近代早期英国宗教、政治发展等不同角度探讨了清教运动的演进。[④] 国内对英国清教运动的研究相对薄弱，仅有柴惠庭的《英国清教》一书系统讨论16－17世纪清教运动发展。[⑤] 此外，还有数篇论文从不同阶段和角度探讨了清教运动的兴衰和影响。[⑥] 本文在既有研究成果的基础上，分析17世纪初清教运动的兴起及其影响，以期深化学界对近代早期英国宗教与社会转型的认识。

---

① Patrick Collinson, *The Elizabethan Puritan Movement* (New York: Methuen, 1982).

② Christopher Hill, *Society and Puritans in Pre－revolutionary England* (New York: Schocken Books, 1976).

③ John Spurr, *English Puritanism*, 1603－1689 (London: Macmillan, 1998).

④ John Coffey, *Persecution and Toleration in Protestant England 1558－1689* (Harlow: Pearson Education Limited, 2000); Eri B. Hulbert, *The English Reformation and Puritanism* (Chicago: Chicago University Press, 1908); S. R. Gardiner, *The First Two Stuarts and the Puritan Revolution*, 1603－1660 (New York: Charles Scribner's Sons, 1898); William Hunt, *The Puritan Moment: the Coming of the Revolution in an English Country* (Cambridge, Mass.: Harvard University Press, 1983).

⑤ 柴惠庭著：《英国清教》，上海：上海社会科学院出版社，1994年版。

⑥ 主要包括有以下论文：邵政达："英国宗教改革的延续——16世纪英国清教运动探析"，载徐以骅主编：《宗教与美国社会》（第16辑），北京：时事出版社，2017年版；邵政达："英国清教运动衰亡原因探微"，载《学海》，2016年第5期；周庆、刘劲松："清教对17世纪英国历史的影响"，载《宁夏大学学报》，2009年第6期；刘城："圣经研读会——伊丽莎白时代国教会内的一场冲突"，载《北京师范大学学报》，1992年第2期。

一、清教运动的复兴：上层路线的尝试

早期斯图亚特王朝的清教运动承继了伊丽莎白统治后期的基本宗教思想与分裂传统，主要分为温和的长老派与激进的分离派两大支，但政治色彩更加浓厚。长老派延续了在国教会内部改革的传统，但其政治诉求更加激进，要求废除主教制，在政治上倾向于寡头治国，坚持由教徒自己选出的长老来管理教会；[①] 激进的分离派则认为每个教会都应该是独立的、由圣徒组成的宗教集合，他们在政治上倾向于民主共和，反对君主专制，主张在国家和国教会之外建立独立的教会组织。伊丽莎白一世去世后，长老派率先行动起来，推动了清教运动的复兴。

千人请愿运动（The Millenary Petition）拉开了早期斯图亚特王朝清教运动的序幕。在詹姆斯南下英格兰的途中，长老派清教徒组织了一场请愿运动。他们征集到英格兰近千名教士的签名，并在请愿书中明确表达了他们的宗教主张。其一，他们向国王表明对国教会的忠诚，声明不以创建独立新教会为目标。这一表忠心的言辞表明，他们不反对君主在教会中的至尊地位，仅仅谋求国教会内部的长老制化。其二，在提出一系列国教会改革主张的同时，他们声称只期望进行一场“适度的”宗教改革。他们提出的具体改革内容，大体因循礼仪斗争阶段的主张，如要求洗礼中不用十字架记号、婚礼中不用指环、谨守神圣的安息日；又如，要求改善教会管理、增加牧师收入、减少教士

① Christopher Hill, *Society and Puritans in Pre - revolutionary England* (New York: Schocken Books, 1976), p. 27.

兼职、纠正国教会中的各种腐败及丑恶现象等。[①] 不难看出，这是一部相当温和的改革倡议书，保守色彩非常鲜明。[②] 无论如何，这一事件作为17世纪英国清教运动复兴的引线，很快在全国范围内引起了强烈反响。

千人请愿运动促成了汉普顿宫辩论。由于态度恳切且在国内呼声较大，长老派清教徒的请愿活动得到了詹姆斯一世的回应。1604年初，詹姆斯在汉普顿宫召开宗教会议（The Hampton Court Conference），听取清教徒和保守派安立甘教徒对宗教问题的意见。在詹姆斯的主持下，由长老派代表雷诺兹等人与坎特伯雷大主教惠特吉夫特（John Whitgift，1583－1604年在任）等国教保守派领袖进行了持续三天的激烈辩论。[③]

尽管获得了公开表达主张的机会，但汉普顿宫会议的结果是令清教徒失望的。这次公开辩论不仅没有博得国王对清教运动的同情，反而使初来乍到的詹姆斯坚定了维护国教会统一的决心。詹姆斯一世选择反对清教运动的原因是显而易见的：其一，在激辩中，清教徒的主张不再限于《千人请愿书》中的保守主义，而是重新提出改革主教制度的主张。相较之下，安立甘国教会以等级制度基础，将君主视为最高等级和最高权威，更符合国王的利益。因此，当长老派提出要动摇主教制这一王权基础时，詹姆斯一世则坚称“没有主教，就没有国王”（No

① J. R. Tanner, ed., *Constitutional Documents of the Reign of James I* (Cambridge: Cambridge University Press, 1960), pp. 56－60.

② 一些学者认为，这种保守主义应该是温和派清教徒谨慎复兴清教运动的策略性措施，并非原则上的倒退。参见柴惠庭著：《英国清教》，上海：上海社会科学院出版社，1994年版，第119页。

③ J. R. Tanner, ed., *Constitutional Documents of the Reign of James I* (Cambridge: Cambridge University Press, 1960), pp. 60－69.

Bishop, No King);[①] 其二，政教合一的长老制是长老派主张的核心，对于这一点，来自苏格兰的詹姆斯一世并不陌生。事实上，自1567年继承苏格兰王位以来，他就一直受控于苏格兰长老会贵族。尽管自小由长老会贵族抚育，但他对长老制并无好感。他不愿看到英格兰成为长老制下的“苏格兰第二”，而是想要获得都铎君主的专制权力。奉行“君主至尊”的国教制度是其政治抱负不可或缺的一环；其三，詹姆斯一世担心清教运动可能导致英国宗教冲突的再起，进而威胁到王国的稳定。作为一名外国人，詹姆斯一世继承英格兰王位，并无牢固的政治基础，在其即位初期，保持国内稳定和巩固统治是主要目标；其四，詹姆斯一世个人的思想倾向也是重要因素。他本人是“君权神授”的鼓吹者，相信“他之所以能承继英格兰王位，部分原因是其血统，部分则是上帝的赐予”[②]。正如他在1605年的议会演讲中宣称的：“国王乃是上帝在人间的副手（lieutenant）和代理人（Vice - gerent）”。[③] 这一思想与安立甘教义中“君主是教会和世俗王国至尊首脑”的主张相契合。与之相反，清教徒倡导的“会众平等”的思想则是与詹姆斯的主张相对立的。基于上述原因，詹姆斯一世很快站到了刚刚复兴的清教运动的对立面。

在汉普顿宫会议后，国教保守派在维护国教会统一上的意志更加坚定。继惠特吉夫特死后出任坎特伯雷大主教的理查德·班克罗夫特（Richard Bancroft, 1604 - 1610年在任）推出

① Eri B. Hulbert, *The English Reformation and Puritanism* (Chicago: Chicago University Press, 1908), p. 271.

② S. R. Gardiner, *The First Two Stuarts and the Puritan Revolution*, 1603 - 1660 (New York: Charles Scribner's Sons, 1898), p. 13.

③ ［英］詹姆斯著:《国王詹姆斯政治著作选》（影印本），北京：中国政法大学出版社，2003年版，第147页。

了一部《教规法典》（*The Canons of 1604*）。该法典是伊丽莎白时代以来维护国教会的相关法令和教令的集合，其核心内容是反对清教徒。法典重申了国教会的基本主张和维护教会统一的规定，要求所有教士宣誓赞成伊丽莎白女王时期颁布的宗教法令，包括《至尊法》《公祷书》和《三十九条信纲》等。[①] 法典特别重申了此前大主教和主教的巡视条例、马修·帕克（Matthew Parker，1559－1575 年任坎特伯雷大主教）制定的《公告书》（*Advertisements*）和伊丽莎白时代的宗教迫害法令等。在詹姆斯一世和国教保守派的推动下，规定期限内的宣誓活动在全国教士中展开。[②] 大多数温和派清教徒选择了顺从。至 1609 年，仅有约 80 名清教徒牧师因拒绝宣誓而被革职或被取消布道许可。[③]

汉普顿宫会议促使长老派清教运动从官方路线重新转回民众路线，同时推动了分离派清教运动的兴起。1604 年《教规法典》颁布后，诺丁汉郡和约克郡等地的大批牧师拒绝接受其中的宣誓规定而脱离了国教会。这批人中的约翰·罗宾逊（John Robinson）、约翰·史密斯（John Smith）和威廉·布莱福特（William Bradford）等人后来都成为了分离派清教运动的重要领袖。与此同时，大批在伊丽莎白一世统治末期流亡欧洲大陆的分离派清教徒也陆续回国。

总之，由温和派清教徒主导的千人请愿运动拉开了早期斯图亚特王朝清教运动复兴的序幕，随后的汉普顿宫会议使清教

---

① J. R. Tanner, ed., *Constitutional Documents of the Reign of James I* (Cambridge: Cambridge University Press, 1960), pp. 231－243.

② Ibid.

③ Tom Webster, "Early Stuart Puritanism," in John Coffey & Paul C. H. Lim, eds., *The Cambridge Companion to Puritanism* (Cambridge: Cambridge University Press, 2008), p. 49.

运动获得了一次公开表明主张的机会。虽然国王和国教保守派在会后推出了一系列打压清教运动的政策，但并没有阻挡清教运动复兴的潮流。在长老派转向大众路线的同时，激进的分离派日益充当起运动的“急先锋”，两大支派共同推动了17 世纪清教运动的兴起。

二、宗教迫害下的运动高潮：大众路线的成功

汉普顿宫会议后，长老派开始致力于在民众中开展运动，与在各地创建独立教会的分离派实现了合流。这一时期，清教运动在民众中的影响力与日俱增，推动着清教运动涌向高潮。

长老派在大众中开展宗教活动的主要方式是道德改革运动。詹姆斯一世与国教会的宗教政策清晰地表明，致力于国教会内部革新的温和派主张是不可能实现的。在政治压力面前，摆在所有清教徒面前的道路只有两条：一是选择留在国教会，放弃改革主张；二是走分离主义道路，在国教会外坚持改革主张。温和派清教徒大多选择了第一条道路，但他们并非完全放弃清教理想，而是找到了一条新的运动道路——走向社会大众，开展一场净化人类心灵的道德改革运动（The Reformation of Manners）。在某种程度上，道德改革运动继承了伊丽莎白时代《圣经》研讨运动的某些特点，依靠一些博学、自律的清教徒的领导与组织，在社会大众中开展运动。[①] 当然，两者的不同之处也很鲜明，改革运动不再局限于宗教领域的思想改造，而是致力

① 关于“《圣经》研读会”的特点及主张，可参见刘城：“圣经研读会——伊丽莎白时代国教会内的一场冲突”。

于推进社会生活的神圣化。

清教徒在1608年组织的一次请愿活动中，要求纠正城市中的各种丑恶行径和不良风气，并“在城市的每个角落传播福音”。[①] 他们提出的主要问题包括：酗酒、谩骂、游手好闲、性泛滥等社会不良风气，以及不参加礼拜、在安息日跳舞、踢球等亵渎神圣节日的行为。针对这些问题，他们的主张是清晰而有针对性的。其一，反对各种形式的娱乐活动，如看戏、跳舞、玩纸牌、踢球等，应严守神圣节日，保持日常生活中的克制与自律。[②] 他们以身作则地奉行苦行主义的生活方式。他们尤其反对酗酒的行为，认为“酗酒这种罪孽会引出各式各样的罪愆与邪恶”；[③] 其二，强调在大众中间的布道活动。温和派清教徒的主要成员都是国教会的中下层教士，在普通民众中拥有广泛的影响力。他们利用在国教会内的合法身份和布道许可，不辞辛劳地在大众中进行布道活动，将之作为净化社会的重要手段。

道德改革运动作为清教运动的组成部分，产生了深远而广泛的社会影响。在社会下层，清教徒通过积极的布道活动和自身严于律己的道德精神，感染了许多下层民众，使他们参与到道德改造的社会运动中来。在17世纪初传统宗教和社会道德趋于崩解的背景下，这些清教徒获得了“灵魂医生”（Physicians of the Soul）的称号。道德改革运动对于社会转型时期英国道德的重构起到了重要作用。与此同时，清教主义也进一步深入大众生活。相对于16世纪，清教运动的民众基础大大扩张。当

① Margaret Aston, “Puritan and Iconoclasm 1560 - 1660,” in C. Durston and J. Eales, eds., *The Culture of English Puritanism, 1560 - 1700* (London: Macmillan, 1996), p. 101.

② William Hunt, *The Puritan Moment: the Coming of the Revolution in an English Country* (Cambridge, Mass.: Harvard University Press, 1983), p. 134.

③ P. Miller and T. H. Johnson, *The Puritans* (New York: Harper and Row, 1963), p. 420.

然，在这一过程中，由于清教徒苛刻的道德要求和严肃刻板的形象，也遭到了一些习惯自由、热爱欢娱的民众的消极抵抗。

在长老派引领的道德改革运动开展得如火如荼之时，分离派清教运动也在民众中迅速发展。分离派清教徒继承了伊丽莎白时代罗伯特·布朗（Robert Browne）和亨利·巴罗（Henry Barrow）等人的公理制主张，其基本原则涵盖以下两点：其一，会众平等。教会的管理权由民主选举出的长老、执事和牧师行使，他们之间只有职司差异，没有地位差别，向全体会众负责；其二，教会独立。他们完全摒弃了天主教和国教会的等级制度，倡导各教会之间的独立与平等。

分离派清教徒最早在斯皮塔弗德（Spitalfields）、索思沃克（Southwark）和盖恩斯巴罗（Gainsborough）等地建立了独立教会。至 17 世纪 20 年代，独立教会已经深入到考文垂、林肯、索尔兹伯里等地。分离派清教运动成功的关键在于，“他们没陷入温和派教徒既想净化安立甘宗，但在受到安立甘宗国教会压制后，又不愿脱离安立甘宗国教会的两难困境”。[①] 当然，由于分离派奉行教会独立的原则，各个教会之间既存在具体宗教主张上的差异，又难以在运动中形成合力，为其日后的涣散埋下了种子。

伴随着清教运动在社会大众中的兴起，斯图亚特君主和国教保守派也有所警觉。在詹姆斯一世统治时期，议会通过了两个针对天主教徒的刑罚法案，但詹姆斯一世相信，“那些否定君权神授的清教徒才更危险。”[②] 为应对道德改革运动在民众中与日俱增的影响力，1618 年，詹姆斯一世颁布了《娱乐声明》

① 柴惠庭著：《英国清教》，第 124 页。

② Barry Coward, *The Stuart Age: A History of England*, 1603 – 1714 (New York: Longman, 1980), p. 111.

(*Declaration of Sports*)，明确支持各种合法的娱乐活动，如允许星期日做完礼拜后进行跳舞、射箭等，恢复五朔节的游戏和降灵节的酒会等传统娱乐项目。[1] 1633年，查理一世再次颁布《娱乐声明》，并命令牧师们必须在布道时宣读。

针对更加激进的分离派，詹姆斯一世延续了伊丽莎白一世的政策，实施了较为严酷的宗教迫害。一些分离派清教徒被投入监狱或转入地下活动，一些人则逃往海外避难。逃往欧洲大陆的清教徒主要集中在奉行宗教宽容的尼德兰，如分离运动的领袖史密斯和约翰·罗宾逊等人，他们在阿姆斯特丹和莱顿等地建立了独立教会。

著名的"五月花"号（May Flower）探险船上的成员就是其中的一支独立教会，来自英国诺丁汉郡的斯克罗比。根据布莱福特的记述，斯克罗比教会的信徒在国内"受到攻击和迫害……有人被带走投进监牢；有的人家门受到骚扰且被日夜盯梢，无法逃出别人的手掌心……他们眼见自己如此受到骚扰，又看不到继续在那里生存下去的希望，在全体一致同意的情况下，他们决心迁往低地国家，他们听说那里人人都享有宗教自由"。[2] 他们辗转来到荷兰的莱顿城（Leiden），重建了独立教会。

尽管詹姆斯一世加强了对清教徒的迫害，但清教运动已经深入民众生活与信仰之中，加之清教徒在民众中的活动具有极强的隐蔽性，因此，这一时期的宗教迫害并没有影响清教运动进入高潮。

---

① J. R. Tanner, ed., *Constitutional Documents of the Reign of James I* (Cambridge: Cambridge University Press, 1960), pp. 54 - 56.

② ［美］布莱福特著、王军伟译：《"五月花号公约"签订始末》，上海：华东师范大学出版社，2006年版，第13-14页。

查理一世继位后，对清教运动的迫害进一步加剧。这一时期最突出的变化是在国教会内部出现了一个与清教主义截然对立的高教会派（The High Church）。该派由一批深受天主教思想影响的人物领导，虽然并不主张复辟天主教，但却试图在新教与天主教之间找到一条“中间道路”。高教会派得到了查理一世的大力支持。1633 年，高教会领袖威廉·劳德（William Laud）被任命为坎特伯雷大主教。在高教会的主导下，国教会内部原本相对宽松的状况迅速消失。

高教会派充当了打击清教运动的先锋。在劳德的主持下，对不服从国教或抨击国教政策的人士实行割耳、切鼻等令人发指的残酷手段。这一时期最具代表性的迫害事件是对亚历山大·莱顿（Alexander Leighton）和威廉·普林（William Prynne）、约翰·巴斯特韦克（John Bastwick）、亨利·伯顿（Henry Burton）等人的迫害。莱顿因抨击国教会主教制度而被监禁，期间受到鞭挞、割鼻、削耳等极端严酷的刑罚。普林、巴斯特韦克和伯顿等人都因发表反劳德和反国教会制度的小册子或文章受到割耳等残酷刑罚。[①] 他们都是有一定社会影响力的人物，迫害事件受到社会各阶层的广泛关注。

总之，汉普顿宫会议后，宗教政策从詹姆斯一世即位之初的短暂宽容迅速转向保守主义，王权与国教会保守派建立了政教联盟，共同打压清教运动。长老派不得不放弃通过上层路线实现清教理想的道路，转而投身于民众的道德改革运动。分离派则清楚地认识到，清教理想实现的唯一路径是与国教会彻底划清界限。他们在全国各地如火如荼地创建独立教会，动摇了国教会在民众中的信仰根基。正因如此，分离派清教徒成为了

① John Spurr, *English Puritanism*, 1603 – 1689 (London: Macmillan, 1998), p. 94.

宗教迫害的主要对象，特别是在高教会派崛起后，迫害不断加剧。然而，清教运动并未在宗教迫害下衰落，反而逐渐达到高潮。究其原因，最主要的一点在于，长老派和分离派清教徒都通过不懈努力走上了一条深入民众的运动路线。正是沿着这条道路，清教主义在民众中的影响力与日俱增，强大的民众基础成为了清教运动发展的肥沃土壤。

三、清教运动的多重影响

清教运动的蓬勃发展是17世纪英国历史上的重要篇章，其影响远远超出宗教运动本身。转型时期英国社会的道德重构、政治革命的爆发与演进，以及海外殖民事业的发展，都与清教运动有着密不可分的关联。

在政治方面，清教运动的发展为1640年革命的爆发铺垫了道路。17世纪20年代以后的清教运动逐渐突破社会和宗教的范畴，进入政治领域。尤其瞩目的是，清教徒在议会下院日益发挥主导作用。在温和派清教徒的道德改革运动中，中等阶层——如乡绅阶层和市民阶层——越来越多地受到影响，成为清教主义的支持者。由于新兴的中等阶层逐渐成为议会下院的中坚力量，议会也就渐渐成为清教主义发挥影响的政治中心。这样，清教徒与议会下院的联盟，促使清教运动的性质发生了新的变化。17世纪初，始于伊丽莎白时代的宗教运动开始向社会运动发展，清教运动再度登上政治舞台。

从某种程度上说，清教运动的政治化是清教徒在残酷的宗教迫害和严峻的政治压力面前的必然选择。安立甘教会在政治上的优势是其战胜清教徒的制胜法宝，君主在宗教冲突中利用了国家机器为国教会保驾护航。在英国的政治架构中，议会是唯一能够对王权构成一定制约的政治力量。在伊丽莎白一世统治时代，与议会的合作关系是英国政治稳定的基石，但斯图亚特王朝君主并未遵守英国的宪政传统，王权与议会之间的裂痕不断扩大。在此背景下，清教徒逐渐向议会靠拢，清教主义与议会的反王权专制主张实现了耦合，议会下院的“清教化”由此开启。

1628 年《权利请愿书》(*Petition of Right*) 的通过，是清教运动与议会结盟共同反对专制王权的重大胜利。由清教律师爱德华·柯克（Edward Coke）和约翰·塞尔登（John Seldon）等人起草的《权利请愿书》反映了清教徒的基本政治诉求。它重申了《大宪章》中有关保护公民自由和权利的主张。[①] 在多方压力下，查理一世被迫签字同意。次年，查理一世因征税要求未得到满足而宣布解散议会，开启了被称为“十一年暴政”（eleven - year tyranny, 1629 - 1640）的无议会统治。[②] 在此期间，清教徒仍坚持反抗宗教压迫与专制统治，并获得了更广泛的同情与支持，逐渐成为民众反暴政、反压迫的代言者。在著名的“船税案”（Case of Ship - Money）中，约翰·汉普顿（John Hampden）和他的辩护律师奥利弗·圣约翰（Oliver St. John）成为了抗税斗争的领导者。他们援引英国宪政传统，为民众享有的人身、财产和法律权利辩护，反对国王的专制权力。[③] 在该

① P. L. Hughes and R. F. Fries, eds. *Crown and Parliament in Tudor - Stuart England: A Documentary Constitutional History, 1485 - 1714* (New York: G. P. Putnam's Sons, 1959), pp. 200 - 202.

② J. R. Tanner, *English Constitutional Conflicts in 17th Century* (Cambridge: Cambridge University Press, 1928), p. 100.

③ 邵政达：“近代早期英国宪政史上的‘船税案’”，载《英国研究》，2012 年第 1 期。

案中，国王通过控制法官而胜诉，但汉普顿和约翰等人并没有停止反抗，他们在1640年长期议会召开后，继续领导民众和议会进行反暴政斗争。

“高教会派—王权”与“清教徒—议会”两大联盟的成型，使得一条从宗教运动向政治革命转化的“引线”铺设开来。清教运动的政治化是早期斯图亚特王朝清教运动的最大特点之一，它所显示出的强大力量将清教运动推向了高潮。在查理一世的无议会统治时期里，清教徒独自承担着来自宗教和政治上的双重压迫，但也正是这种压迫，积聚了清教徒的力量。当1640年议会重新召开时，他们迅速通过控制议会而强势登上政治舞台，进而与王权展开了围绕国家主权的争夺。

另一方面，清教运动推动了英国北美殖民事业的发展。17世纪30年代，伴随着高教会派的兴起，清教徒面临的宗教迫害愈加严重，在国内实现清教理想的希望变得愈发渺茫。“新大陆”则为他们躲避宗教迫害和实现宗教理想提供了一片“应许之地”。人文主义学者托马斯·莫尔（Thomas More）在其名著《乌托邦》（*Utopia*）中，最早为英国人在新大陆勾画出一个自由王国的蓝图。在这里，所有人都不会因信仰而受到责罚。[①] 乌托邦的美好幻想激发了清教徒走向海外，建立独立宗教王国的热情。在他们眼中，美洲是“辽阔的蛮荒之地，那里的土地既富饶又适合居住”。[②] “五月花号”上的分离派清教徒在北美创建了第一个清教徒殖民地——新普利茅斯（New Plymouth）。在

---

① 乌托邦国王规定“每人信从自己所选择的宗教是法律认可的，一个人也可以向别人宣传自己的教，劝其接受，但只能用温和、文静的方式，讲出道理为自己的教作辩护，如果他劝说无功，不应将其他一切的教都恶毒地摧毁，不得使用暴力，不得诉诸谩骂。”参见［英］托马斯·莫尔：《乌托邦》，戴镏龄译，北京：商务印书馆，2006年版，第105页。

② ［美］布莱福特著、王军伟译：《“五月花号公约”签订始末》，第38页。

这个政教合一的清教社会里，教会既作为信仰的共同体，又是一个社会与政治的联合体。[①]“五月花号”的事迹鼓舞了在国内饱受宗教迫害的清教徒。

马萨诸塞湾殖民地是这一时期最重要的清教徒殖民地。推进这一殖民事业的马萨诸塞海湾公司领导人大多是清教徒，如牧师约翰·怀特（John White）和多切斯特公司的司库约翰·汉弗莱（John Humphrey）等人。他们希望在新大陆创建一个按照清教理想设计的基督王国。[②] 1630 年，该公司组织 1000 多人在约翰·温思罗普（John Winthrop）等人的率领下前往北美。在登岸前，温斯罗普鼓励大家团结协作，通过“基督之爱”的纽带相互关心帮助，组成“适当形式”的政府，致力于建立一个“山巅之城”（City upon the Hill），以不辜负“上帝的眷顾和恩宠”。[③]

在创建殖民地的过程中，他们将清教主义中的地方教会自治思想付诸实践，建立了政教合一的管理体制。殖民地的权力由牧师、教师、长老和执事等神职人员掌握。牧师负责指导教徒；教师负责讲经传教；长老负责实施宗教教规及接纳和开除教会成员、任命神职人员、主持教会会议；执事则负责教会的世俗生活，即管理教会财产等。马萨诸塞殖民地的成功，不断吸引国内清教徒前来，殖民地也因此不断发展壮大。至 1630 年底，马萨诸塞地区已建立了 7 座市镇，而此后的 10 年里，这一数字又增长了两倍。西蒙斯（R. C. Simmons）对马萨诸塞清教

---

① D. B. Quinn and A. N. Ryan, *England's Sea Empire, 1550 – 1642* (London: George Allen and Unwin, 1983), p. 174.

② W. D. Hussey, *The British Empire and Commonwealth* (Cambridge: Cambridge University Press, 1963), p. 24.

③ D. B. Quinn and A. N. Ryan, *England's Sea Empire*, 1550 – 1642, p. 201.

徒们的宗教实践给予了很高的评价："清教改革家们建立一个美好社会的理想可以追溯到一个已经消失却令人神往的美好时代，当时，这种理想曾召唤着人们在北美的荒原上建立起一个崭新的、沐浴上帝恩泽的天堂。"①

马萨诸塞的成功，标志着清教徒在新大陆追求宗教理想和自由的初步胜利。由于长老派清教徒居于主流，马萨诸塞的政治和宗教模式反映了长老派的主张。一些激进的分离派清教徒为了追求更为纯粹的自由信仰，毅然走上了创建新"基督王国"的道路——罗杰·威廉斯（Roger Williams）创建了罗德岛（Rhode Island）殖民地；安妮·哈钦森夫人（Anne Hutchinson）创建了朴茨茅斯（Portsmouth）殖民地；曾作为马萨诸塞殖民地领袖之一的托马斯·胡克（Thomas Hooker）牧师在1636年创建了康涅狄格（Connecticut）殖民地。这些从马萨诸塞分离出去的殖民地，在政治和宗教上基本反映了分离派清教徒的政治理想。以罗德岛为例，这里的男性居民通过集会建立了契约性质的政府，官员每年改选一次，体现了分离派清教徒平等、民主的政治构想。

在1640年由清教徒主导的英国革命爆发前，为追求清教理想和"哪里有上帝，哪里就有自由"的目标，② 清教徒已经在北美成功地建立起十几个殖民地，成为英国清教运动的重要成果之一。这些殖民地不仅在宗教上基本摆脱了英国国教会的控制，而且在政治和经济方面也保持了独立性。

---

① R. C. Simmons, *The American Colonies: from Settlement to Independence* (London: Longman, 1976), p. 30.

② John Winthrop, "A Model of Christian Charity," in G. M. Waller, ed., *Puritanism in Early America* (Lexington: D. C. Heath and Co., 1973), p. 4.

结　语

借助斯图亚特王朝建立之初的宽容环境，16 世纪末衰落的清教运动再度兴起。千人请愿运动和汉普顿宫辩论是长老派清教徒取得国王支持，走上层路线的尝试，但在詹姆斯一世公开支持国教会统一后宣告失败。温和的长老派被迫与分离派合流，转向大众路线，试图通过社会运动实现宗教理想。长老派领导的道德改革运动与分离派创建独立、平等教会的运动都取得了重要成果，共同推动了清教主义在社会大众中的迅速传播与壮大。在清教运动的大众路线不断成功的背景下，清教徒的政治影响力也不断提升，议会下院成为了清教徒活动的重要政治舞台。“清教徒—议会”与“高教会—王权”之间的较量从 1628 年对《权利请愿书》的争论延伸到 1640 年革命，二者构成这一时期政治舞台上的两大对立集团。在清教运动不断政治化的同时，一些无法忍受宗教和政治迫害的清教徒为追求宗教和政治理想，前往北美开辟清教殖民地，从而推动了英国海外殖民扩张事业，并将清教主义传播到新大陆。总之，清教运动无疑是推动 17 世纪英国宗教、社会和政治转型的重要因素。

伊斯兰教在法国的“本土化”困境

——以穆斯林的政治诉求和参与为例

• 马明月

［内容提要］2020 年初，法国总统马克龙（Emmanuel Macron）在法国东部城市米卢斯（Mulhouse）宣布，将在法国打击伊斯兰“分离主义”。[①] 为此，法国将终结伊玛目（Imam）由外国派遣的制度，推动伊斯兰教的“本土化”，同时在其他领域落实穆斯林的“本土化”政策。例如，取消公立中小学校专为移民后代开设的母语课程，进一步保证中小学老师用法语教

① Emmanuel Macron, “Protéger les libertés en luttant contre le séparatisme islamiste,” Feb. 18, 2020, https://www.elysee.fr/emmanuel-macron/2020/02/18/proteger-les-libertes-en-luttant-contre-le-separatisme-islamiste-conference-de-presse-du-president-emmanuel-macron-a-mulhouse（上网时间：2020 年 2 月 28 日）。

学，“并讲授尊重和遵守法兰西共和国法律的课程”。[①]这是马克龙政府自2018年宣布重组伊斯兰教之后，在“本土化”之路上迈出的重要一步。长期以来，法国穆斯林虽然经过数十年的“共和同化”，却陷入了与主流社会“愈同化愈撕裂”的困境，导致伊斯兰教在法国的“本土化”困难重重。天主教传统、世俗主义原则(Laïcité)对伊斯兰教的排异不断加剧；穆斯林与伊斯兰世界的密切联系又导致在法国形成了一个个以“移民清真寺”“移民伊玛目”为中心且相对孤立的伊斯兰宗教聚群；而长期在主流社会与宗教聚群的夹缝中生存的本土伊斯兰皈依者，如今业已成为“本土化”的新挑战。本文通过回顾法国穆斯林群体的形成过程，及其融入主流社会时所秉持的政治诉求与政治参与，旨在探讨伊斯兰教“法国化”的困境与影响。

［关键词］法国　穆斯林移民　伊斯兰教本土化　政治参与　身份认同

一、伊斯兰教的“本土化”困境

究竟是法国化的穆斯林，还是伊斯兰化的法国人？

美国移民政策专家彼得·斯凯利（Peter Skerry）指出：“关于穆斯林的公共讨论常常被简化为二元对立主义：同化/非同

① ELCO（Enseignements de la langue et de culture d’origine）母语教学计划，该计划始于1977年7月25日，主要是针对移民后代能够保持其母国语言与文化的教育计划，主要涉及九个国家：阿尔及利亚、克罗地亚、西班牙、意大利、摩洛哥、葡萄牙、塞尔维亚、突尼斯和土耳其。

化，温和/非温和，宽容/非宽容，好/坏。”① 对于法国的政治精英来说，如何利用政治手段实现穆斯林群体和伊斯兰教的法国化，是他们所关注的核心问题。因此，法国政府长期以来推行的穆斯林融合政策，旨在培育“法国化的穆斯林”。这些政策所包含的，其实是某种一元主义，即法国政府只接受不反对自由民主的穆斯林，只认同接受法兰西世俗价值的伊斯兰教。

二战后，法国政府试图以“共和同化”模式弱化穆斯林移民的族群意识，认为政教分离的世俗性一定能够瓦解宗教性聚群的反抗，而将聚群拆解为平等的公民个体。随着大量穆斯林移民的涌入，他们带来了宗教、语言、文化上的强烈冲击，而深受左翼运动撼动的法国政府，也在 20 世纪 70 年代初放弃了强硬的同化政策，而采用了密特朗（François Mitterrand）主张的保障“差异权”（le droit à la différence）的多元文化政策。政府把穆斯林视为信奉伊斯兰教的独立群体，允许他们表达文化和宗教领域的身份认同，并接受他们的差异。但该政策实质上却强化了“边缘法国”（peripheral France），间接导致了社会的进一步碎片化。②

进入 21 世纪后，法国主流社会与穆斯林群体之间的关系日趋紧张，加之国际恐怖主义的威胁甚嚣尘上，萨科齐（Nicolas Sarkozy）政府再次回归“共和同化”模式，试图将穆斯林重新整合到法兰西民族的身份认同中。然而，法国社会对于在多元文化荫蔽下成长起来的伊斯兰教却愈加“恐惧”，并将穆斯林及

---

① Peter Skerry, “Clash of Generations,” *The Washington Examiner*, Dec. 18, 2015, https://www.washingtonexaminer.com/weekly - standard/clash - of - generations（上网时间：2019 年 12 月 5 日）。

② Christophe Guilluy, “La France périphérique: Comment on a sacrifié les classes populaires,” *Flammarion*, 2016.

其信仰的伊斯兰教法，视为对法兰西价值观的威胁。尤其是到奥朗德（François Hollande）和马克龙（Emmanuel Macron）执政时期，伊斯兰教与区分神圣和世俗的法国天主教文明，以及以个体自由为核心的法国现代文明之间的矛盾愈加尖锐。法国的伊斯兰教“本土化”走到了十字路口，遇到了众多困境。

第一，宗教矛盾与社会矛盾不断激化。伊斯兰教在法国的“本土化”，受到来自天主教传统与世俗主义原则（Laïcité）的双重排异。随着穆斯林人口的不断增加，伊斯兰教的“本土化”进程，可能会受到来自代表法国天主教传统和代表世俗主义传统的两大阵营的考验。根据法国最大的民意调查公司“舆论研究所”（Ifop）于2016年发布的一份调查报告显示，将伊斯兰教视为威胁的法国天主教徒人数，从2015年1月的33%上升到2016年2月的45%。[①] 这意味着，法国有将近一半的天主教徒对伊斯兰教抱有负面情绪，而穆斯林的伊斯兰信仰与法国世俗价值之间的矛盾亦不断激化，成为20多年来伊斯兰教“本土化”的最大困境。

第二，外国势力对法国穆斯林与伊斯兰机构强有力的影响，阻碍着伊斯兰教的“本土化”进程。法国穆斯林与伊斯兰世界的密切联系，首先表现为穆斯林移民与原籍国的各种联系，及其对伊斯兰团体和机构的直接影响。一方面，这种影响导致法国穆斯林形成了以“移民清真寺”与“移民伊玛目”为中心的宗教聚群。这些聚群往往对外界封闭、对内却自有一套运行规则；另一方面，由于政府在法国伊斯兰教治理中秉持世俗主义原则，结果造成了治理角色缺失，进而导致法国的“移民清真

① “Le rapport des catholiques à l’islam en France,” IFOP, Aug. 16, 2016, https://www.ifop.com/publication/rapport-des-catholiques-a-lislam-en-france/（上网时间：2019年12月1日）。

寺”“移民伊玛目”以及宗教团体衍化成为各伊斯兰国家在法国的“代言人”。

第三，本土皈依的伊斯兰教信徒成为伊斯兰教“本土化”的新考验。2015年8月，法国《世界报》(*Le monde*) 发表题为《伊斯兰教的皈依者》的文章。文中指出，目前本土法国人皈依伊斯兰教的人数达到7－11万左右，这一数字在10年间整整翻了一倍。一方面，由于法国伊斯兰教的宗教场所和神职人员多具有“外国”背景，因此，围绕“移民清真寺”和“移民伊玛目”所形成的穆斯林聚群往往各自拥有内部运行规则，其穆斯林成员之间的交流甚至都不使用法语。这使得本土皈依伊斯兰教的法国人难以融入这些聚群；另一方面，由于近年恐怖主义威胁加剧，在“伊斯兰恐惧症”愈演愈烈的情况下，本土皈依的法国人承受着巨大的心理压力，往往容易滑入对宗教的极端狂热之中。

概言之，由于法国政治精英长期以来忽视了作为穆斯林认同感基础的伊斯兰信仰，而又高估了伊斯兰文明对穆斯林生活的现实影响，由此直接导致伊斯兰教在法国的“本土化”进程困难重重。只有厘清法国穆斯林群体的形成过程及其政治诉求和参与，才能准确解释在这样的困境下，穆斯林群体在与法国主流社会互动时是如何做出抉择的。

二、法国穆斯林群体的形成及其政治诉求

（一）法国穆斯林群体的形成

穆斯林在法国的历史可追溯至公元716年。当时，倭马亚王朝的穆斯林军队穿越比利牛斯山脉进入西班牙与法兰克王国

的边界。在占领了纳博纳城（Narbonne）后，他们将城内的教堂改为清真寺（后被毁）。公元721年，由穆斯林将领阿萨姆·伊本·马利克（Al－Samh ibn Malik al－Khawlani）率领的穆斯林军队席卷了图卢兹城（Toulouse），击败了守城的法兰克军队。随着穆斯林势力不断发展，军事扩张在公元731年到达顶峰。穆斯林入侵并占领了波尔多城（Bordeaux）。在此之后，倭马亚王朝在欧洲的军事力量开始衰退。公元732年，穆斯林军队在普捷瓦城（Poitiers）附近被爱德公爵（Eudes）和查尔斯·马特尔（Charles Martel）的联合军队击败。随后，一批穆斯林俘虏被驱逐到法兰克王国北部地区，遂定居于此，成为法国的第一批穆斯林居民。

19世纪初期，穆斯林作为外来务工人员进入法国，逐渐构成了近代法国的穆斯林移民群体。工业革命在法国爆发的头20年间，本国对劳动力的需求激增。法国政府为了挽救国内劳动力匮乏的局面，开始招募来自世界各地的外籍劳工。在此期间，穆斯林只占了外籍劳工的很少一部分。直到1830年，法国彻底占领了位于非洲北部的传统伊斯兰国家阿尔及利亚，大批北非穆斯林移民便来到了法国。正是这些阿尔及利亚移民及其后代，构成了目前法国穆斯林群体的主要部分。随着大批移民的到来，法国政府开始出台一系列移民管理规定。[①] 在1851年出台的规定中，假如父母当中的任何一位是在法国本土出生的，那么留居法国的第三代移民自出生那一刻起就自动获得法国国籍。根据1889年的规定，假如第二代移民在法国本土降生，那么他/她年满18岁便自动获得法国国籍。

① 客观来说，法国在1945年之前都没有明确的移民政策，以劳工身份进入法国的外国人可以自由出入法国。彼时的法国虽然对移民进行一定管理，但是没有形成完善的移民政策。当局往往只是通过某些临时的、带有补救性质的措施管理移民。

在第一次世界大战期间，法国国内几乎所有的青年都上了战场。激烈的战事导致阵亡人数直线攀升。“自1914年一战爆发到1918年战争结束，法国有132万前线士兵牺牲”，[①] 加上在战争中死亡的平民，法国在整个一战期间的人口损失高达250万以上。惊人的人口损失造成了战后劳动力稀缺，因而在一战结束后，为了推进第二次工业革命的成果、弥补战争期间的劳动力损失，法国打开了北非法属殖民地的移民窗口，从阿尔及利亚、摩洛哥以及突尼斯等马格里布国家吸纳了大量劳动力。据统计，在1902－1924年间，来自马格里布地区的穆斯林移民人口总数达到了12万，并在1936年达到了20万。

第二次世界大战结束后，大量移民涌入法国，再次填补了法国劳动力市场的空缺，促成了法国经济“繁荣的三十年”。战后初期，法国首先取消了对阿尔及利亚籍劳工进入法国领土的各种限制，使其享受与法国公民同等的待遇，但对于他们来说，获得法国国籍依然非常困难。1945年11月，戴高乐政府为了满足战后重建的需要，决定颁布移民法案，主要内容包括：（1）只要以劳动者身份与法国国内企业签署劳动合同，外籍劳动者即可顺利获得法国签证，并且在劳动合同规定的时限内获得外国人居留证；（2）这些外籍劳动者虽然可以获得法国签证和长期居留证，但并不意味着他们可以获得法国国籍。同时，官方还成立了“国家移民局”（Office français de l’immigration et de l’intégration）和“难民及无国籍人士保护局”（Office français de protection des réfugiés et apatrides），负责组织外籍劳工和接受难民申请。20世纪中叶，阿尔及利亚、摩洛哥和突尼斯三国相继独立，但依然与法国保持着密切联系。这三国的居民依旧保

① 宋全城：“从民族国家到现代移民国家——论法国移民历史进程”，载《厦门大学学报（哲学社会科学版）》，2006年第3期，第67页。

留着自由出入法国领土的权利。与此同时，法国还通过与这些国家缔结协定来保障务工人员在法国的权利。[①] 在1962 – 1968年短短6年时间里，来自马格里布地区的穆斯林移民数量由41万增加到61.9万人，平均每年有7万名穆斯林进入法国领土。[②] “繁荣的三十年”带来的移民潮一直持续到20世纪70年代中期。

1973年中东石油危机爆发，法国经济开始出现疲软，失业率逐年上升，社会矛盾不断加剧，贫富差距不断扩大，法国政府开始限制移民进入。1974年7月，法国政府为缓解社会压力，宣布暂时禁止外籍劳工入境务工。北非三国的穆斯林移民数量急剧下降，跌至每年约4.3万人。[③]

除了上述作为外籍劳工进入法国的穆斯林移民外，战后选择留在法国的外籍军人也是法国穆斯林的重要组成部分。在第一次世界大战期间，有53万穆斯林士兵为法国效力。[④] 在20世纪60年代阿尔及利亚摆脱法国殖民统治的独立战争中，法国军队雇佣了近20万阿尔及利亚人在前线作战，他们被称为“哈基”（harki）。战争结束后，其中一部分哈基选择留在了法国。

总的来说，生活在法国的穆斯林移民主要是那些外来务工人员及其后代，和那些曾经效力于法国军队的外籍穆斯林士兵，此外还有一小部分留学生和各类高级人才。在他们当中，第一类人群的数量最多，但由于他们并没有真正融入法国社会，因

---

① 魏秀春、谢济光：“当地法国政府的穆斯林移民政策——以法国政府和伊斯兰教的关系为例”，载《广西社会科学》，2007年第3期，第90页。

② Creamean Letitia, “Membership of foreigners: Algeriens in France,” *Arab Studies Quarterly*, Vol. 18 (1996), pp. 49 – 55.

③ Ibid., pp. 66 – 68.

④ Marcel Maussen, “Constructing Mosques: the Governance of Islam in France and the Netherlands,” Amsterdam Institute for Social Science Research, 2009.

此长期从事的依然是那些简单粗放的工作。尽管如此，他们希望继续生活在法国，成为拥有合法身份的、被法律承认的法国公民；在第二类穆斯林外籍士兵当中，很多人其实并不信仰伊斯兰教，但糟糕的生活状况和法国政府的冷漠态度使得越来越多的“哈基”试图在宗教信仰中寻求精神寄托，借助伊斯兰教建构身份认同。到了20世纪七八十年代，这些第一代“哈基”往往都开始信奉伊斯兰教；[①] 第三类来法学习的年轻穆斯林，则希望通过自己的努力留在法国，从而获得更好的工作机会和福利待遇，以及相应的合法身份。

（二）法国穆斯林的主要诉求

可以看出，对于上述三类法国穆斯林来说，获得合法身份即法国国籍，成为了他们的首要诉求。这是因为，国籍事关公民的权利与义务，是个体与国家连接的重要纽带。法国目前施行的国籍法主要延续自1993年7月通过的《帕斯卡·梅海涅里亚法》（*loi Mehaignerie*）。这部法律禁止在法国出生、连续居住满5年且年满18岁的第二代移民自动获得法国国籍。同时，该法律还延长了通过与法国公民通婚获得法国国籍所需的时间；禁止曾在军队服役、在行政部门工作或曾当选公职的前殖民地移民（阿尔及利亚人除外）重新加入法国国籍；因违法被法国司法机关判处6个月以上刑罚的移民不能获得法国国籍。[②] 除此之外，获得法国国籍的移民还必须认同法国的共和主义，包括

① Marcel Maussen, “Constructing Mosques: the Governance of Islam in France and the Netherlands,” Amsterdam Institute for Social Science Research, 2009.

② “Loi n° 93 – 933 du 22 juillet 1993 réformant le droit de la nationalité,” https://www.legifrance.gouv.fr/affichTexte.do?cidTexte = LEGITEXT000006082393&dateTexte = 20110404（上网时间：2019年10月5日）。

讲法语、通晓法国社会文化、熟悉法国公民的权利义务，甚至连申请法国永久居留权也需要参加6小时的国民通识课程和400小时的法国通识课程。移民在申请医疗、职业教育、住房服务时，同样需要参加为期1天的通识课程。[①] 这些规定的主要目的在于，强化法国国际身份在个人观念中的优先性与核心地位，淡化个人的信仰、文化等方面的差异。

法国穆斯林的第二大诉求便是，在寻求法国合法公民身份、融入法国主流社会的同时，能够保持自身的宗教信仰。无论是从政治还是文化角度来看，穆斯林移民群体都因宗教信仰问题而变成了法国世俗社会内部的一个“异质”群体。正如巴黎大清真寺穆斯林研究院（Institut Musulman de la Grande Mosquée de Paris）于2017年3月发布的《法国伊斯兰宣言中》（*Proclamation de l’ Islam en France*）所表明的那样：在当今法国社会中，一部分政治家、媒体人和知识分子、精英群体极端妖魔化穆斯林的情况不断发生，伊斯兰恐惧症相当严重，可以与19世纪末法国社会中的排犹主义相比。穆斯林对此深感不安，认为这不符合事实本身。对法国伊斯兰教和拥有该信仰的法国人来说，这是不公平的。[②]

法国穆斯林提出两大诉求的原因有三个方面：第一，作为外籍移民及其后裔，生活在法国的穆斯林依然保留着原有的宗教认同和民族意识。由于他们生活在法国，外国人身份在很多时候无法解决他们在现实生活中遇到的问题。为了享受法国公

① 耿鹏涛、李雁：“法国移民的身份认同困境”，载《法国研究》，2019年第2期，第32—40页。

② “Proclamation de l’ Islam en France,” Institut Musulman de la Grande Mosquée de Paris, May 28, 2017, https://www.mlq.qc.ca/wp-content/uploads/2017/06/PROCLAMATION-DELISLAMENFRANCE.pdf（上网时间：2019年11月25日）。

民所享有的待遇，他们希望获得法国合法的公民身份；第二，作为信仰伊斯兰教的移民群体，在面对法国的世俗性原则时，他们希望保持自身宗教信仰并获得信仰平等的诉求愈加强烈。目前已成为法国社会中最主要少数族裔的穆斯林群体虽然数量庞大、成分复杂，然而，他们的信仰实践（如穿戴头巾等）并未得到平等对待，因而他们希望自身的文化传统和宗教信仰能够得到尊重；第三，部分穆斯林移民长期以来以“受害者”自居，认为自己在历史上和现实中都受到了打压，故而将取得合法诉求为公民身份视作一种自然补偿。综上所述，法国穆斯林的核心诉求就是获得法国国籍，并在信仰、生活、工作、教育等方面获得平等对待。为此，法国的穆斯林开始努力通过政治参与的方式实现其诉求。

三、法国穆斯林参与政治的过程

随着人口数量的不断增多，法国穆斯林越来越意识到，通过政治参与表达诉求是他们实现自身权益最直接的方式。但在法国这样推崇世俗主义（Laïcité）的国家中，穆斯林在参与当地的政治活动时，遇到了宗教信仰、身份认同等诸多门槛和挑战。这也使法国穆斯林意识到，靠政党参与来争取政治权利是远远不够的，于是，他们开始在市民社会中扩大自己的影响力。活跃在市民社会中的各种伊斯兰社团组织，不仅对法国穆斯林的生活产生了直接影响，而且也促进了法国与移民原籍国在官方与非官方层面上的交流。同时，一些穆斯林团体也通过媒体等方式表达诉求，加强了穆斯林社群的内部认同和团结。法国穆斯林在实践中逐渐形成了参与法国政党、组建社团组织和媒体网络传播者三种参与方式。

（一）通过法国政党的参与过程

参与政党政治是法国穆斯林政治参与的一种重要方式，包括支持并加入法国主流政党和组创穆斯林政党两种主要途径。在主流政党的偏好上，由于最早对穆斯林劳工伸出援助之手的法国政党是社会党（Parti Socialiste）和工会组织，因此大部分法国穆斯林倾向于支持社会党。其支持方式也存在两种倾向：一部分人跟随前辈加入社会党，开展有组织的反歧视斗争；另一部分人则在配合社会党以及工会开展抗争时，不再局限于主张法国人与穆斯林移民之间的平等，而是更积极地强调伊斯兰教的重要性，以此表达对社会歧视的抗议、争取完整的公民权利。

除了加入主流政党外，积极参与法国的选举政治也是法国穆斯林政治参与的重要途径。在历届大选中，左翼政党因其关注移民问题以及中下层选民的利益，一直受到穆斯林选民的青睐。以 2007 年和 2012 年两次总统大选为例，在 2007 年的法国总统大选中，共有 150 万穆斯林选民参与了投票，占选民总数的 3.75%。[①] 其中，64% 的穆斯林将选票投给了左翼政党社会党候选人塞格琳·罗亚尔（Ségolène Royal），19% 的穆斯林投给了中间派候选人弗朗索瓦·贝鲁（Francois Bayrou），只有 1% 的穆斯林将选票投给了右翼政党人民运动联盟候选人尼古拉·萨科齐（Nicolas Sarkozy）。在 2012 年的总统大选中，有近 200 万穆斯林参加了投票。在第一轮投票中，有 170 万穆斯林把选票

① Imèna Ajala, "The Muslim Vote and Muslim Lobby in France: Myths and Realities," *Journal of Islamic Law and Culture*, Vol. 12, No. 2 (Jul., 2010), p. 84.

投给了社会党候选人奥朗德（Francois Hollande），占穆斯林投票总人数的93%。而在同一轮选举投票中，右翼政党人民运动联盟的候选人萨科奇仅获得了法国穆斯林4%的选票。[①] 在整个大选过程中，奥朗德的选票比萨科齐多110万张，可以说，正是穆斯林的关键选票把奥朗德推上了法国总统的宝座。这也是穆斯林在欧洲大国的大选中，第一次对选举结果发挥关键作用。

除了参与主流政党和选举政治之外，法国穆斯林也尝试通过组建穆斯林政党进行政治参与，但影响十分有限。法国最早的穆斯林政党是成立于1997年的法国穆斯林党（Parti des Musulman de France），但该党的号召力非常有限。在历年选举中得票率始终没有超过1%，其最佳成绩是在2007年的国民议会选举中获得了0.92%的选票。近年来，影响力较大的法国穆斯林政党是成立于2012年的法国穆斯林民主联盟（Union des déDocrates Musulmans Français）。该党以团结全法穆斯林为目标，自成立以来参加过多次国家和地方选举，成绩斐然。在2014年法国北部城市博比尼（Bobigny）的市镇选举中，法国穆斯林民主联盟的候选人奥新·赫巴里（Hocine Hebbali）当选为市议员，而该党在2015年的大区选举中，更是在法兰西岛大区的芒特拉若利市（Mantes－la－Jolie）获得了5.9%的选票。近年来，法国穆斯林民主联盟积极投身欧盟事务。在2019年的欧洲议会选举中，该党虽未最终获得席位，但取得了不错的成绩，得票率在全欧34个参选政党中排名第19位。其他法国穆斯林组建的政党还有反犹太复国党（Parti Antisioniste）以及公平正义党（Parti Égalité et Justice）。

① Soeren Kern，"Muslim Voters Change Europe，" Gatestone Institute，May 17，2012，http：//www. gatestoneinstitute. org/3064/muslim－voters－europe（上网时间：2019年10月10日）。

（二）通过社团组织的参与过程

法国穆斯林政治参与的另一重要途径是社团组织，即通过各种市民社会团体表达自己的政治诉求，进而对政府的相关政策施加影响。在法国穆斯林参与的大量社团组织中，有些社团组织特别关注法国穆斯林的工作、生活和教育等社会问题，倡导穆斯林遵从法国世俗主义精神；同时，也有一些社团组织致力于整合分散孤立的穆斯林群体，并积极协助政府机构为穆斯林融入法国主流社会提供帮助；另外，还有一些社团组织关心法国穆斯林的民族文化传统和宗教信仰，强调维护少数族裔的平等权利。

从组织上来说，法国穆斯林社团主要有两类：法国政府主导下成立的社团组织和在原籍国支持下成立的社团组织。第一类法国政府主导下的社团组织，主要是指那些在法国政府的协助下成立，并一定程度受到法国政府控制的社团组织，其中最具代表性的是“全法穆斯林宗教理事会”（Conseil Français du Culte Musulman，CFCM）。这个组织是法国官方为了团结穆斯林，建立一个在全法穆斯林中最具代表性的机构而成立的。1994 年，法国政府颁布了《穆斯林宗教宪章》（*Charte du Culte Musulman en France*），由时任法国内政部长的查尔斯·巴斯卡（Charles Pasqua）签署生效。根据宪章精神，法国政府鼓励穆斯林在巴黎大清真寺的协助下组建代表法国穆斯林的宗教委员会。2002 年，尼古拉·萨科齐担任法国内政部长。在多次与阿尔及利亚、摩洛哥驻法大使以及法国重要的穆斯林团体进行磋商后，各方就成立“全法穆斯林宗教理事会”达成一致，并就管理委员会成员的组成以及主席、副主席的人选等问题签署了协议。根据协商结果，管理委员会 1/3 的成员由政府指定，2/3 的成员由995个地方宗教机构（清真寺和礼拜堂等）的4000名地方穆斯林代表投票选举产生。[①] 经过长期筹备，2003年5月，全法穆斯林宗教理事会最终成立。理事会由主席、副主席、管理委员会、代表大会以及地方穆斯林委员会组成。其中，地方穆斯林委员会与法国相关地方部门共同管理穆斯林社区的日常宗教事务。全法穆斯林宗教理事会自成立以来，主要职责涉及管理清真寺和礼拜堂的相关事务、朝圣、穆斯林丧葬事务、培训神职人员、清真食品的生产和加工等。可以说，该理事会是法国政府为帮助穆斯林更好地融入法国社会而采取的一项重要措施，使得法国对伊斯兰教的“本土化”改造向前推进了一大步，同时也使法国穆斯林拥有了全法统一的代表机构。

第二类是在原籍国支持下成立的社团组织，[②] 主要是指在移民的原籍国提供资金支持与相关宗教服务的基础上，由穆斯林自发创建的社团组织。这类社团组织通常具有多种功能：一方面可以为法国清真寺和穆斯林社群提供宗教服务方面的支持，如帮助培训神职人员，或直接派遣伊玛目到法国主持清真寺的日常事务；另一方面还可以向穆斯林提供社会服务，并为其争取权益提供支持，如提供工作培训、教授法语以提高穆斯林在就业中的竞争力。

在这类社团组织中，最具代表性的有法国穆斯林协会（Musulmans de France，MF）[③] 和法国穆斯林联合会（Rassemblement des Musulmans de France，RMF）。这两个组织目前也是法国

① Fouad Alaoui, “Le CFCM, réalité et conditions de réussite,” *French Politics, Culture & Society*, Vol. 23, No. 1 (2005), pp. 115 – 117.

② 主要指马格里布三国（阿尔及利亚、摩洛哥、突尼斯）以及沙特阿拉伯、土耳其等。

③ 其前身为“法国穆斯林组织联合会”，2017年2月更名为“法国穆斯林协会”。

民间穆斯林社团组织中最具有影响力的。

法国穆斯林协会的前身是成立于1983年的“法国穆斯林组织联合会”（Union des Organisations Islamiques de France，UOIF），长期以来与穆斯林兄弟会联系密切，领导层主要由突尼斯穆斯林移民组成。该社团的首要目标，就是要成为法国穆斯林和伊斯兰教的“代言人”，保护穆斯林的利益。为此，法国穆斯林协会试图把分散的伊斯兰教民间社团组织起来，使穆斯林“回归信仰”。不仅如此，该协会还通过各种方式，帮助清真寺实现功能扩展、提供系统的宗教培训等。法国穆斯林协会的清真寺采用的都是所谓的“paramosque”① 结构。这类清真寺不仅是礼拜祈祷的场所，还是一个具有广泛社区服务功能的中心，涵盖了讲座、课外教育、图书馆、体育活动、女性聚会、幼儿园等各种功能。同时，该协会还投入了大量人力物力，筹建伊斯兰神学院、安排各类讲座、组织成员学习宣教（dawa）等。例如，1992年建立的欧洲人文科学研究所（IESH）② 仅在1990-2004年间，就培养了300多名伊玛目。另一方面，该协会不断与法国政府协商，试图让政府做出适当的法律妥协，以便穆斯林能够按照伊斯兰教义履行宗教义务。例如，在1989年的克雷伊“头巾风波”中，刚成立不久的“法国穆斯林组织联合会”对学校开除戴头巾女生的做法提出了严厉批评。联合会主席艾哈迈德·贾巴拉赫（Ahmed Jaballah）还给时任法国总理的米歇尔·罗卡尔（Michel Rocard）写了一封公开信，对此表示抗议。

法国穆斯林联合会，成立于2006年，长期得到摩洛哥的资

① Lorenzo Vidino, *The new Muslim brotherhood in the west*, pp. 44.

② 1992年在巴黎郊区创办的欧洲人文科学研究所是穆斯林的宗教神学研究机构，旨在培训未来的伊玛目，许多逊尼派的神学家担任该研究所的学术委员会委员。

助和支持，是一个具有浓厚移民母国背景的穆斯林社团组织。摩洛哥的宗教慈善和宗教事务局、外交部和驻法国领事馆官员长期对该组织提供人力和财力支持。例如，清真寺中的伊玛目主要依靠摩洛哥宗教慈善与宗教事务局派遣并支付薪酬。此外，联合会还组织教授阿拉伯语课程与摩洛哥文化课程，并支持法国的摩洛哥裔学生到摩洛哥参加各类培训和宗教活动，使其保留摩洛哥的传统宗教价值观。

总体而言，在法国的穆斯林社团组织中，具有法国官方背景的社团主要是以整合穆斯林群体为目标，在宏观上协调穆斯林社群与法国主流社会的融合与发展。穆斯林民间社团则主要关心法国穆斯林的宗教生活和生存发展问题，争取穆斯林的各项权利。值得注意的是，由于种族、语言、地域等方面的差异，法国穆斯林民间社团呈现出分散化、复杂化以及多元化的态势，对穆斯林群体实现自身政治诉求的进程产生了负面影响，使其难以达成共识，削弱了其政治参与度。

（三）通过媒体的参与过程

通过媒体来表达自身诉求，早已成为法国穆斯林群体争取权益的重要途径。虽然法国的穆斯林媒体起步较晚，但在近几年依托新媒体平台取得了快速发展。早期的穆斯林移民大都通过主流媒体出现在法国人视野中。20 世纪 80 年代初期，法国媒体对穆斯林关注不多。在电视方面，仅有法国电视一台在星期日的宗教节目中包含了 15 分钟的伊斯兰教内容。直到 1991 年，方才出现单独介绍伊斯兰教的电视节目——《了解伊斯兰教》（Connaître l' Islam）。在电台方面，只有“法国文化调频”（France Culture）开播了一档由突尼斯裔伊斯兰学者阿卜杜勒瓦哈卜·梅德卜（Abdelwahab Meddeb）主持的节目——《伊斯兰文化》（Cultures d' Islam）。在这一时期，由于法国国内刚刚爆发“头巾风波”，主流媒体尝试通过开办相关节目，让普通法国人了解伊斯兰教文化。此后，媒体开始关注国内穆斯林移民融入法国社会的话题。

20 世纪 90 年代，创办期刊杂志成为法国穆斯林表达诉求的主要方式。接受法国教育的穆斯林二代移民在面对愈演愈烈的“头巾风波”时，希望发出属于自己的声音，大量穆斯林期刊由此应运而生，如《法国伊斯兰》（*Islam de France*）（1997 - 2000）和《麦地那》（*La Medina*）（1998 - 2003）。这两本期刊的创办人都是来自马格里布三国的穆斯林移民后代，它们的首要目标是成为法国人“了解伊斯兰世界的钥匙”。[①] 杂志主要关注马格里布地区伊斯兰教状况、法国郊区的穆斯林移民社区以及法国第一代穆斯林移民的退休问题等。

进入 21 世纪后，法国穆斯林开始充分利用互联网来扩大诉求音量、积极参与政治。随着互联网 2.0 技术的发展，网络凭借快捷、便利、低成本等突出优势，为新一代的法国穆斯林提供了更广阔的话语空间。各类穆斯林网站（如表 1）纷纷涌现，不仅为法国穆斯林传递新闻信息，也为穆斯林表达政治诉求提供了稳定平台。网站主要分为两类：一类为新闻信息平台，如乌玛在线（oumma. com）和莎菲雅新闻网（saphirnews. com），其主要提供涉及郊区穆斯林社区、种族歧视、难民危机等主题的相关新闻；另一类为伊斯兰激进媒体，如在线阿吉卜（ajib. fr）、凯提宾（katibin. fr）以及伊斯兰信息网（islametinfo. fr），其主要宣传“信仰回归”，内容多与伊斯兰教

① Anne - Sophie Lamine, “Médias musulmans: le dynamisme de la nouvelle génération,” *La Revue des médias*, Jun. 7, 2017, https: //larevuedesmedias. ina. fr/medias - musulmans - le - dynamisme - de - la - nouvelle - generation（上网时间：2019 年 11 月 27 日）。

信仰相关。另外，随着互联网的发展，前文提及的穆斯林政党、穆斯林社团，都尝试借助网络扩大影响力，纷纷建立起自己的门户网站。例如，法国穆斯林民主联盟在近年的选举中，多次利用网络发起选举联署，成效显著。

表 1　法国穆斯林主要网站概览

网站	创建时间	访问量
oumma. com	1999	4421
al – kanz. org	2006	6104
saphirnews. com	2002	6913
islametinfo. fr	2012	13626
ajib. fr	2010	18413
pageshalal. fr	2005	19368
katibin. fr	2010	50682
desdomesetdesminarets. fr	2013	70046
lescahiersdelislam. fr	2012	48901

资料来源：作者自制。

在以上三种参与方式中，媒体途径虽然发展最为迅速，但各类媒体、尤其是作为新媒体的互联网，主要还是为传统的政党参与及社团参与提供新的技术手段。当前，多样化的社团组织依然是法国穆斯林最为重要的发声渠道。不过，作为少数族裔自发建立的社团组织，影响力终究有限，对决策层也难以产生实质性的影响。相比之下，加入法国传统政党本应是最为强而有力的政治参与方式，但由于身份、文化等方面的限制，法国穆斯林能够参加的党派极为有限。即便他们加入了某些政党，也是其中少数中的少数，很少有机会代表穆斯林群体发出声音，常常处于被忽视的尴尬境地。

四、伊斯兰教“本土化”困境的影响

对穆斯林而言，伊斯兰不仅是一种宗教，更是一种生活方式。要实现伊斯兰教的“本土化”，必须为穆斯林提供保存和实践伊斯兰信仰的土壤，进而利用当地的各种社会文化传统，实现穆斯林文明的多样性。然而，作为一个秉持世俗主义的西方国家，法国起初并没有考虑到外来务工的穆斯林及其家庭和后代所带来的宗教与社会问题，结果导致长期以来，法国社会对穆斯林移民的态度始终不够包容，甚至近乎排斥。同时，法国穆斯林为表达诉求而进行的政治参与又十分有限。数十年来，伊斯兰教在法国只能在政府的单向主导下，进行所谓的“共和同化”模式的“本土化”，而这一过程反而加深了穆斯林与法国主流社会间的矛盾。这种矛盾不仅影响着法国的国内政治，也时常波及法国与穆斯林原籍国之间的关系。

（一）对法国国内政治的影响

法国穆斯林对法国国内的政治影响，主要体现在伊斯兰教议题的政治化上。长期以来，在法国穆斯林难以融入法国主流社会的各类原因中，除民族因素外，最重要的便是伊斯兰信仰问题。对于法国穆斯林来说，伊斯兰教是他们共同的精神寄托与文化根源。然而，法国极右翼势力惯于操弄伊斯兰议题，极力凸显法国世俗化原则与伊斯兰文化的冲突，导致国内政治格局不断发生位移。传统左右翼政党不断萎缩，极右翼政党国民联盟（Rassemblement Nnational）[①] 则在地方和国家选举中异军突起，支持率不断攀升。

1989 年“头巾风波”爆发后，法国政府开始把伊斯兰教治理纳入国内政教关系框架，努力让穆斯林融入法国主流社会。因此，法国政府开始干预境内穆斯林的宗教活动与习惯。2004 年2 月，法国国会通过了禁止公立学校佩戴明显宗教标志的法案，包括伊斯兰头巾、天主教的大型十字架等等。2010 年又通过了“任何人不得在公共场所穿戴目的在于隐藏脸部的服装衣饰”的法规。2014 年7 月，欧洲人权法院宣布支持法国的这一法案。2015 年，在法国前总统萨科齐的支持下，一些右翼市长决定将“不吃猪肉”从学校餐厅的菜单选项中去掉。这些看似践行世俗主义的法令，却因操之过急、缺乏沟通而激起了穆斯林群体的反对。他们开始不断提出诉求和请愿。

近年，随着“头巾风波”等伊斯兰教议题不断延烧，反伊斯兰思潮成为极右翼势力实现种族主义与排外主义的政治工具。玛丽娜·勒庞（Marine Le Pen）自 2011 年执掌极右翼政党国民联盟以来，将前任党主席老勒庞（Jean - Marie Le Pen）时期倡导的反犹太教调整为反伊斯兰教，不遗余力地鼓吹“伊斯兰威胁论”以吸引选民。勒庞强调，来自穆斯林国家的移民更加危险，因为“穆斯林移民想要把他们的文化强加到我们的文化之上，现在是清真寺和头巾、面纱，明天就会让一夫多妻制和《古兰经》的律法统治我们的婚姻和市民生活。”[②] 在 2017 年的总统大选中，勒庞再次搬弄“伊斯兰威胁论”。在 4 月的一次集会演讲中，她指出：“‘布基尼’不是宗教服饰，而是穆斯林所

① 前身为“国民阵线”（Front National），2018 年 6 月更名为“国民联盟”。

② 张莉著：《西欧民主制度的幽灵——右翼民粹主义政党研究》，北京，中央编译出版社，2011 年，第 116 页。

做出的挑衅。”同时，她提出了法国应“禁止或解散所有和伊斯兰理论研究有关的机构”“禁止一切宗教地点和文化活动的社会资金支持”等一系列激进主张。[①]

（二）对法国与伊斯兰世界关系的影响

法国的伊斯兰教社团机构庞杂、清真寺林立且深受移民母国的影响，随着法国的穆斯林人口不断增加，对于法国与伊斯兰世界的关系开始逐渐产生影响。

一方面，法国伊斯兰教吸引了大量来自伊斯兰世界的投资。例如，海湾合作委员会成员国卡塔尔就是法国经济领域重要的合作伙伴，它在法国的投资超过了1000亿美元，主要针对航空业。另外，卡塔尔还投资知识密集型行业、不动产行业、旅馆业、博彩业以及传媒业等。目前，卡塔尔投资的新趋势是将投资转移到城市郊区，因为这里主要是穆斯林移民后裔的聚集区。卡塔尔承诺，将资助一些伊斯兰社团组织参与地方议会代表的竞选，让穆斯林能够进入法国的权力机构，同时出资大力支持清真寺的建设。[②]

另一方面，法国穆斯林对在法国政府与伊斯兰世界打交道中发挥了桥梁作用。其中最典型的例子，便是2004年两名法国记者在伊拉克南部遭极端分子劫持的事件。2004年8月20日，法国国际广播电台记者谢诺和《费加罗报》（*le Figaro*）记者马尔布吕诺在从巴格达前往南部城市纳杰夫的途中失踪。一个自称“伊斯兰军”的武装组织随后宣称绑架了他们，并表示，绑

① 田小惠、杨羽茜：《法国国民阵线的转型及原因探析》，载《当代世界与社会主义》，2018年第3期，第150－157页。

② 张来仪：“法国的穆斯林移民及其与主流社会的互动”，载《法国研究》，2019年第01期，第43－56页。

架人质的目的是为了反对法国近期通过的禁止穆斯林在学校等公共场合穿戴头巾的法案，要求法国政府在48小时内废除该法律。事件发生后，全法穆斯林宗教理事会第一时间表达了对“头巾法案”的支持，并对绑架者进行了谴责。此外，该组织还派遣了一个专门小组前往巴格达参与人质营救行动。在各方的共同努力下，两位记者最终获救。“伊斯兰军”在给卡塔尔半岛电视台的声明中宣布，两名法国记者已被转交给法国驻伊拉克大使馆，强调释放两名记者是多方面原因促成的，其中包括“穆斯林机构和组织的要求”。全法穆斯林宗教理事会在此次营救过程中发挥了重要作用。

（三）对法国穆斯林自身的影响

法国穆斯林在政治层面上的参与，最终还将反作用于穆斯林群体自身。一方面，穆斯林身份认同的混乱促使穆斯林年轻一代“回归信仰”，另一方面，穆斯林在国家政治生活中的边缘化程度不断加深。法国共和主义模式下的“同化政策”在大量穆斯林移民涌来的背景下效果有限，无法解决法国公民身份和族裔身份的矛盾。法国穆斯林希望通过政党、社团以及媒体的方式表达诉求、缓和矛盾、增强理解，但由于穆斯林长期低下的社会经济地位、法国极右翼势力的不断挤压，以及国际伊斯兰极端势力的滋长，穆斯林与法国主流社会的身份认同矛盾不仅没有得到缓和，反而进一步加剧。对于尚处于社会底层的穆斯林移民后裔来说，穆斯林身份的污名化令他们在社会上受到歧视。与此同时，受法国教育成长起来的这些年轻人自我意识强烈，迫切希望为自己正名。[①] 于是，他们寄希望于“回归信仰”，以此彰显穆斯林身份、证明自己在法国的切实存在。正是由于年轻一代穆斯林对伊斯兰教的认同程度不断加深，从而进一步增加了他们融入法国社会的难度。

除了身份认同的矛盾和冲突，恐怖主义在法国本土的逐年滋长也导致穆斯林在国家政治生活中的地位持续边缘化。近10年来，法国国内频频遭到伊斯兰极端分子的恐怖袭击，恐怖主义的阴云挥散不去。2015年，《查理周刊》遭到“伊斯兰国”策划的恐怖袭击，造成12人死亡。同年11月，在“伊斯兰国”的策划和组织下，巴黎市内遭到数起恐怖袭击，造成至少132人死亡。在此背景下，极右翼势力大力鼓吹“伊斯兰威胁论”，法国穆斯林被孤立的境遇愈加严重，穆斯林的政治参与空间亦被压缩。原本致力于改变穆斯林社会经济地位、争取宗教宽容的合理诉求，也由于穆斯林对于自身宗教的认同而沦为“伊斯兰威胁论”的佐证。如此，穆斯林在法国被进一步边缘化了。

结 语

穆斯林作为法国最大的少数族裔，为实现自己的诉求进行了多方面的政治参与。但从客观上说，这些政治参与均程度有限。事实上，穆斯林融入法国社会愈加艰难，不断挑战着伊斯兰教的“法国化”进程。究其根源，主要有三个方面值得深思：

第一，法国秉持的世俗主义原则在面对伊斯兰“本土化”问题时产生了衍化，由最初针对宗教的绝对斗争转向“积极中

① 廖静：“北非穆斯林移民融入法国社会的类型分析”，载《阿拉伯世界研究》，2017年第6期，第104－119页。

立”，而后又紧急转为对个人信仰的压制措施。在历史上，法国的世俗主义原则更多地体现为一种斗争性原则，即打压作为社会—政治组织的宗教团体。[①] 20 世纪 70 年代初，随着穆斯林的大量涌入，法国的世俗主义原则一度向“积极中立”转化，即国家采取积极措施，确保每个人都能行使宗教自由。然而，当穆斯林人数激增、社会矛盾凸显之时，法国世俗主义的斗争性再度显现，表现形式则从早期的限制宗教团体，转变为针对个人的宗教压制，例如在法国延烧至今的穆斯林“头巾风波”。

第二，在面对穆斯林移民的“本土化”问题时，法国主流社会的态度在 20 世纪 90 年代前后发生了微妙变化。在 80 年代末的“头巾风波”发生之前，法国人眼中的穆斯林移民主要是“北非人”或“阿拉伯人”。但在“头巾风波”之后，法国人更多地将穆斯林群体视作伊斯兰教信徒，进而把关注焦点转向其宗教生活。2015 年发生在法国的“查理周刊枪击事件”和“巴黎恐怖袭击事件”，则让法国民众对穆斯林的负面情绪达到了顶峰。虽然广大法国穆斯林在法国接受教育并工作，但他们中的大多数仍然不愿放弃伊斯兰信仰，严格保持着穆斯林的生活方式和信仰特征。他们给自己的定义是“生活在异教徒国家里的穆斯林”。同时，伴随着公共媒体对“恐怖主义”与“伊斯兰化”议题的大肆渲染，法国民众对穆斯林的抵触、疏离情绪有增无减。

第三，深受外国势力影响的伊斯兰组织结构网络，从根本上阻碍着伊斯兰教在法国的“本土化”进程。法国境内的伊斯兰教机构主要由聚居的穆斯林社群、林立的清真寺网络和立场迥异的伊斯兰协会组成。在这个结构之中，虽然存在穆斯林社

① 朱明哲：“论法国‘世俗性’原则的斗争面向”，载《欧洲研究》，2016 年第 6 期，第 117－135 页。

群、清真寺网络和协会组织，但由于不同外国势力的直接干预和经济支持，即便是聚集在清真寺周围的穆斯林也难以融合，最终形成了一个个以清真寺为中心、以移民母国国籍为基础、以伊斯兰协会为联结的宗教封闭聚群。雪上加霜的是，由于法国政府囿于充满斗争色彩的世俗主义原则，并高估了伊斯兰极端主义对穆斯林生活的现实影响，导致当局试图强制剥离穆斯林的宗教信仰，未能对其进行积极的实质引导，结果使得法国穆斯林受困于宗教聚群之中而难以真正融入法国社会，最终对伊斯兰教的“本土化”进程产生了消极影响。

调研报告

关于伊朗阿舒拉和穆哈拉姆哀悼的考察报告

• 范鸿达

[内容提要] 围绕伊玛目侯赛因和卡尔巴拉战役而展开的阿舒拉纪念和“穆哈拉姆哀悼”，是当下伊朗最重要的年度活动之一。在伊斯兰教历中的61年1月10日（公元680年10月10日），侯赛因在卡尔巴拉战役中罹难。这一天也是阿舒拉日，对伊斯兰什叶派的发展起到了非常关键的推动作用。伊朗的穆哈拉姆哀悼为期10天，是对阿舒拉日及之前9日侯赛因遭遇困境、英勇斗争和壮烈牺牲的纪念与哀悼，阿舒拉日则把穆哈拉姆哀悼系列活动推向高潮。伊朗对阿舒拉和穆哈拉姆哀悼的重视，与什叶派伊斯兰教在伊朗的国教地位，以及侯赛因在什叶派伊斯兰教发展历程中的突出作用息息相关。

[关键词] 伊朗　阿舒拉　穆哈拉姆哀悼　什叶派伊斯兰教

阿舒拉，阿拉伯语意为“第十日”，特指伊斯兰教历1月10日。在伊斯兰教历中，1月被称为穆哈拉姆（Muharram，意为“禁止”）月，是仅次于9月（Ramadan，斋月）的神圣月份。在这个月，穆斯林必须停止战争、享受和平。公元680年10月10日，也就是伊斯兰教历61年的1月10日，伊斯兰教创始人穆罕默德之外孙、什叶派第三伊玛目侯赛因在今位于伊拉克的卡尔巴拉被敌人杀害于战场。此后，十二伊玛目等什叶派的穆斯林视阿舒拉为悲痛之日，连同此前的9日一并加以纪念。他们为此举行“穆哈拉姆哀悼”，而阿舒拉则是这一为期10天的系列活动的最后一日和高潮之日。伊朗是什叶派穆斯林大国，阿舒拉仍然是当下伊朗最为重要、参与人数最多的年度活动之一，影响力不可小觑。略显遗憾的是，迄今有关伊朗阿舒拉活动的中文专题文献凤毛麟角。2020年初，笔者在中国知网上以“阿舒拉”进行主题搜索，竟未能找到一篇专论伊朗阿舒拉的文章。笔者曾三次亲历伊朗阿舒拉和“穆哈拉姆哀悼”系列活动，亦多次在伊朗进行长时段的田野调查，对此进行了特别关注。基于笔者本人对伊朗历史文化宗教的实地考察和访谈，特别是数年多次的现场观摩，本文旨在梳理分析伊朗的阿舒拉和穆哈拉姆哀悼，并揭示其对于当下伊朗的影响和意义。

一、阿舒拉产生的背景

伊斯兰教创始人穆罕默德在世时没有指定继承人。公元632年先知逝世后，各方势力竞相角逐最高权力。经过协商与妥协，穆罕默德的经年好友、长期追随者和岳父艾布·伯克尔当选为阿拉伯人的新领袖，掌握了麦地那政权的军政和宗教大权。他也被伊斯兰教逊尼派尊为四大正统哈里发的第一位。在艾布·伯克尔之后，欧麦尔、奥斯曼和阿里又相继被遴选为第二、三、四任哈里发，从而构成了广受阿拉伯人缅怀的所谓“四大哈里发”时代（公元632－661年）。[①]

但是，始终有一部分穆斯林坚持认为，只有穆罕默德的堂弟和女婿阿里才有继承权。为此，他们同其他势力展开了激烈斗争，拒不承认前三任哈里发的合法性。这派力量被称为阿里党人。公元661年阿里遇刺身亡后，其主要竞争对手穆阿威叶（Muawiya ibn Abu Sufyan）继任哈里发，建立了伍麦叶王朝（公元661－750年，我国史书上称其为白衣大食）。680年，穆阿威叶把哈里发职位传递给其子亚齐德（Yazid ibn Muawiyah），这也是阿拉伯人历史上第一次通过父子相传变更哈里发。此时的什叶派第三伊玛目侯赛因，也就是伊斯兰教创始人穆罕默德外孙、什叶派第一伊玛目阿里之子、什叶派第二伊玛目哈桑之弟，认为此举破坏了穆阿威叶与哈桑之前达成的有关和平与哈里发安排的协议。[②] 当初，哈桑之所以出于和平目的做出妥协，同意把哈里发职位让给穆阿威叶，是因为得到了穆阿威叶“不干涉宗教事务以及自己死后归还哈里发职位”的承诺。所以，当亚齐德要求侯赛因效忠自己以获得宗教权威时，侯赛因认为，其酒鬼和花花公子的形象与伊斯兰教相违背，不适合担任领导，若效忠于亚齐德就是对伊斯兰教不敬，会毁掉伊斯兰教，因而

① 关于四大哈里发时代，参见［埃及］贾比尔·古麦哈编，潘世昌、赵新霞译：《四大哈里发论集》，兰州：甘肃民族出版社，2012年版；［埃及］穆罕默德·胡泽里著，孔德军、马明良译：《正统哈里发传》，北京：宗教文化出版社，2008年版。

② 关于哈桑—穆阿威叶和平协议，后世的历史学家对其所含条款的解读并不一致。有一种说法是：穆阿威叶承诺，在其身后把哈里发职位交给哈桑。也有说法是：穆阿威叶不能指定继任哈里发，要经过专门委员会选举产生。

拒绝承认亚齐德的哈里发身份。[1]

其实，早在670年第二伊玛目哈桑去世后，位于今伊拉克境内库法[2]的阿里党人就向侯赛因表达了效忠之意。彼时，侯赛因告诫库法城的支持者，他要信守穆阿威叶—哈桑协议，待穆阿威叶死后再考虑继位哈里发问题。680年，亚齐德的继位进一步激怒了库法城的阿里党人，他们写信给正在麦加城避难的侯赛因，寻求他的帮助并向他效忠，请求侯赛因到库法城担任他们的伊玛目。在此等情形下，侯赛因和家人及支持者一行遂奔向库法，行至卡尔巴拉时，遭遇了亚齐德的大军。这时，库法人也违背了自己支持侯赛因的诺言。由于力量相差过于悬殊，侯赛因于680年10月10日，也就是阿舒拉日，在卡尔巴拉被亚齐德的军队杀死，同时遇害的还有其家人和随从。被杀之前，侯赛因曾说，如果只有他的死才能让穆罕默德的宗教继续存在下去，那么他情愿被碎尸万段。

卡尔巴拉战役对什叶派思想的形成和发展起到了巨大的推动作用。侯赛因的痛苦和死亡被视为牺牲的象征，是由于卷入正确与错误、正义真理和不义谎言之战而导致的牺牲。[3] 侯赛因及其家人和部属在卡尔巴拉遇害后不久，侯赛因幸存的家人便展开哀悼活动。此后，“穆哈兰姆哀悼”逐渐发展成为什叶派穆斯林的重要公共活动，特别是作为第十日的阿舒拉活动尤为隆重，包括葬礼追思纪念、造访第三伊玛目侯赛因坟墓、公共悼念游行和鞭打自身等。阿舒拉的核心象征是人世间的非正义与

① “Hasan - Muawiya treaty,” Wikipedia, https://en.wikipedia.org/wiki/Hasan - Muawiya_treaty（上网时间：2017年7月24日）。

② 当阿里继位第四任哈里发后，把都城从麦地那改为库法，故库法城存在较多同情阿里家族的人。

③ Yitzhak Nakash, “An Attempt to Trace the Origin of the Rituals of Āshurā,” *Die Welt des Islams*, Vol. 33, No. 2 (1993), pp. 161 - 181.

腐败和以安拉为中心的正义、虔诚、牺牲和毅力之间的道德对立。此外，什叶派穆斯林认为，对阿舒拉悲剧的纪念是崇拜真主的重要方式。需要注意的是，世界各地什叶派对阿舒拉纪念的方式可能会有不同，本文关注的是伊朗的阿舒拉和“穆哈拉姆哀悼”活动。

二、伊朗“穆哈拉姆哀悼”的每日特点

伊朗是什叶派大国，而且和沙特等逊尼派阿拉伯国家存在着历史与现实恩怨，这使得阿舒拉之于伊朗具有特别意义。伊朗伊斯兰共和国每年都会举行声势浩大的“穆哈拉姆哀悼”系列活动，以此纪念卡尔巴拉战役，缅怀第三伊玛目侯赛因。为期10天的“穆哈拉姆哀悼”始于伊斯兰教历1月1日，每天都有一个纪念主题。到1月10日，也就是阿舒拉，整个纪念活动达到高潮。本文作者曾在不同年度，赴伊朗现场观摩“穆哈拉姆哀悼”，与伊朗市民、学生、阿訇和大学教授等人士进行过多次有关“穆哈拉姆哀悼”的交流，这部分内容主要据此完成。

第一天围绕第三伊玛目侯赛因堂兄弟穆斯林·伊本·阿奇勒（Muslimibn Aqeel）展开。如前所述，穆阿威叶选定亚齐德继位哈里发后，库法很多人拒绝接受此等安排，于是写信盛情邀请侯赛因去库法当伊玛目。为了验证库法人是否真的忠诚于自己，侯赛因委派“最值得信赖的家人之一”——穆斯林·伊本·阿奇勒去那里考察。穆斯林·伊本·阿奇勒抵达库法城后，很快就感受到当地人对侯赛因的热情，因而写信告诉侯赛因，库法忠诚于他。另外，库法城也派特使前往麦加，劝说侯赛因

莅临自己的城市。于是，侯赛因便带领家人、随从奔向库法。[①]但好景不长，当哈里发亚齐德解职了不愿意攻击先知穆罕默德家人的库法长官巴斯尔（al－Nu'man Ibn Bashir），并以强硬粗鲁且试图控制该城的伊本·齐亚德（Ubayd Allah ibn Ziyad）取而代之后，穆斯林·伊本·阿奇勒立即陷入困境，而曾经表示支持侯赛因的库法人也违背了自己的诺言。穆斯林·伊本·阿奇勒很快被俘并被砍头处死。尽管穆斯林·伊本·阿奇勒遇害于库法，但是他仍被什叶派穆斯林认为是卡尔巴拉战役殉道的烈士，并在“穆哈拉姆哀悼”的首日予以隆重纪念。

第二天纪念侯赛因抵达卡尔巴拉。侯赛因收到了穆斯林·伊本·阿奇勒关于库法人忠诚于他的信息后决定前往。在当年朝觐开始的前一天，侯赛因携带家人和随从离开麦加奔赴库法。至于侯赛因队伍有多少人，从70－150人众说纷纭，伊朗什叶派认为，大概有72个战士和一些妇女、孩子。尽管侯赛因在行进路上得到了穆斯林·伊本·阿奇勒遇害以及库法人背叛的消息，但是他并没有畏惧而返。在距离库法城还有两天路程时，侯赛因被以胡尔（Al－Hurr ibn Yazid al Tamimi）为领导的亚齐德军队阻断了去路。当侯赛因再次确认库法人不会支持自己后，请求返回麦加，但是胡尔拒绝了他的请求。万般无奈之下，侯赛因的队伍在干燥酷热的卡尔巴拉停留下来，胡尔则率领军队围困在附近。

第三天的活动围绕侯赛因的小女儿茹戛耶（Ruqayyah bint Al－usayn）展开。跟随父亲侯赛因奔往库法城的茹戛耶是一个年仅4岁的小女孩，什叶派认为，茹戛耶是侯赛因最喜爱的女儿。什叶派穆斯林在谈及茹戛耶时，还经常说起深爱着她的叔

① 这是伊朗什叶派的普遍观点。还有一种说法，是哈里发亚齐德让库法人写信给侯赛因，骗侯赛因去库法以杀害之。

叔阿巴斯（Abbas ibn Ali）。在伊本·萨阿德率领军队于1月3日抵达卡尔巴拉，并奉命封锁幼发拉底河，不让侯赛因的队伍接近水源的情况下，口渴难耐的茹戛耶请求阿巴斯叔叔找水喝，结果，纵使阿巴斯丢掉性命，也没能把水带回来。卡尔巴拉战役后，茹戛耶连同其他幸存者作为俘虏，历经折磨被押往库法，并被迫在库法城游行示众。之后，这群被俘之人又被押往哈里发亚齐德的首都大马士革。抵达大马士革后，侯赛因家人被关进地牢，茹戛耶经常因为想念父亲而哭泣。一天夜里，茹戛耶从睡梦中醒来后哭喊着要爸爸，家人们也伤心哭泣。被哭声打扰的亚齐德派人把侯赛因的头颅送到地牢，茹戛耶至此才知道父亲已经死去，于是她悲痛欲绝且哭得更为大声，随后便安静下来——当其他人都认为茹戛耶睡着的时候，年幼的她其实已经死去。

第四天纪念的主题人物是胡尔（Al – Hurr ibn Yazid al Tamimi）。当侯赛因队伍遭遇到胡尔率领的1000人部队时，胡尔还没有得到与侯赛因开战的命令，只是受命跟随侯赛因，并迫使他去库法城而不能前往他处。双方最初的遭遇相当平和，侯赛因亲自欢迎胡尔，并把自己本就不多的水与对方分享。侯赛因还请胡尔带领大家做礼拜，胡尔加以推辞并请求侯赛因开展这一工作。结果，侯赛因带领其竞争对手亚齐德的1000人部队做了礼拜。当侯赛因了解到原先效忠自己的库法人已经背叛之后，他请求和平地返回麦加，但被胡尔拒绝。随着库法城新任长官伊本·齐亚德对侯赛因的打压逐渐升级，胡尔再也没有回旋余地了，只能把侯赛因及其队伍逼到人烟稀少且饮水匮乏的卡尔巴拉。伊本·齐亚德派伊本·萨阿德率领另外4000名士兵赶到卡尔巴拉后，情势日益紧张。胡尔一再探寻，是否还有和平的方式应对危机，却被告知与侯赛因一战已经不可避免。在伊本·萨阿德宣布开战后，胡尔立即率领30名士兵投奔侯赛因，并向侯赛因表达了阻止其返回麦加，并把其驱赶到卡尔巴拉的歉意。胡尔还痛斥了邀请侯赛因前来，如今又要攻击侯赛因的库法士兵。胡尔是在卡尔巴拉为侯赛因而战的过程中，最早牺牲的烈士之一。第四天也是纪念侯赛因妹妹扎纳布孩子的日子，扎纳布有4个儿子（Ali、Aun、Muhammad、Abbas）和一个女儿（Umm Kulthum）。

第五、六天悼念的主题人物是第二伊玛目哈桑之子阿卜杜勒（Abdullah ibn Hasan）和卡西姆（Qasim ibn Hasan）。卡尔巴拉战役时，阿卜杜勒年龄尚小。当侯赛因本人正在遭受袭击时，小阿卜杜勒勇敢地跑出帐篷救他的叔叔，不幸被敌人杀死。卡西姆当时也只是个14岁的少年。战役打响后，他一再向侯赛因请求参战，但都因年龄太小被侯赛因拒绝。直到卡西姆把先父哈桑写的要他帮助叔叔战斗的信交给侯赛因后，侯赛因才同意他参加战斗，结果这位少年在杀敌数人后阵亡沙场。

第七、八天悼念活动围绕侯赛因的儿子小阿里（Ali al - Asghar ibn Husayn）和大阿里（Ali al - Asghar ibn Husayn）展开。哈里发亚齐德的军队封锁水源后，为了给口渴的女人和孩子们寻找水源，侯赛因决定去对方军队那里要些水。为了博取同情，他特意带上了仅仅6个月大的儿子小阿里一起前往，结果对方非但没有提供水，而且还用三箭头的箭射中了小阿里的喉咙。在什叶派思想中，小阿里被视为“无辜受害者的典型象征”。长相酷似外祖父穆罕默德的大阿里声音洪亮优美，在卡尔巴拉战役当天早上，侯赛因让大阿里呼唤大家做礼拜，因为担心这会是最后一次听到大阿里的唤礼，侯赛因和一些家眷都哭了。侯赛因批准大阿里的作战请求后，让他到帐篷里和母亲、妹妹、姑姑告别。亲人们数次阻止大阿里奔向战场，最后由侯赛因帮助大阿里走出帐篷，并帮他登上战马。大阿里英勇杀敌多人，没有任何一个敌人敢单独面对他。伊本·萨阿德命令众士兵务必杀死大阿里，因为“大阿里是侯赛因的生命，没有大阿里侯赛因将不能活”。最后大阿里被敌人的长矛刺穿胸膛。侯赛因赶到奄奄一息的大阿里面前，忍痛拔出大阿里胸膛的长矛，目送18岁的儿子离世。

第九天纪念对伊玛目侯赛因忠诚无比的同父异母兄弟、茹戛耶非常喜爱的叔叔阿巴斯（Abbas ibn Ali）。什叶派传说阿巴斯出生后长时间闭着眼，直到侯赛因抱起他时才把眼睛睁开。当侯赛因的队伍被围困在卡尔巴拉时，被亚齐德的军队切断了水源。按照伊朗什叶派的理解，拥有高超技能、英勇无比的阿巴斯本可以攻击围军从而控制幼发拉底河并获得水源，但是侯赛因只允许阿巴斯防御，不让他主动攻击敌人。即使当茹戛耶等孩子们口渴难耐时，侯赛因也否决了阿巴斯控制水源的想法，只同意他去取一些水回来。阿巴斯单枪匹马来到了幼发拉底河畔，以最快的速度把水囊装满，但在回去的路上遇到了大麻烦：亚齐德的军队不让他带水回去。为了保护水，阿巴斯在作战中两个手臂均被砍掉。之后，他用嘴咬着水囊往回赶，亚齐德的士兵随之用箭射破了他的水囊，并射中了他的眼睛。阿巴斯于次日也就是阿舒拉日被杀害，他也因此被称为“幼发拉底英雄”。

第十天阿舒拉日，纪念侯赛因和其妹妹扎纳布。卡尔巴拉战役前夜，侯赛因曾对他的战士说，谁愿意离开就可以走，不要做无谓的牺牲，但是没有一个人离开。680 年 10 月 10 日，也就是伊斯兰教历的 1 月 10 日，卡尔巴拉战役从上午一直持续到日落，侯赛因的数十个战士对抗亚齐德的数千人大军，结果可想而知。当侯赛因和男性战士们战死沙场后，其营地被连根拔起，妇女、孩子等也受到了侮辱。亚齐德的军队甚至要杀死正在生病的侯赛因仅存之子萨迦德（Zayn al – Abidin，亦称 al – Sajjad）。侯赛因之妹扎纳布誓死保护侄儿没有被杀害，这才有了第四伊玛目萨迦德。卡尔巴拉战役后，扎纳布事实上成为了幸存妇女和孩子的领导，历经库法和大马士革的苦难生活和努力抗争后，最终带领大家返回麦地那。鉴于扎纳布在卡尔巴拉战役中及其后的卓越表现，她被什叶派誉为“卡尔巴拉女英雄”；又因为扎纳布在卡尔巴拉战役中努力照顾孩子和伤员，她的生日被伊朗官方定为“护士节”。

三、伊朗“穆哈拉姆哀悼”和阿舒拉节观察

伊朗“穆哈拉姆哀悼”和阿舒拉的含义非常丰富，展现了侯赛因及其支持者的牺牲、奉献、悲伤和斗争。根据笔者的现场观察，阿舒拉和“穆哈拉姆哀悼”系列活动的主要基调是悲情。概括而言，该纪念活动有以下几个主要特征：

1. 人们的言行举止相对严肃。从着装来看，在“穆哈拉姆哀悼”期间，伊朗最盛行的服装颜色是黑色。哪怕是喜欢其他颜色服装的人，此时也往往穿着黑色衣服。整个穆哈拉姆月期间，伊朗禁止在公开场合进行娱乐表演，比如很多较有档次的伊朗饭店平日都有驻店乐队，但在该月没有；一些营业场所即便要播放音乐，也只能播放轻音乐。在整个穆哈拉姆月中，伊朗基本没有婚礼庆典。这是因为，对于宗教情结并不浓厚的人而言，结婚时的欢快舞蹈必不可少，但在这个月中，欢快的音乐和舞蹈是被禁止的；而对于宗教情结非常浓厚的人而言，婚礼这类大喜之事也不宜在“悲伤之月”举行。

2. 街道黑色布景和慈善供水。“穆哈拉姆哀悼”期间，伊朗很多街道会挂上黑色大旗或横幅，还有一些关于卡尔巴拉战役的大幅挂图和以两伊战争烈士为主体的烈士像。慈善供水点则在伊朗各地比比皆是，不仅免费供应水，还有饮料。笔者认为，慈善供水是“穆哈拉姆哀悼”的关键符号之一，源于当年侯赛因被困卡尔巴拉时的极端缺水以及阿巴斯舍命取水。在活动期间，特别是最后两天，有很多清真寺和富人免费向参加者尤其是穷人提供盒饭。

3. 各大清真寺每晚举行纪念活动。在“穆哈拉姆哀悼”期间的晚上，伊朗各大清真寺都会举行相关纪念活动，每晚活动的时间则公示于门口。活动流程大致相同，一般以一位阿訇的讲话开场。这类讲话往往会把宗教信仰和社会现实结合起来加以阐述。2017 年“穆哈拉姆哀悼”期间的一个晚上，笔者再次前往伊斯法罕的伊玛目广场，到那里的伊玛目清真寺进行现场观摩。根据流程，一位阿訇先是侃侃而谈，其间谈到宗教信仰的必要性，以及当下一些女性的着装问题，之后便直接把女性着装与其品行和社会地位联系在一起。在阿訇演讲之后，纪念活动的下一个环节是追思伊玛目侯赛因及其家人和战士。这时，会有一个人满怀悲恸地向众人讲述卡尔巴拉围困和战役期间的悲伤故事。讲到情深处，该人会发出哭声，这时，清真寺里的众人也会跟着发出哀恸的哭泣之声。待众人心情平复后，他会告诫众人，要追随安拉和伊玛目的正确道路前进。之后，纪念活动结束，众人散去。

4. “穆哈拉姆哀悼”期间，伊朗各地都有纪念游行队伍走上街头。而且，随着第十日阿舒拉的临近，会有越来越多的人加入到这样的游行队伍当中。在作为国家假期的第九、十两日，参加街头游行的人尤其为数众多。很多地方都有自己独特的演绎方式，比如亚兹德、马什哈德、赞江等城市的阿舒拉游行活动往往是众人关注的焦点。在阿舒拉日及其前一日，伊朗电视台会集中展示各地的纪念活动，彰显出伊朗阿舒拉活动的多样性。特别吸引笔者的是，在游行纪念中，主办方也会安排一些化妆表演来展示当年的卡尔巴拉战役。身着绿色服饰或蒙面的是伊玛目侯赛因一方，衣着红色服饰的则是侯赛因的对手哈里发亚齐德一方。与其他某些什叶派聚集区的阿舒拉纪念活动不同，今日的伊朗政府禁止自残身体，所以鞭打自己的行为已经成为一种表演或仪式。伊朗阿舒拉游行队伍的另一个常见动作，是众人跟随歌唱者的节拍轻拍自己的胸膛。

值得注意的是，在阿舒拉活动期间，有时候也会出现一些政治性标语。比如，在2016年、2017年阿舒拉日及其前夜的伊玛目广场，笔者曾看到非常醒目的“打倒美国”“打倒以色列”等政治标语。

四、伊朗官方宣传中的侯赛因和阿舒拉评价

伊朗伊斯兰共和国领导人对侯赛因、卡尔巴拉战役和阿舒拉给予了非常高的评价，而且也十分重视其他著名人士的相关评论。2016年的“穆哈拉姆哀悼”期间，笔者在伊玛目广场，看到包括伊朗领导人在内的多国知名人士对侯赛因、卡尔巴拉战役和阿舒拉评价的系列展板。他们能够出现在重要国家节日之际的伊玛目广场，充分说明了当代伊朗对侯赛因、卡尔巴拉战役和阿舒拉的态度。以下内容系笔者对这些展板文字的整理。

伊朗伊斯兰革命的伟大创立者和领袖、伊玛目霍梅尼认为：“侯赛因无处不在。卡尔巴拉就是全世界。侯赛因存在于任何地

方。所有的牺牲属于侯赛因。”

伊朗伊斯兰共和国最高领袖阿亚图拉·哈梅内伊则说：“从开始到结束，阿舒拉事件（仅仅）持续了半天。你们看看这大事不断的半天给了我们历史多少恩赐。直到今天，它仍然栩栩如生、令人振奋。在什叶派的历史中，即使是在非什叶派伊斯兰教徒反压迫革命的大事年表中，阿舒拉事件的影响（也）一直光彩夺目、显而易见。我还不知道历史上的哪个事件可以与那半天做出的牺牲相提并论。”

黎巴嫩的伟大画家和作家吉布兰（Khalil Gibran）评论道：“侯赛因对所有宗教来讲都是耀眼光辉。”该国文学与哲学教授海尔布（Joseph Herb）从宗教角度对侯赛因进行了评价：“先生们！没有侯赛因，我的基督教将是不完整的。任何一种宗教（无论是天国的或是人间的），如果没有像侯赛因这样的人物，那么它就只是一个不能分享天国的人间宗教。”侯赛因传记作者、基督教徒巴拉（Antun Bara）将侯赛因视作一个广泛存在：“侯赛因的英雄史诗不仅属于什叶派、逊尼派、穆斯林，也属于相信上帝和复活的任何人。当世界之民和文人墨客知晓侯赛因的生活方式时，他们都迷恋、专注于他。同时，他们也着迷、倾心于阿里的原则和方式。在我心中，侯赛因是一个永恒存在。”

印度政治和精神领袖甘地（Mahatma Gandhi）同样对侯赛因推崇有加：“我仔细阅读了伊玛目侯赛因的传记，并思考了卡尔巴拉事件。我确信，印度人在通往胜利的道路上一定要遵循他的思想。”

英国东方学家布朗奈（Edward Granville Browne）对卡尔巴拉战役给予了高度评价：“在被告知卡尔巴拉（事件）时，还能有人不会悲伤难过吗？即使是非穆斯林，也不能否认这场伊斯兰教旗帜下的战争所彰显出来的灵魂贞洁。”

英国小说家狄更斯（Charles Dickens）则非常看重侯赛因牺牲的伊斯兰属性：“如果侯赛因是为其世俗欲望而战，那么我就不能理解为何他的姐姐、妻子和孩子会陪伴左右。所以显而易见，他的牺牲纯粹是为了伊斯兰。”

在法国思想家、伊斯兰两英雄阿里和侯赛因的传记作者安可里（Gabriel Ankrey）看来，“人们往往认为，卡尔巴拉事件威胁和恐吓了阿里和侯赛因的追随者（什叶派），但事实上，它鼓舞了他们的勇敢与英勇。”

美国历史学家华盛顿（Irving Washington）也认为：“在伊拉克炙热太阳下的荒芜之地和酷热沙漠上，侯赛因的精神永垂不朽。哦，我的英雄，我的勇敢典范。哦，侯赛因！”

德国大文豪托马斯·曼（Thomas Mann）在对比了耶稣和侯赛因之后，说道：“如果发生在耶稣和侯赛因身上的牺牲可以作比较的话，那么显而易见，侯赛因的牺牲更有价值、更成熟。因为耶稣在自我牺牲时，没有妻子或孩子可担忧，不用担心自己死后他们会如何。但侯赛因却有妻子和孩子，有的孩子还正处于襁褓期或幼年。他们真的需要父亲的照顾。”

结　语

伊朗官方对阿舒拉和“穆哈拉姆哀悼”重视有加，这与什叶派伊斯兰教在伊朗的地位及其思想息息相关。当下的伊朗国教为十二伊玛目什叶派伊斯兰教。公元7世纪阿拉伯人征服萨珊王朝后，伊斯兰教逐渐进入伊朗。经过长期的发展演变，至16世纪初期建立的萨非王朝，十二伊玛目什叶派被确立为伊朗国教。此后，什叶派教士阶层在国家权力结构中的地位不断上升，什叶派伊斯兰教在伊朗的影响也越发突出，并最终于1979年建立了延续至今的伊朗伊斯兰共和国。在共和国内部，教士阶层主导了国家的最高权力，宗教领袖也成为了全国最具影响力的人物。在今日伊朗，什叶派伊斯兰教的地位毋庸置疑。

在十二伊玛目什叶派伊斯兰教的发展史上，伊玛目侯赛因和卡尔巴拉战役扮演了极其关键的角色。伊朗什叶派认为，正是伊玛目侯赛因用自己的牺牲拯救了伊斯兰教。如前所述，伊斯兰教创始人穆罕默德逝世后，伊斯兰教便陷入分裂。680年，伍麦叶王朝哈里发穆阿威叶把职位传给其子亚齐德。伊朗什叶派认为，此举给伊斯兰教的健康发展带来了致命伤害。为了拯救岌岌可危的伊斯兰教，侯赛因在明知危险的情况下，毅然决然地踏上库法之旅，并最终于卡尔巴拉战役中殉教。伊玛目侯赛因的牺牲对什叶派伊斯兰教的发展成型具有划时代的意义，而且侯赛因曾娶伊朗萨珊王朝公主为妻并生子，伊朗什叶派据此认为，侯赛因之后的历任伊玛目均有伊朗血统。这样看来，单从宗教意义上来讲，尊奉十二伊玛目什叶派伊斯兰教为国教的伊朗，对侯赛因和卡尔巴拉战役自然情有独钟。

除宗教意义外，伊朗什叶派还认为，卡尔巴拉战役在促进人民反抗压迫和独裁统治方面也有着重要作用。时至今日，伊玛目侯赛因仍然被伊朗什叶派视为反对霸权、抗击暴政的典范。伊玛目侯赛因不畏强敌，以区区几十个战士面对敌人的数千大军，以自我之牺牲表达对强权之蔑视，这种坚决斗争的气魄早已融入什叶派伊斯兰教的精神内核。1979年伊朗伊斯兰革命成功后，时任伊朗领导人曾对周边阿拉伯国家的独裁专制统治大加鞭挞，呼吁穆斯林联合起来，推翻这些没有公平正义的政权。对自己所认为的不公和独裁暴政的反抗，也是什叶派伊朗延续至今的政治风格。笔者在伊朗不止一次听到，伊朗人把20世纪的两伊战争和当年的卡尔巴拉战役相提并论，说“两伊战争”是卡尔巴拉战役的当代再现。而且，在伊朗有关两伊战争的音乐作品中，也有表达自我深陷恐惧、希望伊玛目侯赛因赐予力量的歌曲。为反抗压迫与暴政而牺牲的烈士皆要尊重，所以在“穆哈拉姆哀悼”和阿舒拉期间，伊朗所悼念的，不仅仅是当年的卡尔巴拉烈士，还有在各个时代、各种场合为国捐躯的烈士们，比如新近在叙利亚战场上牺牲的伊朗军人。由此可见，伊朗的“穆哈拉姆哀悼”和阿舒拉活动，把历史与现实、宗教与政治很好地结合在了一起。

著（译）者简介

张静波　中国民航大学外国语学院教授

范鸿达　上海外国语大学中东研究所教授

徐以骅　复旦大学美国研究中心、国际关系与公共事务学院国际政治系教授；上海高校智库复旦大学宗教与中国国家安全研究中心主任

黄　毅　信阳师范学院马克思主义学院副教授

叶健辉　浙江外国语学院马克思主义学院副教授

邵政达　江苏师范大学历史文化与旅游学院副教授

尹晓兵　许昌学院讲师

孙芳露　复旦大学国际关系与公共事务学院讲师

贾秀涛　中国人民大学历史学院博士研究生

刘　军　南开大学文学院博士研究生

杜东辉　上海大学文学院世界史专业博士研究生

马明月　复旦大学国际关系与公共事务学院国际政治系博士研究生

蒋海然　复旦大学国际关系与公共事务学院国际政治系博士研究生

黄康睿　复旦大学国际关系与公共事务学院国际政治系博士研究生

李俊达　美国哥伦比亚大学国际公共事务学院研究生